Liebesgeschichten jenseits eines Alters von 60 Jahren sind heute keine Ausnahme. Über sechs Millionen Ältere leben allein, wollen das aber nicht unbedingt. Immer mehr von ihnen nehmen ihr Glück selbst in die Hand, zunehmend oft in Online-Börsen. Aber wie findet der Single-Rentner sich dort zurecht? Wie funktionieren Flirt- und Dating-Kurse für Senioren, und wie traut man sich daran? Das Buch erzählt von Männern und Frauen zwischen 60 und 90, die noch einmal die Liebe suchen. Es geht um unterschiedliche Möglichkeiten der Partnersuche, um Chancen und Hoffnungen, um ungeahnte Erfahrungen, um Berührungsängste, Mut und Geduld, um Glück und Hingabe und darum, wie wichtig die innere Einstellung ist, um der Liebe nicht im Weg zu stehen. Das Buch ist ein lebendiger Ratgeber für alle Älteren, die es noch einmal wagen wollen, sich zu verlieben, aber nicht genau wissen, wie sie das anstellen sollen. Mit vielen ermutigenden Geschichten und O-Tönen.

Hanne Huntemann
Angela Joschko

# Liebe auf den späten Blick

Partnersuche 60+

Rowohlt Taschenbuch Verlag

2. Auflage Juli 2014

Originalausgabe
Veröffentlicht im Rowohlt Taschenbuch Verlag,
Reinbek bei Hamburg, April 2014
Copyright © 2014 by Rowohlt Verlag GmbH,
Reinbek bei Hamburg
Lektorat Tobias Schumacher-Hernández/Bernd Gottwald
Umschlaggestaltung ZERO Werbeagentur, München
(Foto: © FinePic, München)
Satz aus der Minion PostScript, InDesign,
bei Pinkuin Satz und Datentechnik, Berlin
Druck und Bindung Druckerei C. H. Beck, Nördlingen
Printed in Germany
ISBN 978 3 499 63041 5

# Inhalt

# Fünf

## Das Beste kommt zum Schluss – Varianten des Glücks   247

# Vorwort

Alles fing mit Anne und dem verwegenen Satz an: «Jetzt such ich mir noch mal einen Mann.» Wir waren sprachlos. In dem Alter? Anne war doch 80. Wie sollte das klappen? Aber Anne ließ sich nicht beirren. «Ich will noch mal lieben!»

Das war der Startschuss für dieses Buch. Denn schlagartig hatten wir begriffen: Die Sehnsucht nach Zweisamkeit, Zärtlichkeit und Sex kennt keine Altersbegrenzung, auch wenn das die Öffentlichkeit stillschweigend annimmt.

Selbst wir hatten mit diesem Thema beinahe abgeschlossen. Denn schließlich sind wir auch schon im Rentenalter. Doch Anne hat es uns vorgemacht. Sie hat nicht nur gesucht, sie hat auch gefunden. Es ist eine heftige Liebe, die Liebe zu Max, 85. Und sie schwärmt: «Eine solche Nähe hatte ich noch nie.»

«Liebe ist nichts für Feiglinge», sagt man. Und das stimmt. Liebe ist eine Mutprobe. Mit 20 oder 30 kann das nicht schrecken. Auch mit 40 ist noch nicht aller Tage Abend. Mit 50 wird die Luft schon dünn. Und mit 60, 70, 80? Warum nicht?

Denn «die heute 70-Jährigen sind die 50-Jährigen von gestern», wie Soziologen sagen. Nie zuvor waren Menschen am Ende ihrer beruflichen Laufbahn so jung und agil. Nie zuvor war die Mehrheit der über 60-Jährigen so gesund. Und nie zuvor konnte diese Generation auf eine bessere Bildung und ein dickeres Portemonnaie zurückgreifen.

Es ist überdies auch die Generation, die einst den politischen und gesellschaftlichen Aufbruch der 68er miterlebte. Das hat oft den Lebensstil geprägt, den Anspruch an Partnerschaft und persönlichem Glück. Und den wollen sie jenseits der 60 nicht aufgeben. Warum auch? Die Sehnsucht nach Nähe und Geborgenheit bleibt doch. Und der Wunsch, sich das einzugestehen und sich auf den Weg zu machen, wächst.

Gelegentlich wurden wir gefragt: «Warum ein Liebeswegweiser nur für Singles ab 60? Warum nicht ab 50? Die Probleme sind doch die gleichen.» Eben nicht. In den Sechzigern beginnt tatsächlich ein ganz neuer Lebensabschnitt. Wir verabschieden uns vom Berufsleben, müssen dem Alltag einen neuen Sinn geben, ohne die Kollegen. Auch ohne die Kinder, die längst eigene Familien haben. Und was nun? «Wer jetzt kein Haus hat, baut sich keines mehr», schrieb der Dichter Rainer Maria Rilke. «Wer jetzt allein ist, wird es lange bleiben, wird wachen, lesen, lange Briefe schreiben …» Hört sich nicht wirklich spannend an, oder? Was also wärmt unser Herz für den Rest des Lebens?

Natürlich, da gibt es verdienstvolle Ehrenämter. Auch die Oma- oder Opa-Rolle ist erfüllend. Und ein spätes Studium bringt uns auf neue Gedanken. Aber das kann doch nicht alles sein, sagen sich viele im vorgerückten Alter – und machen sich auf die Suche nach dem Herzensmenschen. Auf dem Anzeigenmarkt und in Internetforen ist diese Generation auf dem Vormarsch. Keine andere Altersgruppe wächst so stark. Senioren melden sich an in Flirtkursen und zum Speed-Dating. Und sie verlieben sich manchmal so intensiv, wie sie es nie zuvor erlebt haben. Weil sie freier sind als in jungen Jahren, unbeschwerter, nichts mehr beweisen müssen, weder sich noch anderen. Und damit setzen sie neue Maßstäbe und zeichnen ein attraktives Rollenbild des älter werdenden Menschen.

Es gibt Töchter und Söhne, die staunen nicht schlecht, wenn

sie plötzlich den alten Vater oder die Mutter Hand in Hand mit einer neuen Liebe entdecken. Das bringt so manches Weltbild durcheinander und weckt Neugier: Klappt's denn noch im Bett? «Und wie das klappt», berichtet der 70-jährige Thomas. «Isabelle ist in allem eine Traumfrau für mich. Ich bin richtig beglückt. Da bleiben keine Wünsche offen.»

Die ganz unterschiedlichen Erlebnisse unserer Gesprächspartnerinnen und -partner sollen anregen, noch einmal einen späten Blick zu wagen. Liebe hält schließlich Geist und Körper jung. Sie schützt vor Einsamkeit. Und was kann schon passieren? Im schönsten Fall, dass es sich einstellt, dieses unbeschreibliche Kribbeln, dieses fiebernde Sehnen, das kein Alter kennt. Und dass es gelingt, sich einem Menschen vertrauensvoll zu öffnen, Verantwortung füreinander zu empfinden – bevor es das Altenheim tut.

«Wenn man das Leben mit dem Ablauf einer Woche vergleicht, dann bin ich ungefähr bei Freitagnachmittag angelangt. Aber ich habe noch ein schönes, langes Wochenende vor mir», lässt Gunther Beth in der Komödie «Trau keinem über 60» den alternden Hauptdarsteller auf der Suche nach der Liebe sagen.

So ähnlich muss es Altbundeskanzler Helmut Schmidt auch empfunden haben. Nur spart er mit Worten. Mit einem knappen «Ja» bekannte sich der Witwer, der 68 Jahre mit Loki verheiratet war, öffentlich zu seiner neuen Lebensgefährtin Ruth Loah. Da war er 93. Und sie 78.

# Will ich oder will ich nicht? – Wegweiser im Ungewissen

**Alles ist möglich.
Es gibt sie doch, die Liebe mit 80**

Heute ist ein besonderer Tag. Der Tag vor einem ungewöhnlichen Ereignis. Sie spürt es sofort. Angespannt und mit großen Augen verfolgt sie das merkwürdige Schauspiel. Auf dem Bett türmen sich immer mehr Kleidungsstücke. Vor dem Spiegel – wie bei einer Modenschau – wird anprobiert, zurechtgezupft, wieder weggeräumt und durch neue Kombinationen ersetzt. So ein Durcheinander hat es noch nie gegeben. Plötzlich hält sie es nicht mehr aus, rennt zum Bett und schmeißt sich mit großem Vergnügen mitten hinein in den Kleiderhaufen. Bassia, die achtjährige Hovawart-Hündin, hat genug. Sie will mitspielen, aber eigentlich an ihren Abendspaziergang erinnern und daran, dass es längst Zeit für ihren täglichen Knusperknochen ist.

Anne muss laut lachen, sie kommt sich vor wie ein Teenager, weil sie sich nicht entscheiden kann, was sie anziehen soll. Zärtlich krault sie den Kopf ihrer schönen Hündin und zieht sie vom Bett.

Beim Spaziergang im Wald spürt sie den lauen Sommerabend, blickt auf den See und träumt vom nächsten Tag und davon, dass sie ihre schönste Bluse und ihre knackigste Jeans tragen wird.

Anne, eine kleine, grazile Person, attraktiv, klug, witzig, hat Herzklopfen. Morgen wird sie nach fast 15 Jahren wieder ein Rendezvous haben, von dem sie sich wünscht, dass es ihr Leben verändert.

Zwei Monate ist es jetzt her, da traf sie eine für sie lebenswichtige Entscheidung. Die Schweizer Ärztin und Psychotherapeutin wollte nicht mehr alleine sein. Sie wollte noch einmal einen Mann an ihrer Seite haben. Sie wollte lieben und geliebt werden, in den Armen eines Partners Geborgenheit spüren, sich mit Haut und Haaren auf einen anderen Menschen einlassen. Zum ersten Mal in ihrem Leben konnte sie sich diese unbändige Sehnsucht eingestehen. Sie wusste, das ist jetzt ihre letzte Chance.

Noch am selben Abend meldete sie sich bei einer Internet-Partneragentur für «Singles mit Niveau» an. Beim Ausfüllen des seitenlangen Profils machte sie sich zehn Jahre jünger. Ungeniert gab sie an, 70 zu sein. Niemand würde es merken, denn mit ihrem jugendlichen Aussehen und ihrer geistigen Lebendigkeit wirkt sie eher noch jünger. Und deshalb will sie keinen 80-Jährigen oder noch älteren Mann. Als sie bei der Frage ankam, was in einer Partnerschaft wichtig sei, lächelte Anne verschmitzt in sich hinein und schrieb: «Verliebtsein und Sex gehören für mich unbedingt dazu!» Einen Klick später war das ausgefüllte Profil elektronisch unterwegs, und es begann die Zeit des Wartens und des Herzklopfens.

Anne führte schon früh ein selbstbestimmtes, ein emanzipiertes Leben. Sie studierte in den USA und im europäischen Ausland. Als junge Frau lernte sie interessante Männer kennen, potenzielle Lebenspartner, doch zu einer dauerhaften Bindung kam es zunächst nicht. Denn sie, die Freiheitsliebende, war für eine klassische Rollenverteilung in der Partnerschaft nicht geeignet. Erst mit 53 verliebte sie sich heftig in einen Mann, von dem sie sich erkannt fühlte, so wie sie war, und der sie liebte. Sie heiratete ihn und war glücklich. 13 Jahre später starb er. Für einen neuen Mann gab es lange keinen Platz in ihrem Leben.

Anne war mit ihrem Lebensentwurf ihrer Zeit voraus. Einer Zeit, in der Frauen in der Schweiz bis 1971 kein Wahlrecht hatten und um ihren Platz in der Gesellschaft kämpfen mussten. Anne hat sich immer wieder behaupten müssen als eigenwillige Frau, als Ärztin, als Intellektuelle im Reich der Männer. Mühevoll, schmerzhaft, langwierig, aber mit ungeheurer Energie, Kreativität und mit Witz.

So fasst sie heute ihr Leben mit den knappen Worten zusammen: «Es musste bei mir alles immer komplizierter sein als normal.» Aber bei allem Selbstbewusstsein ist da eben auch die andere Seite von Anne, die zarte, die feine, die beschützenswerte. Eine Frau, hin- und hergerissen zwischen der Sehnsucht nach unbändiger Freiheit und gleichzeitig nach Geborgenheit. «Und das Schöne ist», sagt sie mit scheuem Lächeln, «dass ich, je älter ich werde, immer ehrlicher zu meinem großen Bedürfnis nach Nähe stehen kann.»

Mehrmals am Tag öffnete Anne nun ihren kleinen Laptop und war jedes Mal ganz gespannt, wer diesmal geschrieben hatte. «Bei dem Ersten war ich noch ganz verrückt», gesteht sie kichernd ihrer Freundin, «ich hatte Krämpfe, wenn ich drei Tage von ihm keine Antwort hatte, und dann hab ich es nicht mehr ausgehalten und doch noch mal geschrieben.» Bis zu dem entscheidenden Telefonat mit ihm, dem Herrn Professor. «Als ich die Stimme hörte, war es vorbei. Und dann hat er auch noch ausschließlich von sich schwadroniert, und über mich wollte er gar nichts wissen. Das halte ich nicht aus.» Anne weiß schon, dass sie ziemlich wählerisch ist, aber sie ist eben fest davon überzeugt: «Es muss einfach klicken, sonst geht nichts.»

«Aber wie oft kann es in ihrem Alter denn noch klicken?», fragen sich die jüngeren Freundinnen besorgt und werden von Anne etwas ungeduldig zurechtgewiesen: «Ich weiß einfach, dass es klappen wird. Punkt.» Inzwischen ist sie im Umgang mit virtuellen Männern ein Profi. Wenn sie nicht direkt von ihnen kontaktiert wird, schreibt sie als Erste und schaut, was passiert.

Irgendwann taucht Max, ein 75-jähriger Landwirt, auf. Anne ist begeistert und schreibt: «Ich melde mich, weil mir dein Beruf gefallen hat, denn ich wollte als Kind so gerne Bäuerin werden. Aber mein Lebensprojekt sollte ein anderes sein. Jetzt bin ich eben Medizin-Professorin.» Max antwortet sofort und meldet sich gleichzeitig wieder ab. Denn es gibt Wichtigeres für ihn: Er hat Kirschernte und im Moment keine Zeit für Frauen.

Auch das findet Anne prima, denn «da regiert noch die Natur und diktiert die Prioritäten». Dann taucht Max wieder auf. Sie schreiben sich fast täglich, und Max erzählt ihr aus seinem Alltag, will von ihrem Leben erfahren, und er ist lustig. Sie freut sich auf jeden Tag, auf jede Mail. Und wird ganz ungeduldig und ängstlich, wenn sie ausnahmsweise mal etwas länger auf seine Nachricht warten muss.

Spätestens dann, wenn erste Verliebtheitsgefühle auftauchen, erscheint die virtuelle Verbindung zweier Unbekannter wie ein seidener Faden, der jederzeit reißen könnte. Was ist, wenn er oder sie plötzlich nicht mehr schreibt? Anne und Max lassen es nicht so weit kommen. Zunehmend entsteht eine Nähe, ein Zauber, der sie beide erfasst. Sie spürt, er ist ein Mann, der zuhört, der präsent ist, der sich auf sie einstellt. Relativ schnell schlägt sie vor, sich zu treffen. Sie ahnt, mit Max könnte es «klicken».

Und dann kommt endlich der aufregende Tag. Sie sind auf dem Parkplatz eines Landgasthofes in der Nähe seines Heimatortes verabredet. Anne trägt ihre weiße, gutsitzende Jeans und hat sich kurzfristig für einen vielleicht etwas zu warmen türkisweißen Pulli entschieden. Aber sie sieht super aus. Sie fühlt sich wie ein junges Mädchen und muss sich auf die Straße konzentrieren und darauf, dass ihr das «Herz nicht weghüpft», wie sie sagt.

Endlich ist sie da, lenkt ihren Wagen möglichst elegant auf den Parkplatz und beruhigt die ungeduldige Bassia, die jetzt laufen will. Und dann sieht sie ihn, einen feinen, schlanken Mann mit einem schönen Gesicht. Die Begrüßung ist noch scheu. Sie essen zusammen, sie lachen, sie reden, sie gehen spazieren. Und Bassia ist immer dabei, begeistert von dem neuen Mann in ihrem Leben, und will immerzu gekrault werden. Anne spürt ein zartes «Klicken». Bevor sich beide für das nächste Wochenende bei ihr zu Hause verabreden, liegt ihr noch etwas auf der Seele. Sie muss ihm jetzt die Wahrheit sagen: «Ich bin zehn Jahre älter, als ich geschrieben habe. Ich bin schon 80.» Prüfend schaut sie ihn an. Max bleibt ganz ruhig, und mit ernstem Gesicht zieht er den Ausweis aus der Tasche und zeigt auf sein Geburtsdatum. Max ist auch zehn Jahre älter und bereits 85. Sie schauen sich an und müssen lachen, während sie sich zum ersten Mal in den Arm nehmen.

Noch auf der Rückfahrt gibt Anne ihrer Freundin die Neuigkeiten am Telefon durch. «Max ist so klar, so ehrlich …», sprudelt es aus ihr heraus. «Ich bin happy mit ihm, auch wenn unsere Welten so grundverschieden sind.»

14 Tage später. Das erste gemeinsame Wochenende ist vorbei, und Anne schwärmt: «Wir haben uns geliebt, wir haben ge-

lacht, wir haben geschwiegen.» Beide sind so verliebt, und sie ist sicher: «Eine solche Nähe hatte ich noch nie.»

Wie geht es weiter mit den beiden? Max und Anne bringen 80 Jahre Lebensgeschichte mit, die sie zu denen gemacht haben, die sie sind. Max ist Landwirt, war verheiratet und hat zwei Kinder. Seine Frau, mit der er über 50 Jahre zusammen gewesen war, begleitete er bis zu ihrem Tod. Er ist seinem Flecken Erde stark verbunden, lebt im Einklang mit dem Rhythmus der Natur, pflegt und erntet bis heute seine Obstbäume. Die laute, aggressive Großstadtwelt beobachtet er aus der Distanz, aber nicht ohne Sympathie. Sein Hof, seine Familie und seine vielen Interessen, die er autodidaktisch verfolgt, prägen 60 Jahre lang sein Leben. Dann trifft er auf Anne, die weitgereiste, die gebildete, die analytische, die sensible Frau, die ihn erkennt, die ihn schätzt und ihn schließlich liebt, so wie er ist. Eine Begegnung, die beide erschüttert, aber auch immer wieder an Grenzen führt, die so verschiedene Leben mit sich bringen, denn sie müssen sich mit der Welt des anderen arrangieren.

Anne ist noch beruflich aktiv, arbeitet als Psychotherapeutin, schreibt, spielt Klavier und hat zuweilen Auftritte. Auch Max ist noch aktiv auf seinem Hof. Beide haben ein Abkommen getroffen: Sie sehen sich nur alle 14 Tage, um sich gegenseitig nicht zu überfordern. Vor allem Max muss sich nach einem Wochenende mit ihr von dem anderen Leben, das sie führt, wieder erholen. Nach drei Monaten zieht er sich zurück. Er ist krank, fühlt sich instabil, braucht eine Pause von seiner neuen Liebe. Anne ist verzweifelt. Sie hat Angst um ihr neues Leben und vor allem um Max und seine Gesundheit. Sie fürchtet, dass jetzt alles aus ist, und kann an nichts anderes mehr denken. Dann vertraut sich Max seinem Arzt an, berichtet von der neuen Liebe, von der Frau, die aus einer so ganz anderen, spannenden Welt kommt. Der Mediziner macht ihm Mut, beglückwünscht ihn zu der Partnerschaft und rät ihm, diese Beziehung nicht aufs Spiel zu setzen.

Nach drei Wochen Abstinenz meldet er sich bei Anne. Sie telefonieren wieder jeden Tag, und dann sehen sie sich und spüren, dass sie sich immer noch lieben. Sie führen lange Gespräche über ihre Missverständnisse, ihre Ängste, den anderen nicht zu verstehen, und Anne ist begeistert von seiner Fähigkeit, sich selbst in Frage zu stellen. «‹Was der Bauer nicht kennt, isst er nicht› trifft zu 100 Prozent auf Max zu. Er kann aber zuhören, und wenn er's kennt, ändert er seine Sicht. Vielleicht! Das Leben mit ihm ist spannend, meist lustig und glücklich, manchmal auch traurig.»

Wenn sie zusammen in den Waadtländer Bergen sind, wandern sie täglich mit Bassia auf die Alp. Nach der Krankheit von Max saßen sie beide weinend auf einem Stein und blickten runter auf den See. Ihnen ist bewusst geworden, wie verletzlich beide sind, wie schnell das gemeinsame Leben vorbei sein kann. Das ist die Schattenseite einer neuen Liebe im Alter. «Aber zu zweit zu sein ist für uns ein riesiges Geschenk», bekennt Anne mit leiser, nachdenklicher Stimme. «Wir wissen jetzt, dass wir zusammengehören.»

## Allzeit bereit?
### Wie man dem Glück auf die Sprünge hilft

Nächstes Jahr wird es sich entscheiden. *Muss* es sich entscheiden. Maria ist müde geworden. Partnersuche ist anstrengend mit 74. Jetzt hat sie sich ein Ziel gesteckt: An ihrem 75. Geburtstag wird sie die Wahl treffen: Aufgeben? Oder weitermachen?

Wenn sie doch nur endlich einen fände, der schlank ist und gepflegt – wie ihr verstorbener Mann. Geistig anspruchsvoll und gut gekleidet – wie ihr verstorbener Mann. Vielleicht einer Fremdsprache mächtig – wie ihr verstorbener Mann.

Noch 25 Jahre nach seinem Tod kann sie ihn nicht vergessen. Schon gar nicht die Umstände seines Todes. Er starb aus heiterem Himmel an einem Herzinfarkt, neben ihr im Bett. Da war er 49. Sie 48. Und sie blieb allein zurück mit zwei kleinen Kindern.

Sie könnte sich durchaus vorstellen, sich noch einmal einzulassen, theoretisch. Sogar auf ein Zusammenleben. Nach 25 Jahren des Alleinseins. Der Neue müsste natürlich ihre Möbel mögen. Den polierten englischen Schrank beim offenen Kamin, das Prachtstück von Sekretär aus derselben Epoche und die zierliche Tischrunde mit den chintzbezogenen Stühlen in

Weinrot. Wohin mit seinen Möbeln? «Tja.» Pause. «Oben im ersten Stock, da wäre noch Platz.»

Nicht, dass sie es nicht versucht hätte. Sie war gerade 70 geworden, als sie sich auf den Weg ins erhoffte Glück machte. Eine aufgeschlossene, agile, schlanke Frau, sportlich-elegant bekleidet mit leuchtend roter Jacke und Hose im Schottenkaro, blonder Kurzhaarfrisur und lackierten Fingernägeln. Seit 25 Jahren managt Maria ihr Leben souverän, hält engen Kontakt zu Kindern und Enkelkindern, empfängt Gäste im Einfamilienhaus am Rande der Großstadt und langweilt sich keine Sekunde. Sie hat Freundinnen, ein Theaterabonnement, besucht Kunstausstellungen. Aber es fehlt eben ein Mann. Ein Mann, mit dem sie all das teilen könnte und noch mehr.

Als sie vor dreieinhalb Jahren den Schritt ins Abenteuer wagte, da ging sie schwungvoll voran. Und zwar schnurstracks in die virtuelle Welt.

Mutig lud sie eine der ersten Bekanntschaften zu sich nach Hause ein. Kaum hatte er «Hallo» gesagt, schloss er diskret die Haustür hinter sich – «wegen der Nachbarn» –, um ihr sogleich mit einer stürmischen Umarmung an die Wäsche zu gehen. «Der hatte wohl Viagra genommen.»

Jüngere meldeten sich auch. Interessante Männer, kluge Männer. Männer mit gewissen Besonderheiten, die man allerdings mögen muss. Latex-Slips beim Liebesspiel zum Beispiel. Nichts für Maria. Auch der knauserige Postbeamte, der den Spartrieb seiner verstorbenen Frau noch posthum in den höchsten Tönen lobte, war nicht ihr Fall. Oder der Ewiggestrige, der die unglückliche Geschichte von seiner früheren Frau wieder und wieder herunterbetete. Und der kluge Hanseat, der genau wie sie nie sein Haus verlassen würde und arg unter gesundheitlichen Problemen litt.

Nein, keiner reichte ran an ihren Mann, den sie so früh verlor und von dem sie bis heute einfach nicht loskommt.

Markus Ernst, Diplom-Psychologe und Paartherapeut aus Hamburg, kennt diesen Zwiespalt aus seiner Praxis nur zu gut. Ob man nun online oder offline auf die Suche gehe, spiele im Grunde keine Rolle, meint er. Viel wichtiger sei vielmehr die Frage:

«Bin ich bereit für eine neue Partnerschaft? Ich denke besonders an die ältere Zielgruppe. Da ist ja häufig eine Partnerschaft im Vorfeld zu Ende gegangen, entweder ist der Partner gestorben, oder es ist zur Scheidung gekommen. Auf jeden Fall zu einer Form des Verlusts, den man verarbeiten muss. Und da muss man sich wirklich gut selbst befragen: Bin ich wieder frei, und habe ich die Offenheit, einem neuen Menschen zu begegnen? Habe ich die vorherige Beziehung so weit verarbeitet, dass ich mit offenen Kanälen auf Partnersuche gehe? Das ist nicht ganz leicht. Man kann kein Geheimrezept geben und sagen, das und das muss so und so sein. Aber man kann sich schon fragen: Spielt der Ex-Partner noch eine große Rolle in meinem Leben? Denk ich ständig an ihn? Ein Indiz für eine noch nicht verarbeitete Beziehung und Noch-nicht-Bereitschaft für etwas Neues ist, wenn man jemand Neues kennenlernt und merkt: Mensch, da ist eine Wellenlänge, daraus könnte sich was entwickeln. Und dann treten ganz schnell wieder Gedanken an den alten Partner auf, und es finden Vergleiche statt, was Eigenschaften betrifft. Wenn man das merkt, dass man da noch so verwurzelt ist in dem Vorangegangenen, dann ist das bestimmt ein Zeichen, dass man noch nicht so hundertprozentig offen für was Neues ist.»

> UNKONVENTIONELLE WIENERIN *sucht Partner bis 57 J. (eine Mischung aus Gérard Depardieu und Sean Penn), eloquent und witzig, zum Reisen und Speisen, Lieben und Lachen.*

«Ich denke, besonders für die Generation 55+ ist es wichtig, zu Beginn nicht zu sehr eingeschränkt zu sein. Ich höre beim Telefon-Coaching immer wieder, dass sehr, sehr genaue Vorstellungen bestehen, wie er oder sie sein muss, Größe, Eigenschaften, Wohnort usw., dass die Suchkriterien sehr, sehr eng gesteckt werden. Gerade ältere Menschen sagen mir: Ich such aber nur in München in meinem Wohnbezirk. Ich will auf keinen Fall den Ort verlassen für eine Partnerschaft. Ich denke, je älter man wird, umso schwieriger wird das vielleicht, diesen Freundeskreis und die vertraute Umgebung zu verlassen. Man darf aber nicht vergessen, dass es häufig der Fall ist, dass man jemandem begegnet, der vielleicht in Köln lebt und der dann durchaus bereit wäre, den Wohnort zu wechseln für die große Liebe. Und deshalb sollte man auch durchaus weiter gefasst suchen und diese Checkliste ein bisschen auflockern und sich bei den einzelnen Punkten fragen: Ist es wirklich absolut ausgeschlossen, dass er gelegentlicher Raucher ist, wenn er auf den Balkon geht und nicht in der Wohnung raucht? Das sind Kleinigkeiten, aber die können die Partnersuche extrem beeinflussen. Da besteht die Gefahr, dass viele, die auch in Frage kommen könnten, direkt ausgefiltert werden. Also mit anderen Worten: Fassen Sie die Suchkriterien, egal ob bei der Offline- oder Online-Suche, weit und gucken Sie, was passiert! Und gehen Sie mit einer gewissen Offenheit an die Sache heran.»

> WENN ES NICHT VÖLLIG *unangebracht, ja sogar zynisch wäre bei all dem Leid und Elend in der Welt, würde ich mich als den unglücklichsten Menschen auf Erden bezeichnen. Eine wunderbare zweite Liebe ist vorbei und hinterlässt Trauer und herzzerreißenden Schmerz, Tag und Nacht. Ich, kein Supermann, mit Ecken und Kanten, 67 J., 176/76, NR, vielfältige Interessen, kein explizites Hobby, wünsche mir – total unrealistischerweise – wieder genau so eine lebendige, intelligente, lebensfrohe, wundervolle Partnerin (nicht «Dame», sondern «Kumpel»). Möglicherweise Raum 7.*

Ein ungewöhnlicher Notruf, der da in einer Wochenzeitung stand. Prompt fühlen sich 39 Frauen zur Rettung aufgerufen. 39 unerschrockene Frauen treten an gegen einen mächtigen Konkurrenten, den Schatten von Mona. Wenn Günther von seiner Mona spricht, dann immer im Präsens: «Diese Frau ist grandios, flexibel, spontan. Ich bin eher planerisch, kleinkariert. Ich wäre zum Beispiel nie auf die Idee gekommen, nach Island in den Urlaub zu fahren. Mit Mona schon.» Aber Mona hat ihn verlassen, vor Monaten schon. Jetzt ist er allein nach all den Jahren. Und kommt nicht darüber hinweg.

Beinahe auf den Tag genau vor sieben Jahren hatte er sie gefunden. Oder sie ihn. Damals hatte er die allererste Anzeige geschaltet, in derselben Zeitung wie dieses Mal. Und kurioserweise reagierten auch damals exakt 39 Frauen darauf. Er war 60, EDV-Experte in gehobener Position und stand vor einem Trümmerhaufen. Nach 40 Jahren Zusammensein war die Beziehung zu seiner Frau, einer Physikerin, endgültig zerbrochen. Sie kannten sich seit Schülertagen, heirateten und trennten sich. Kamen wieder zusammen und trennten sich. Und obwohl die Scheidung längst hinter ihnen lag, fuhren sie weiterhin zwölf Jahre lang gemeinsam in den Urlaub. Meist in ein weiträumiges Ferienhaus, wo sich jeder für drei Wochen in seine Bücher vergrub. Ein Arrangement, das beiden behagte – bis sie einem Kollegen begegnete. Plötzlich war es mit ihnen aus und vorbei.

Da gab er die erste Anzeige auf. Und fischte unter allen 39 Zuschriften Mona heraus, seine neue große Liebe. «Eine wunderbare Frau, in vielem das Gegenteil oder besser die Ergänzung zu mir: offenherzig, kreativ, kommunikativ, mit einem riesigen Freundeskreis. Ich bin eher der Ordentliche, Pünktliche, Zuverlässige, Zurückhaltende mit den sogenannten Sekundärtugenden, denen ja viele nicht gerade schmeichelhafte Einsatzgebiete nachgesagt werden.» Das soll wohl heißen: Warmduscher, Schattenparker, Handtuchbügler.

Noch heute erinnert sich Günther an alle Einzelheiten der ersten Begegnung: wie sie in signalroten Stiefeln in den Zug stieg, in dem sie verabredet waren. Und sie strahlte. Und er wusste in dieser Sekunde: «Diese Frau möchte ich gern in den Arm nehmen.»

Gemeinsam fuhren sie zu ihm nach Hause.

Eigentlich suchte er wieder eine Frau, die kochen konnte und gerne essen ging. Mona konnte nicht kochen. Und im französischen Restaurant, in das er sie ausführte, fand sie keinen Gang besonders gut. Er war trotzdem fasziniert von ihr. Damals arbeitete er noch als Berater im süddeutschen Raum, sie als Lehrerin in Hamburg. Es entwickelte sich zu einer Fernbeziehung über Jahre. Sie unternahmen viele Reisen. Aber mit ihr reiste er in ganz anderem Stil, ungewohnt und aufregend. Nicht drei Wochen am selben Ort, sondern im Auto und mit den Fahrrädern auf dem Dach quer durch Polen. Und dann weiter nach Litauen, wegen des vielen Regens. Fünf Tage radelten sie durch Warschau. Ein anderes Mal den Donauradweg entlang – ohne Vorbuchung der Unterkünfte! *Er* hätte das nie im Leben gewagt.

Und während er von Mona spricht, bleibt seine helle Stimme immer in der Schwebe, mit einem ungläubigen Unterton, als könnte er es immer noch nicht begreifen, dass sie gegangen ist. Sein Nacken schmerzt. «Ich bin total verkrampft. Kann nicht richtig entspannen. Loslassen ist nicht meine Stärke.»

Hätte er mit ihr zusammenleben können? Wieder antwortet Günther im Präsens:

«Auf keinen Fall. Das hätte nicht geklappt. Wir hätten eine Riesenwohnung gebraucht. Sie ist eine Chaotin. Und ich bin das Gegenteil. Sie ist, na ja, ein kleiner Messie. Als sie nach Hamburg kam, lebte sie in Möbeln vom Sperrmüll. Noch heute würde sie am liebsten bei jedem Sperrmüll anhalten und gucken, was sie noch gebrauchen könnte. Sie hortet alles, kann nichts wegwerfen. Immer läuft sie mit Tüten durch die Welt, um Steine zu sammeln, Muscheln, einfach alles. Da sind wir extrem unterschiedlich. Und ergänzen uns auf ideale, fabelhafte Weise.»

Was fand sie bloß an ihm?

«Das weiß ich gar nicht. Sie fand wohl, mehr Systematik und Ordnung kann ja nicht schaden. Aber wenn sie ihren chaotischen Schreibtisch aufräumt, dann bleibt sie an jedem Zettel hängen. Und so dauert die Prozedur Stunden. Nur, um am Tag danach das gleiche Chaos zu produzieren.»

Das alles hat ihn schon genervt, keine Frage. Aber immer überwog das skeptische Staunen. «Ich hab einfach nicht glauben können, dass sie gerade mich ausgesucht hat, wo so eine wunderbare Frau doch andere, hochkarätige Männer hätte haben können. Ich wollte immer eine Bestätigung für unsere Beziehung haben. Mein Selbstwertgefühl war einfach nicht groß genug. Und irgendwann reichte es ihr dann wohl. Ich habe die Trennung regelrecht herbeigeredet. Für mich ist das Ende eine Katastrophe.»

Die Katastrophe fiel nicht von ungefähr auf das Datum seines Rentenbeginns. Von einem Tag auf den anderen verlor er die Anerkennung im Job. Und fokussierte sich fortan auf sie. Das wurde ihr bald entschieden zu viel. Sie ging auf Distanz. Und er blieb verzweifelt zurück.

Seither macht ihm das Alleinsein sehr zu schaffen. Also startet er einen neuen Versuch.

39 Frauen schreckt seine oben zitierte SOS-Anzeige keineswegs ab. Viele wollen seine Trauer mit ihm teilen, weil sie nach dem Tod ihres Mannes Ähnliches erlebten. Allen antwortet er mit einem langen Brief, in dem er sich ausgiebig vorstellt und offensiv zu seinen Zweifeln bekennt:

*«Ob die Zeit schon ‹reif› ist, eine neue Beziehung zu suchen, ob es für einen neuen Partner unmöglich ist, auf mich einzugehen, und ob ich fähig bin, das Neue zu verarbeiten und zu akzeptieren, wo doch das Alte noch gegenwärtig ist – ich weiß es nicht!*

*Von einem neuen Partner zu erwarten, dass er das wieder gibt, was ich gerade verloren habe, wäre auf jeden Fall zum Scheitern verurteilt. Die alte Liebe soll immer ein Schatz bleiben, den niemand zerreden darf. Ein neuer Partner kann kein Ersatz sein, sondern muss ein neuer Seelengefährte werden. Das Unbekannte, Neue ist manchmal angsteinflößend – und ich habe Angst und Hoffnung zugleich.»*

Lisa Fischbach, Diplom-Psychologin und Paartherapeutin aus Hamburg, hat oft mit ähnlichen Partnersuchenden zu tun, die sich selbst im Weg stehen:

«Wenn jemand sich sehr einsam fühlt und händeringend eine Partnerschaft sucht, ist das eher kontraproduktiv, weil das auch das Gegenüber merkt. Das hat etwas Negatives, vor allem, wenn das keine gewünschte Rolle ist. Und auch wer ein unglaublich festes Bild von seinem Idealpartner hat, der kann damit Beziehungen verhindern. Dadurch passen nur wenige in dieses Raster, und die müssen einen dann auch erst mal wollen. Das macht es sehr schwierig. Grundsätzlich ist es förderlich, zu wissen, was man in einer Beziehung möchte, was einem guttut und glücklich macht. Man sagt ja immer: Nur wer weiß, was er will, kann feststellen, ob er es gefunden hat.»

Drei Frauen trifft Günther. Nette Frauen. Tatkräftige Frauen. «Aber alles Familienfrauen! Gestandene Hausfrauen! Damen!» Seine Stimme versteigt sich in klagende Höhen. Keine entspricht auch nur im Entferntesten seiner Mona. Denn das ist es, was er sucht. Genau das Gleiche wie vor sieben Jahren. «Ich weiß, das ist traumtänzerisch. Rein rational weiß ich das.» Und doch hält er daran fest. Sie sollte jugendlich und unkonventionell sein. Nicht unkompliziert. Denn das ist Mona weiß Gott nicht.

«Sie kann total stur sein. Und ein Nervenbündel. Sie braucht Psychopharmaka, wenn wichtige Termine anstehen. Das habe ich nie verstanden.» Aber sie hat sein Leben in Farbe getaucht. Wem könnte das sonst noch gelingen, außer ihm selbst?

Vielleicht dieser Akademikerin aus dem Pfälzischen, wo übrigens auch Mona aufwuchs? Einer 59-jährigen Geschäftsfrau mit einem florierenden Unternehmen und zwei wohlgeratenen Töchtern im Studium? Ihr erstes Date findet in einem Restaurant statt. Drei Stunden lang unterhalten sie sich. Danach schickt sie ihm eine E-Mail und unterschreibt mit «In Liebe Deine». Das findet er eine Spur zu forsch. Denn er hat die Situation ganz anders erlebt. «Ich konnte mir keinen körperlichen Kontakt vorstellen. Aber ich möchte niemandem wehtun.» Oder sollte er sich alle Türen offen halten? «Was sie mir alles angeboten hat», staunt er und fühlt sich sichtlich geschmeichelt. Wie gut das tut, begehrt zu werden. Wann wurde er je zu einer Fernreise eingeladen, und das nach so kurzer Zeit? Seither telefonieren sie beinahe täglich. «Da passt so vieles», seufzt er. «Aber es funkt einfach nicht.»

Lisa Fischbach rät dazu, offenzubleiben:

«Viele machen sich ein viel zu enges Bild von ihrem zukünftigen Partner. Nur der Eine ist der Richtige, wobei man eigentlich weiß, dass man mit mehreren glücklich werden kann. Also die Vorstellung, der perfekte Partner garantiert die perfekte Partnerschaft, das finde ich schwierig. Und das ist ein Liebesmythos, der nicht aufgeht. Vielmehr geht es doch darum: Was heißt Beziehung? Sich aufeinander beziehen, gucken, was man miteinander entwickeln kann, was zwischen einem entsteht. Da schadet ein rigides Idealbild von der Zukunft, in dem nur noch das Puzzlestück des Partners fehlt. Hilfreicher ist, sich zu fragen, was man sich von einem Partner wünscht, ob man jemanden als Gesprächspartner sucht oder um den dritten Lebensabschnitt gut miteinander zu verbringen, das Alter zu genießen oder viel zu reisen. Wenn man sich bewusst macht, was man im Inneren braucht, um sich in einer Beziehung wohlzufühlen, dann bekommt man eher ein offeneres Bild. Eine Einstellungsänderung passiert selten rational über den Kopf, sondern über Erfahrungslernen und mit der Zeit. Da müssen manche vielleicht dreimal das Gefühl haben, so kommen sie nicht weiter. Dann ändern sie möglicherweise irgendwann was daran. Sonst bleiben sie Single, wobei Frauen in dem Alter eine größere Singlekompetenz haben als Männer. Bei den Frauen ist der Druck nicht so hoch, eine Partnerschaft finden zu müssen, da sie sich weniger einsam fühlen.»

Günther ist im Zwiespalt. Soll er die angebotene Reise annehmen? Sie wäre völlig kostenlos. Aber auch umsonst? Gebucht ist eine Doppelkabine.

Und wenn jetzt Mona wiederkäme? Günther hat sie gesehen. Und sie hat ihn über die Feiertage nach Hamburg eingeladen, wie sie das immer gemacht hat mit ihren früheren Beziehungen. Plötzlich stellt er fest, dass sie gealtert ist. «Schneller als ich», meint er. «Sie war nie im klassischen Sinne schön. Tränensäcke hatte sie immer schon. Ihre Schönheit leuchtete von innen heraus.» Jetzt würde er wohl eingereiht in die Riege der Verflossenen, denen sie konsequent freundschaftlich die Treue hält. Für ihn unbegreiflich und immer ein Anlass zur Eifersucht. Für sie ist es ein Zeichen von Generosität. Er würde durch ihre Wohnung spazieren wie seine Vorgänger, bei Tisch sitzen wie seine Vorgänger, auf dem Gästebett schlafen wie seine Vorgänger. Das will er nicht. Er will mehr.

«Je älter man wird, umso starrer wird man. Gewohnheiten geben ja auch Sicherheit. Jemand ganz Gleiches zu finden, ist extrem schwer vorstellbar. Viele Dinge tue ich aus Bequemlichkeit.» Und dann schiebt er noch nach: «‹Wolke 9› – kennen Sie den Film? Und glauben Sie wirklich, dass man in dem Alter noch eine Liebe findet?»

## Sehnsucht ohne Ende.
### Die ungeahnte Freiheit der späten Jahre

Die ersten schillernd bunten Leuchtraketen glitzern schon am Nachthimmel. Und im Fernsehen laufen alte Musik-Clips der legendären Popgruppe Abba. «Honey, Honey, touch me baby», schmachten sie ins Mikro. Lilly wippt beschwingt hin und her, während sie die letzten Riesenkrabben mit leckerer Cocktail-soße und Weißbrot verspeist. Rasch stellt sie lauter, tanzt durch den Raum und jongliert eine Sektflasche, die sie noch recht-zeitig öffnen will.

Es ist Silvester, noch acht Minuten bis Mitternacht: «Fünf, vier, drei …», zählt der Fernsehmoderator, und schließlich: «Prost Neujahr!» Lachend prostet Lilly dem Gerät zu und stürmt auf den Balkon, um ihr neues Jahr im Anblick der grell erleuch-teten Stadt zu begrüßen. Ein Jahr, auf das sie große Hoffnungen setzt. Sie träumt davon, den nächsten Silvesterabend mit einem geliebten Mann zu verbringen, einem, «den man genüsslich um Mitternacht küssen kann». Dann würde sie nicht mit Jeans und Pulli auf der Couch sitzen, sondern im Abendkleid in seinen Armen durch den Tanzsaal schweben.

Lilly mit den intensiven blauen Augen und den wuscheligen grauen Haaren ist 63 und hat bis jetzt weder ihre gute Laune noch die Sehnsucht nach der Liebe verloren. Und damit ist sie in ihrer Generation nicht allein. Verliebt sein, wohl das intensivste positive Gefühl, zu dem wir Menschen fähig sind, bewegt alle bis ins hohe Alter. Aber noch nie waren die Möglichkeiten so groß, sich diesen Herzenswunsch nach einem Partner auch in späteren Jahren zu erfüllen. Und noch nie sind Menschen jenseits der 60 so ehrlich und offensiv mit der Suche danach umgegangen.

Doch was genau suchen die «Best Ager» in einer neuen Partnerschaft? Ist das Anforderungsprofil im Alter ein anderes als in jungen Jahren? «Nein», sagt Lilly bestimmt. «Ich rede mit so vielen aus meiner Generation darüber. Ob Männer oder Frauen, alle sagen dasselbe: Sie haben Sehnsucht nach Nähe und danach, für jemanden wichtig zu sein.» Und vehement fügt sie hinzu: «Zärtlichkeit muss nicht immer Sexualität sein, aber mal in den Arm genommen werden, sich fallenlassen können und als Person gemeint sein. Das ist es.»

Genau das hat Irmgard sich auch immer gewünscht und sogar gefunden. «Liebe im Alter kann so schön sein. Das ist wie ein Geschenk», schwärmt die 80-Jährige, die seit einem halben Jahr mit dem 77-jährigen Heiner zusammen ist. Beide empfinden ein großes Zusammengehörigkeitsgefühl und staunen, dass ihnen das noch passiert ist. «Das ist viel intensiver als früher mit meinem Mann», erinnert sie sich. «Damals mussten wir uns vor allem um das Geschäft kümmern und hatten für uns keine Zeit.»

«Es ist die große, neue Freiheit, eine neue Lebensqualität, die ältere Menschen haben», erklärt Professor Pasqualina Perrig-Chiello vom Institut für Psychologie der Universität Bern. Ihr Forschungsschwerpunkt ist die Entwicklungspsychologie der Lebensspanne. In ihrer neuesten Langzeitstudie geht es um «Partnerschaft in der zweiten Lebenshälfte», unter anderem auch um die späte Liebe nach Verwitwung und Trennung. Und da ist nach ihrer Erfahrung die Gelassenheit der älteren Menschen ein Riesenkapital.

«Die zweite Lebenshälfte ist die Zeit, in der wir immer mehr wir selber werden. Es ist diese Bezugsetzung zwischen dem, was ich eigentlich im Leben wollte, und meinen innersten Wünschen. Wenn ich dann die Chance habe, jemanden neu kennenzulernen, dann bin ich wirklich ich und nicht in irgendeiner Rolle. Das gibt natürlich auch der Partnerschaft eine neue Stärke, eine neue Intensität. Weil ich dann wirklich hundertprozentig ich bin. Und nicht die, die hundert Kompromisse macht zwischen Beruf, Familie und Gesellschaft wie in der ersten Lebenshälfte.»

Hinzu kommt, dass im Laufe des Lebens mit wachsender Erfahrung klarer wird, worauf es in einer Beziehung wirklich ankommt. «Ich war früher flüchtiger und hab das alles nicht ganz ernst genommen», bekennt der 65-jährige Holger. Als Coach für große Unternehmen war er viel auf Reisen, und die Karriere spielte lange Zeit die größte Rolle. Da gingen schon mal Beziehungen in die Brüche. Wer dem gepflegten und gebildeten Herrn gegenübersitzt, glaubt ihm aufs Wort, wenn er erklärt: «Ich hab gedacht, na ja, ich bin ein attraktiver Mann, der nicht doof, nicht arm und dabei flexibel ist. Ich konnte mich immer darauf verlassen, dass es wieder klappt.» Und tatsächlich fand er stets rasch eine neue Partnerin, meist über Zeitungsanzeigen. «Nach der letzten Trennung habe ich gemerkt, die Äußerlichkeiten zählen alle gar nicht.» Heute weiß er, was ihm am wichtigsten ist: das Gefühl, angekommen zu sein.

«Vergessen wir nicht, dass mit wachsendem Alter diese kantigen Geschlechterunterschiede ein bisschen aufweichen», sagt Professor Perrig-Chiello. «Damit meine ich, dass Männer nicht mehr den Macho darstellen müssen, sondern auch die sozialen und emotionalen Seiten in ihnen ausleben können. Wir wissen, dass durch das Zurückgehen der Testosterone diese weichen Seiten herauskommen. Und Frauen werden durchaus auch proaktiver, fordern aggressiver ihre Rechte ein, auch das Recht zu lieben. Und mit C. G. Jung gesprochen: Wir versöhnen unsere beiden Seiten miteinander, also das Weibliche und das Männliche, und das macht halt die Erlebnisqualität sehr viel größer.»

Isabelle hat es genau so erlebt. Zielstrebig ging sie auf die Suche nach ihrem Traummann. Sie wollte es noch einmal in vollen Zügen genießen: Liebe, Zärtlichkeit, Intimität. In jungen Jahren fehlte ihr dafür die innere Freiheit. Sie fühlte sich zu gehemmt. Schon nach kurzer Suche trifft sie den 70-jährigen Thomas und erlebt mit ihm etwas völlig Neues. «Es ist viel heftiger als als junge Frau. Das hätte ich nie gedacht, dass es noch so beglückend sein könnte», bekennt die 66-Jährige. Sie schätzt vor allem seine Wärme und Fürsorglichkeit. «Er muntert mich auf, stellt mich auf. Ja, und er ist sehr liebevoll, zärtlich und kann kochen.» Für beide steht fest, sie werden zusammenbleiben. «Wir haben sicherlich keine Torschlusspanik», erklärt Thomas. «Aber für uns gilt jetzt: Carpe diem, carpe Woche, carpe Monat, carpe Jahr. Wer weiß, wie lange man dieses Glück noch haben kann.»

Diese Erfahrungen sind auch Gegenstand des Forschungsprojekts von Professor Perrig-Chiello. «Mit zunehmendem Alter können wir vieles besser einordnen und uns in der Regel auch besser fallenlassen. Wenn man dann jemandem begegnet, der zu einem passt und zu dem man Vertrauen haben kann und wirklich eine tiefe Verbundenheit spürt, dann wird das doch viel mehr geschätzt als in jungen Jahren. Früher denkt man ganz selbstverständlich: Die Welt gehört mir. Aber eine Frau oder ein Mann mit 60, 70 oder noch älter sieht das als ein großes Geschenk, weil es eben nicht selbstverständlich ist. Ich denke, das ist sozusagen das Gesetz der Knappheit.»

Die Suche nach einer solch intensiven Liebe und Partnerschaft bewegt Simone schon seit zehn Jahren. Seitdem ihre Ehe zerbrach. «Dieses Gefühl, verliebt zu sein, das ist einfach nur schön.» Ihr strahlender Blick und ihre weiche Stimme erinnern an ein verträumtes junges Mädchen. Der zurückhaltenden blonden Frau ist anzusehen, dass sie sich an dieses Glück noch sehr gut erinnern kann und es unbedingt wieder erleben will. Simone ist 61, Diplom-Pädagogin, geschieden und hat zwei erwachsene Töchter. Nach einigen kurzen Beziehungen sehnt sie sich nach der Liebe für den Rest des Lebens.

Die ältere Generation von heute sind Frauen und Männer, die jung geblieben sind, von ihrer Erscheinung, ihrem Körpergefühl, ihrer Art zu denken, zu leben und zu lieben. Und sie nutzen die Chancen der modernen Kommunikation, um auf diskrete Weise Ausschau nach einem Partner zu halten. Und damit unterscheiden sie sich nicht von jüngeren Singles. Der Hauptunterschied ist vielleicht, dass Ältere wesentlich entspannter rangehen und zielstrebiger sind, denn sie wissen um ihre Endlichkeit.

Wie Perrig-Chiello in ihrem Buch *Die Babyboomer* beschreibt, sind dieser «Zeitdruck» und die gestiegenen Erwartungen an Partnerschaft und Liebe mit dafür verantwortlich, dass Trennungen und Scheidungen nach langjähriger Ehe in den letzten Jahren erheblich zugenommen haben. «Insbesondere sind dabei die Ansprüche an romantische Liebe, Feinfühligkeit und Verständnis in einem Maße gestiegen, das beiden Partnern – vor allem nach vielen gemeinsamen Jahren, in denen sich Routine und Selbstverständnis vielfach eingeschlichen haben – eine Befriedigung der Bedürfnisse und eine Einlösung der Erwartungen des anderen erschwert. Logische Folge davon ist, dass Ehescheidungen zunehmend akzeptiert werden, wenn die Beziehung ‹nicht mehr stimmt›.»

So war es auch bei Bettina. Heute sucht sie eine Beziehung, die stimmt, und hilft ihrem Glück dabei auf die Sprünge. Die pensionierte Reisekauffrau, die in ihrem Job durch die Welt jettete, weiß heute genau, was sie will: «Vor allen Dingen Offenheit, Ehrlichkeit und Austausch von Gefühlen, dass man darüber reden kann.» Und sie besteht auf gegenseitige Wertschätzung, denn «ich habe nach der Scheidung erst mühsam gelernt, meinen Wert zu erkennen. Es heißt ja auch: Erst wenn man bei sich angekommen ist, sich selbst annimmt, kann man auch den anderen wertschätzen. Das ist die Voraussetzung.» Jetzt ist sie per Zeitungsanzeige und im Internet auf der Suche.

Ohne Geduld, innere Bereitschaft und den Mut, auch Risiken einzugehen, funktioniert es nicht. «Ja, man kommt nicht drum herum», gesteht Holger, «das sehe ich auch so. Also, wer da rumzögert und so tut, als hätte er noch ewig Zeit – das ist dummes Zeug.»

Und Simone ist sich sicher, bei ihr wird es klappen. «Ich weiß, dass ich *ihn* treffe, aber ich weiß noch nicht, wann.»

# Wo finde ich mein Glück? — Was ist der richtige Weg?

## Partnervermittler und Anzeigen

### «Ich zieh auch gern zu dir.»
### Vom Glücksversprechen professioneller Vermittler

«Sie sind so schön», murmelt Martin verzückt. «Darf ich Sie malen?» Und Gisela bedankt sich artig und schenkt ihm ein Lächeln, das sagt: «Ich weiß. Ich weiß.» Sie hatte ihr Leben lang Verehrer. Auch jetzt noch, mit 74. Es ist ihr Gesicht, von dem man den Blick nicht abwenden kann. So ebenmäßig und niedlich wie das der Zierpuppen, die auf den Sofakissen thronen. Auch eine Spur unnahbar. Das schneeweiße Haar hochgebauscht, flankiert von zwei koketten, kunstvoll gedrehten Löckchen rechts und links. Ein selten schönes Bild von einer Frau jenseits der 70. In jungen Jahren war sie nicht annähernd so attraktiv. Erst jetzt, im Alter, umgibt sie diese ganz eigene, faszinierende Aura.

Als ihr Mann vor zehn Jahren starb, war Gisela 63. Sie fühlte sich elend und verlassen und sackte tief und tiefer in lähmende Mutlosigkeit. In 40 gemeinsamen Jahren hatten sie einen Betrieb aufgebaut, ein Eigenheim auf dem Riesengrundstück errichtet und drei Kinder großgezogen. Und nebenher hatte Gisela gesungen, als Zweiter Sopran im Kammerchor, auch in der Oper. Sie tourte rund um den Globus. Musik war ihre Leidenschaft. Auch die der Kinder. Gisela war stolz auf sie. So ging es stetig bergauf. Nur die Gesundheit ihres Mannes blieb auf der Strecke. Er rackerte 16 Stunden am Tag, elf Jahre ohne Urlaub. Die Firma war sein Leben. Er schuftete so lange, bis sein Körper kapitulierte. Ein halbes Jahr verbrachte er im Krankenhaus. Und dann verließ er sie.

Und Gisela? Sie versank zwischen ihren schweren Möbeln, umzingelt von Erinnerungsstücken aus vier Jahrzehnten, und starrte aus dem Blumenfenster in eine leere Zukunft.

Ein Jahr brauchte sie, um wieder aufzutauchen aus dem zähen Sumpf. Endlich hatte sie sich wiedergefunden. Jetzt suchte sie Gesellschaft. Jemanden, mit dem man alles bereden konnte. Der zuhörte. Der dem Tag wieder einen Sinn gab – über die Kinder und Enkel hinaus.

Es war nicht die erste Anzeige, die sie im Lokalblättchen las. Aber diese klang so aufmunternd. Da suchte ein Mann in ihrem Alter eine Frau. Eine Frau wie sie. An den Wortlaut erinnert sie sich nicht mehr, nur an das wohlige Gefühl: Das könnte doch passen. «Da bin ich ein bisschen reingefallen», sagt sie heute. «Da hab ich mich beschwatzen lassen.» Postwendend meldete sich nämlich statt des Auserwählten eine Partneragentur. Dass sie an eine Agentur geraten war, das war ihr zunächst gar nicht bewusst. Im Gespräch mit der reizenden Beraterin auf der heimischen Couch war gleich von einem «Sonderangebot» die Rede, von der einmaligen Chance, die Laufzeit in ihrem Fall – und natürlich nur in ihrem Fall – auf die doppelte Zeit auszudehnen. Ein Jahr statt eines halben für 1700 Euro pauschal. Wenn das kein Schnäppchen war. Der annoncierte Aspirant

tauchte im Sofagespräch zwar nicht mehr auf. Aber die Beraterin skizzierte schon das Bild eines zweiten Vielversprechenden.
Ein Unternehmensberater, Dr. Dr., gerade 70. Sie ging darauf
ein. Es dauerte eine Ewigkeit, bis sich der Kandidat persönlich
bei ihr meldete. Drei Mal traf sie diesen «unheimlich interessanten Mann», bis sie einsehen musste, dass sie ewig auf ihn
warten würde. Er war ständig wie gehetzt in der Welt unterwegs, hatte tausend Pläne. Sie kam darin nicht vor. Die Agentur
schickte weitere Kandidaten.

«Ich hab mich noch mit ein paar Männern getroffen. Aber
die waren mir zu alt, teilweise 80. Also, ich nehm keinen Mann,
der viel älter ist als ich. Männer sind sehr anfällig und sterben
früher. Der Mann müsste ein bisschen jünger sein. Wenn ich
mir die Männer von Freundinnen angucke, denke ich: Nee,
danke, so alte Männer! Dann hat man nach kurzer Zeit einen
Pflegefall.»

Ganz abgesehen vom hohen Alter, kamen die meisten – entgegen ihrem Wunsch – von weiter her. Das störte sie. Alles im
Umkreis von 25 Kilometern hätte sie noch akzeptiert. Aber
weiter? Nein! «Man ist ja auch nicht mehr die Jüngste.» Einer
stammte tatsächlich ganz aus der Nähe, erklärte sich selbst allerdings schon bald als «nicht bindungsfähig». Ein Zweiter störte sich an den Kindern und Enkeln. Er wollte sie nicht teilen,
sondern ganz für sich allein. Ein Dritter stammte sogar aus
dem nächsten Ort. Sie kannte seine Nachbarin und machte den
Fehler, das zu erwähnen. Da tauchte er ab. Wieder ein anderer,
knapp 80, war hingerissen von ihr. Nur sie leider nicht von ihm.
Schon wie er Auto fuhr! Und dann kam der, der sie gezielt treffen wollte. Er hatte eine Annonce der Agentur gelesen, in der
sie angepriesen wurde. Noch heute ist sie empört: «Da stand:
‹Ich zieh auch gern zu dir.› Und das stimmt überhaupt nicht.

Ich ziehe hier nie weg, weil mein Sohn und meine Tochter hier auf dem Grundstück leben. Was hat die Agentur nicht alles geschrieben. Ich hab mich beschwert. Aber da haben die mir gesagt, das ginge mich nichts an, was sie in die Annoncen schrieben.» Spätestens jetzt stand für sie fest: nie wieder Agenturen.

> GRETA, *eine liebe, vollbusige Witwe, fürsorglich, bescheiden und zärtlich. Ich fahre Auto, bin gerne Hausfrau, besitze zwei fleißige Hände und ein treues Herz. Welcher Mann hier aus der Gegend braucht mich noch?*

Früher hießen sie «Eheanbahnungsinstitute», gaben sich einen betont seriösen, fast offiziösen Anstrich und agierten hinter verschlossenen Türen. Der Weg zu ihnen war schambesetzt. Wer wollte schon in den Ruf geraten, keine/n «abgekriegt» zu haben. Das altbackene Image der Institute ist längst aufgepeppt, das Wort «Ehe» gestrichen. Heute preisen «Agenturen» locker flockig «Partnerschaften» an und verheißen das Glück ganz gezielt auch Menschen jenseits der 80. Denn Einsamkeit im Alter ist ein boomendes Geschäft mit Wachstumsgarantie. Suchende ab 60 Jahren machen bei einigen Agenturen schon mehr als die Hälfte der Klienten aus.

Wer sich auf solche Vermittler, die mit «persönlicher Betreuung» werben, einlässt, fürchtet oft die bodenlosen Tiefen des Internets, den Zwang zur Selbstvermarktung und die Anonymität. Darum packen Agenturen in ihr Portfolio zunehmend das Coaching, die Typberatung. Tatsächlich klaffen oft Welten zwischen Selbstbild und Fremdbild. «Kein Oma-Typ», behaupten so manche Älteren von sich selbst. Schließlich ist man ja so alt, wie man sich fühlt. Aber macht eine lila Strähne in der Dauerwelle schon jugendlich flott? Und eine Jeans von anno dazumal aus einem Rentner schon einen «Jeans-Typ»? Gerade Männern fehlt es häufiger an kritischer Selbstreflexion. Sie sind sehr auf sich fixiert und wenig flexibel. Dafür ist ihr Bild von der idealen Frau umso unerschütterlicher. «Sie soll», sagt eine Agenturchefin, «erotisch sein und schick und möglichst wilde Haare haben. Auf keinen Fall eine akkurate Kurzhaarfrisur. Sie sollte kochen können und ihr Umfeld schön machen. Männer wollen ein Heim.» Ein Blick in den Spiegel würde sie vielleicht lehren, dass man nicht alles haben könne. Jedenfalls nicht ohne Feintuning am eigenen Äußeren. «Aber ehe sie diesen Schritt wagen», meint die Agenturchefin, «entscheiden sie lieber: ‹Die ist nichts für mich.›»

Und dabei sind es die Männer, die am stärksten Not leiden. Einerseits. Denn mehr Männer als Frauen stehen schon kurz nach dem Ende einer Beziehung – sei es durch Tod, sei es durch Trennung – bei einer Agentur auf der Matte. Das Alleinsein halten sie einfach nicht aus. Frauen lassen sich mehr Zeit, entwickeln gelegentlich aber auch erstaunliche Ansprüche, die wenig mit der Realität zu tun haben. «Mein Mann war so und so. Und jetzt will ich es mal ganz anders. Jetzt möchte *ich* verwöhnt werden. Am liebsten hätte ich einen Zahnarzt.» Es ist bitter, einsehen zu müssen, dass diese Kombination womöglich so wenig passt wie ein Adler ins Spatzennest.

Andererseits werden Männer überschwemmt von Angeboten und haben die Qual der Wahl. Einfach, weil sie Mangelware sind. Darum raten Partnervermittler: «Frauen, macht den ersten Schritt!» Ganz schön viel verlangt – «Femme fatale» zu sein, «treu, lieb und fleißig» und auch noch selbstbewusst zupackend, alles in einer Person.

Wenn schon diese Erwartung unrealistisch ist, wie steht es dann um die Glücksverheißungen der Agenturen? Stiftung Warentest ist skeptisch. Selbst wenn Agenturen die besten Absichten hegen, fehlt es häufig an Klientel. Aber wer würde das schon zugeben? Weil es ungezählte «schwarze Schafe» gibt, hat Stiftung Warentest es aufgegeben, klassische Partnervermittlungen unter die Lupe zu nehmen. Die ersten Tests waren einfach zu niederschmetternd.

Falk Murko findet deutliche Worte: «Die meisten sind extrem teuer und leisten praktisch nichts. Das ist wirklich rausgeworfenes Geld. Die haben häufig ganz kleine Karteien und können einfach nur wenige Menschen miteinander verbinden. Dass die dann passen, ist sehr unwahrscheinlich. Da kriegt man zwar mehr oder weniger Betreuung. Die nutzt aber nichts, weil sie nichts zum Vermitteln haben. Deshalb haben wir den Test eingestellt und nur noch die Beratung bewertet. Und die war in der Regel nicht seriös. Die Preise sind einfach indiskutabel. Da zahlen sie ein paar tausend Euro. Wir hatten damals Tester angesetzt, die die Personen, mit denen geworben wurde, speziell kennenlernen wollten. Das war durchweg unmöglich. Die gibt's oft gar nicht.»

Selbst wenn die Agentur eine gewisse Zahl von Kandidaten verspricht, müssen die nicht «echt» sein. Manche sind einfach nur Lückenbüßer, um das Soll zu erfüllen. Und nicht wenige geben das auch unumwunden zu verstehen. «Greta, die liebe, vollbusige Witwe» mit den «zwei fleißigen Händen», ist im Zweifelsfall just im Augenblick des Anrufs schon vergeben. Gelegentlich wissen «Greta» oder «Anneliese» nicht einmal, dass sie grade «auf dem Markt» sind.

Birgit, 70 Jahre alt, hatte selbst eine Anzeige aufgegeben. Und prompt meldete sich eine Agentur bei ihr. «Da ist ein Gerhard, der wäre genau der Richtige für Sie», versprach die nette Dame von der Agentur, die postwendend zu Birgit nach Hause kam. «Und dann hab ich da angerufen», erzählt Birgit, «und endlich auch jemanden erreicht. Das war die Tochter. ‹Ach›, sagt die Tochter, ‹mein Vater ist verstorben.› Da zahl ich also 595 Euro, dass ich bei 'nem Toten anrufe!»

Gisela, die Witwe mit der bühnenreifen Stimme und einem Widerwillen gegenüber Partneragenturen, traf den nächsten Mann, kurz bevor sie 70 wurde. Es war auf einer Kulturveranstaltung im Saarland. Er war vier Jahre jünger und liebte ebenso wie sie die Fotografie. «Ja, ich hab mich gut gefühlt mit ihm.» Und der Gedanke, er könnte zu ihr ziehen in ihr Haus, war so verführerisch. War das nicht ohnehin ein unerhörter Luxus, allein auf 200 Quadratmetern? Er wohnte nach wie vor bei seiner früheren Lebensgefährtin in einer Art Zwangsgemeinschaft, einer Wohngemeinschaft mit hoher Verbindlichkeit. Er kümmerte sich um den Garten, sie kochte für beide. Jede neue Freundin seinerseits wurde sofort verbissen. Gisela konnte ihn weder besuchen noch anrufen, noch Briefe schicken. Er hätte den Sprung aus der Knebelung gewagt. Aber dann kam alles anders. Als ihre Tochter eines Sonntags um Unterstützung bat und sie die Enkelkinder übernehmen sollte, da regte er sich maßlos auf. Was für eine Anforderung! Ihre ganze Aufmerksamkeit mit den Enkeln teilen? Das empörte ihn. Sie war schockiert. Und machte Schluss. «Denn meine Enkelkinder sind mir wichtiger als ein neuer Mann.» Erst da begriff sie, wie egozentrisch er eigentlich war, wie übergriffig, anmaßend und urteilend. Und viel zu dominant. Noch heute ruft er gelegentlich an, sucht, was er zu Hause lange schon vermisst: Nestwärme. Sex. Aber sie hat entschieden: In ihrem Doppelbett ist für ihn kein Platz mehr.

Und dann kam, aus heiterem Himmel, Martin. Der leidenschaftliche Hobbymaler, der ihrem reizenden Gesicht verfallen war. Sie lernten sich auf einer Gruppenreise kennen. «Also, das war ein sehr gut aussehender Mann. Der hat mir gefallen.» Zumal er vier Jahre jünger war als sie. Zweimal geschieden. Vier Kinder. Nach fünf Tagen unterwegs überraschte er sie mit der Feststellung: «So, du hast jetzt einen neuen Freund. Wir gehen jetzt zusammen durchs Leben.» War er denn nicht liiert? Sie konnte es gar nicht glauben. «Der hätte jede Frau haben können. Das reinste Juwel. Diese Manieren. Diese geschmackvolle Kleidung. Das hat man ja bei Männern nicht oft.» Als die scheue Enkelin im Klettergerüst festhing, da schickte sie ihn vor, um ihr zu helfen. Aber er lehnte ab. Er spürte, er war der Kleinen zu unvertraut. «Ich glaube, sie ist noch nicht so weit, dass ich sie anfassen kann», sagte er. Sie war tief beeindruckt. «Nein, ich kann nichts Schlechtes über ihn sagen.»

Martin machte überall «bella figura» – bei Freunden, in Konzerten, im Restaurant. Er langweilte weder sich noch sie. Beide hatten ihre kreativen Hobbys, trafen sich häufig. Er wohnte ja gleich um die Ecke. Es war einfach nur schön – bis auf diese eine Sache. In zwölf Monaten Gemeinsamkeit kein einziger Kuss, keine zarte Berührung, keine Umarmung, nicht mal per (lanciertem) Zufall. Nichts. Sie lag wie auf dem Trockendock. Ihre Sehnsucht, ihre zarten Avancen liefen ins Leere. Und als sie mal ganz bewusst seinen Arm nahm, sagte er: «Vorsicht. Wir bekommen ein Problem.» Sie war ratlos. Da wagte sie sich aus der Deckung und gestand, was sich so gut und so richtig für sie anfühlte: «Ich liebe dich.» Darauf er: «Ich dich nicht.» Das saß.

War sie ihm zu alt? Seine letzte Gefährtin war 20 Jahre jünger und hatte ihn nach zehn Jahren verlassen. Oder zu bieder? Die nach ihr kam, war eine exotische Schönheit, eine Medizinerin aus Mexiko. Dazwischen oder nebenher hatte er eine attraktive Dame aus Holland. Es mangelte also nicht an «Vorzeigedamen». Nur sie war außen vor.

«Das hat mir wehgetan. Ich hab dann lange nichts von mir hören lassen. Ich war eben sehr enttäuscht. Ich sag's heute noch: Der hätte mir wirklich gefallen. Jetzt kann mich kein Mann mehr begeistern. Ich hab zu hohe Ansprüche. Ich war kürzlich bei einer Kollegin. Und da sah ich ihren Mann. Der schlief immer bis um elf. Nee, hab ich gedacht, diese alten Männer. Die wissen nichts mit sich anzufangen, wenn sie in Rente sind. Dann werden sie so tatterig und schusselig. Nee, das brauch ich mir nicht anzutun.»

Wird sie einen neuen Versuch starten? Ihre Augen funkeln verräterisch. Übers Internet etwa? Na ja, vielleicht, eventuell, möglicherweise. Und wird sie die Kinder dabei um Rat bitten? Niemals! Sie ist hin und her gerissen. «Wenn ich suchen würde, ich würde bestimmt jemanden finden. Aber ich suche nicht. Aus Angst, dass ich wieder enttäuscht werde. Und das tut mir nicht gut.» Also begnügt sie sich mit den Avancen eines treuen Verehrers in jahrzehntelanger, fester Verbindung, gestattet sich und ihm gelegentlich ein paar heimliche Zärtlichkeiten. «Das tut ja auch gut. Dann fühlt man sich nicht so alt, dass keiner mehr nach einem guckt.»

## Der Mann für den zweiten Blick.
### Anzeigen sind weniger flüchtig

Holger kennt es von vielen Festen im Freundes- und Bekanntenkreis, wenn Paare beiläufig gefragt werden: «Na, wie habt
ihr euch eigentlich kennengelernt?» Und dann blumige und
spannende Geschichten zum Besten gegeben werden, die sich
gegenseitig übertrumpfen. Bis er dann souverän und – zugegeben – nicht ohne Genuss einwirft: «Also, ich hab ein Inserat
geschaltet und so meine Partnerin gefunden.» Und plötzlich
– welch ein Wunder – geben auch viele andere zu: «Ja, wir
auch.» Das letzte Gesellschaftsspiel dieser Art liegt allerdings
mindestens fünf, vielleicht sogar schon sechs Jahre zurück.

Inzwischen schaltet Holger wieder Inserate in großen überregionalen Zeitungen und hofft auf ein neues Glück. Bisher hat
es sich erfreulicherweise immer so ergeben, dass er mit bedeutend jüngeren Frauen zusammen war. Das hat ihm gut gefallen,
und dabei würde er, ehrlich gesagt, auch gerne bleiben. Doch
dann dieses verstörende Telefonat mit einer potenziellen Partnerin, die ihn ziemlich krass auf sein Alter anspricht: «Nee, also
65? Das geht gar nicht. Da weiß ich ja jetzt schon, dass ich dich
dann mal pflegen muss.» Holger ist schockiert. Er ist doch noch
rundum gesund und topfit. Seither denkt er allerdings darüber

nach, beim nächsten Mal sein Alter etwas zu schönen – oder sollte er doch eine gleichaltrige Frau in Erwägung ziehen?

Da kommt das Thema Körperlichkeit ins Spiel. Er befürchtet, bei gleichaltrigen oder älteren Frauen nicht so gut damit zurechtzukommen. «Wenn ein junges Paar gemeinsam alt wird», so vermutet er, «dann wächst man sozusagen selbstverständlich in das Alter hinein, nimmt bestimmte Verfallserscheinungen gar nicht so genau wahr.» Aber wie wird es sein, wenn er sich in eine Frau von vielleicht 60 oder noch älter verliebt und ist dann mit einem Körper konfrontiert, der nicht mehr jung ist?

Andererseits ist er ja auch nicht mehr jung, oder? Das schon. Aber er findet, dass er sich durchaus noch sehen lassen kann. Es ist halt schon einige Jahre her, dass er einer Frau so nahe gekommen ist. Aber möglicherweise spielen diese Gedanken im entscheidenden Moment keine Rolle mehr. Schön wär's, er könnte noch mal das Glück von körperlicher Nähe und Zärtlichkeit erfahren.

«Wenn Sie mich erst einmal sehen, werden Sie merken, ich entspreche absolut nicht meinem Alter», erklärt er am Telefon. Er hat eine angenehm warme männliche Stimme und eine analytische Art zu formulieren. Im ersten Moment wirkt das ziemlich distanziert, fast schon kühl. Angesprochen darauf, reagiert er mit feinem Humor: «Ich bin halt der Mann für den zweiten Blick.» Er kennt seine Außenwirkung. Aber er traut den Frauen, die er interessant findet, so viel Differenzierung zu, dass sie noch einen zweiten Blick wagen, um den wirklichen Holger zu erkennen. «Denn eigentlich bin ich ja ein ganz Lieber und Netter …» Er lächelt amüsiert, dass es selbst durchs Telefon zu spüren ist.

Holger ist ein Mann, der sich viele Gedanken macht, wie er alt werden möchte und wonach er sich sehnt. Es ist eine Liebe mit Perspektive für den Rest des Lebens. Er möchte endlich ankommen, seinen Platz bei und mit einer Partnerin finden. Genauer gesagt, es ist dieses Gefühl, «gemeint zu sein», was er sich so sehr erhofft. Falls er einer Frau begegnen sollte, die ihn wirklich berührt in seinem Herzen, in seiner Seele, ist er bereit, sein Bestes zu geben und sich mit Haut und Haaren einzulassen.

Deshalb hat er sich für seine Anzeige einen besonderen, tiefsinnigen Text ausgedacht und eine eher ungewöhnliche Frage an den Anfang gestellt:

> «GEHT ES NICHT DARUM, *zu spüren, gemeinsam zur richtigen Zeit am richtigen Ort zu sein? Für das und mehr suche ich die charmante, sensible und beherzte Frau für ALLES. Ich bin 65 (180), attraktiv und jünger wirkend (auch im Denken), erfolgreich, empathisch, genießend, heiter, nachdenklich und für ein gutes Leben in jeder Hinsicht unabhängig und frei …»*

80 Zuschriften kann Holger vermelden. Eigentlich müsste er sich darüber freuen. Aber er findet das Ergebnis eher mäßig. «80 Briefe. Das hört sich zwar viel an», bestätigt er. «Aber übrig bleiben nur wenige. Diesmal sind es nur zwei.» Die meisten Frauen passen nicht – aus vielerlei Gründen. Und es sind auch noch jede Menge Werbebriefe dabei, von Partnervermittlungen und anderen Firmen.

Schon zwei Mal hat ihm eine Anzeige Glück gebracht und

eine wichtige, langjährige Liebe beschert. Wie sonst hätte der karrierebewusste Manager-Trainer, der ständig unterwegs war, eine Partnerin finden sollen?

Dass es dieses Mal nicht so leicht sein würde, damit hat er allerdings nicht gerechnet. Liegt es an seinem Alter? Er ist gerade 65 geworden. Liegt es an seinen Erwartungen? Er hat keine Ahnung und, ehrlich gesagt, versteht er es auch nicht. Schließlich sagen ihm doch alle, er sei ein gutaussehender, jugendlicher Mann, der zudem noch klug, flexibel und nicht arm ist.

Jetzt stellt er plötzlich nicht ohne Selbstkritik fest: Seine vermeintlichen Vorzüge nützen ihm nichts. Gar nichts! Und vielleicht, so grübelt er, hat er in der zurückliegenden Zeit sein Glück zu oft herausgefordert.

Vor fünf Jahren ging seine letzte Partnerschaft, ebenfalls mit einer jüngeren Frau, in die Brüche. Er hat es grundlegend vermasselt. Und es tut ihm heute noch weh, zu wissen, wie leicht er das hätte verhindern können. Es war eine wunderbare und wichtige Liebe für ihn. Gleich zu Anfang hat er ihr etwas prophezeit, was ihn bis heute beschäftigt: «Wenn das mit dir scheitert, dann ist es für mich gelaufen. Ich war mir so sicher, das ist jetzt für den Rest des Lebens», erklärt er mit belegter Stimme.

Und dann ist es doch gescheitert. Seitdem hat er den Eindruck, es läuft nicht mehr so gut wie früher bei der Partnersuche. «Jetzt habe ich eher das Gefühl von einer Schicksalshaftigkeit, die sich zeigt im Sinne von: Mehr ist nicht drin.»

Ihr zuliebe zieht er damals in ein 500-Seelen-Dorf. Eigentlich widerspricht das total seiner Lebenseinstellung. «Aber ich habe mich so was von wahnsinnig gut da gefühlt», erinnert er sich strahlend. «Wenn die Liebe trägt, kann ich überall leben. Selbst auf Hallig Hooge.»

Acht Jahre wohnen sie in dem Dorf. Er ist glücklich. «Aber ich war so karrieregeil», gibt er heute selbstkritisch zu, «dass ich mein Privatleben aus den Augen verloren habe. Erfolg kann süchtig machen.» In seinen Seminaren geht es vor allem um das Thema Wahrnehmung. Aber er selbst muss erkennen: In seinem Privatleben war er blind.

Als Trainer arbeitet er für große, bekannte Konzerne. Nach und nach stellt er sein ganzes Leben, seine Termine auf die Anforderungen seiner Kunden ein. Mehrmals verschiebt er geplante Reisen mit seiner Partnerin. «Wir haben zum Beispiel einen Urlaub gebucht. Zwei Tage vorher ruft ein Großkonzern an: Wir brauchen Sie für ein Seminar. Da kann man nicht sagen: Mach ich nicht. Das sagt man nur einmal. Sonst ist man für immer draußen.» Das war zu viel für die Liebe. Irgendwann kam ein anderer Mann ins Spiel, und Holger war tatsächlich draußen.

Nach dieser Niederlage, wie er es empfindet, hat er sich gesagt: «Jetzt ist Schluss!», und sofort aufgehört zu arbeiten. Zwei Jahre hat er gebraucht, um mit dem Trennungsschmerz und dem Verlust dieser wichtigen Liebe fertigzuwerden. Denn er ist niemand, der von einer Beziehung in die nächste stolpert. Was er braucht, ist Abstand, um darüber nachzudenken: Was ist passiert? Was hab ich falsch gemacht?

Sie ist Lehrerin, 55 Jahre und eine der beiden vielversprechenden Frauen, die ihm auf seine Annonce geantwortet haben. Sie sind auf dem Weihnachtsmarkt verabredet, aber er findet sie nicht. Bis eine Dame vor ihm steht und ihn anspricht. Im ersten Moment ist er geschockt und denkt: Die sieht ja ganz anders aus als auf dem Foto. Aber trotzdem irgendwie gut. Routiniert überspielt er die Irritation und sieht auf Anhieb: Nicht mein Typ, zu rundlich. Aber trotzdem witzig und nett.

Er verbietet sich den Gedanken, die Begegnung sofort abzuhaken, und schaltet um auf die Maxime: Lass dich mal vom Leben überraschen. Sie schlendern über den Weihnachtsmarkt, trinken Glühwein und haben wahnsinnig gute, persönliche Gespräche. Es kribbelt zwar nicht, aber er will die Verbindung deswegen nicht abbrechen.

Warum immer auf den gleichen Typ abfahren? Vielleicht muss er einmal woanders hinschauen, um das Glück zu finden. Was kann schon passieren? Vielleicht kommt am Ende die Freundschaft zu einer interessanten Frau heraus. Und im schlimmsten Fall? Ja, dass er wieder alleine nach Hause geht. Kein schöner Gedanke.

Holger hat sich zu einem persönlichen Gespräch für dieses Buch bereit erklärt. «Ich werde einen schwarzen Ledermantel tragen», hatte er als Erkennungszeichen avisiert. «Und ich bin 1,80 groß.» Er steht in der unangenehm zugigen Bahnhofshalle zwischen all den eiligen Reisenden. Auffallend ist sein freundlich wachsamer Blick aus klaren wasserblauen Augen. Holger ist ein gepflegter, feiner Mann mit lichtem Haar und höflichen Umgangsformen. Er hat gut daran getan, an diesem bitterkalten, verschneiten Dezembertag den fellgefütterten schwarzen Ledermantel zu tragen. Der kurze Weg in die italienische Gaststätte führt uns durch enge, weihnachtlich geschmückte Altstadtgassen.

Holger hat einen Tisch in dem gutbesuchten Restaurant reserviert. Er ist ein fürsorglicher und gewandter Begleiter, mit dem eine Frau sich gerne in der Öffentlichkeit zeigt und mit dem sie sich wohlfühlt. Sein Outfit erscheint eher klassisch-seriös. Dunkles Jackett, blau-weiß gestreiftes Hemd. Hingucker ist der lässig schräg geknüpfte Schal, Ton in Ton passend zu Hemd und Jacke. Im ersten Moment kommt er wieder etwas kühl daher. Er weiß, dass er durch seine Art niemanden im Sturm erobert. Aber das will er auch nicht. Ihm liegt an einem ehrlichen und offenen Austausch.

«Ich gehe gelassen mit der Suche um», eröffnet er das Gespräch. Er rechnet zwar mit Absagen, weil er weiß, sie gehören dazu. Von Frauen, die ihn interessieren, tut's dann schon weh. «Das sind dann so Momente», erklärt Holger, «in denen ich so mein ganzes Universum des Alleinseins spüre. Dann kriege ich es wieder demonstriert. Siehst du, hat wieder nicht geklappt, wirst alleine bleiben.»

Der coole Businessmann, der er nach außen hin mal war, kann heute seine Sensibilität, seine Verletzlichkeit zeigen. «Ich bin viel achtsamer geworden gegenüber anderen Menschen und auch mir gegenüber und habe gemerkt, dass ich seitdem von Frauen ernster genommen werde. Früher», lächelt er, «da haben die doch gesagt, nee, das ist ja so ein Luftifuzzi.»

Beim Mittagessen erklärt er seine Suchstrategien. Um seine Chancen zu erhöhen, meldet er sich auch im Internet an. Allerdings mit großer Skepsis. Und wird darin bestärkt. Kaum eine Frau schreibt ihm, und auch er findet beim Durchforsten der vielen Profile nichts, was ihn wirklich berührt. «Ich bin halt einfach nicht flüchtig genug», vermutet er. «Die große Ansammlung von Möglichkeiten im Netz verführt zum schnellen Weiterklicken und zur Unhöflichkeit.»

Immer wieder hat er erlebt, dass erste Kontakte schnell wieder einschlafen, ohne Angaben von Gründen. «Die Anonymität macht's möglich», glaubt Holger, «und der Mensch dahinter wird nicht mehr gesehen.» Mit Inseraten hat er bessere Erfahrungen. «Ich habe oft auch Frauen kennengelernt, die als gute Freundinnen geblieben sind. Für mich war das immer eine erfolgreiche Geschichte.»

Kandidatin zwei aus seiner Anzeigenkampagne entpuppt sich schon am Telefon als absolute Favoritin. Zu der 57-jährigen Bibliothekarin spürt er gleich so eine Nähe, dass er denkt: «Die ist genau mein Typ.» Aber Holger weiß, wie schnell dieser erste Eindruck kippen kann, wenn man sich dann Mal begegnet. Denn letztendlich schreibt und telefoniert man nur mit der Phantasie, die man sich von jemandem macht. «Beim ersten Treffen», das hat er oft genug erlebt, «entscheidet der Bruchteil einer Sekunde, ob ja oder nein.»

Diesmal sagt sein Gefühl beim ersten Blick: Ja, sie gefällt mir. Doch es gibt auch einige Handicaps, die nicht so leicht zu überwinden sind. Sie wohnt 300 Kilometer von ihm entfernt, und sie hat noch zwei Kinder im Haushalt. Das heißt, sie ist ortsgebunden. Keine optimalen Startbedingungen. Aber er ist schon total angeknipst und wird Silvester mit ihr verbringen. Das Hotelzimmer hat er vorsichtshalber schon gebucht. Aber vielleicht, so hofft er, braucht er es gar nicht und kann direkt bei ihr übernachten. Holger ist überzeugt, «dass man volles Risiko fahren muss, wenn man sich auf die Suche begibt. Vor allem in unserem Alter. Wir sehnen uns doch alle nach jemandem, der uns den letzten Rest mitträgt.»

Vorläufig wird er keine Frau mehr treffen. Wenn ihn erst eine interessiert, dann will er sich voll und ganz darauf konzentrieren und nicht zweigleisig fahren. «Man kann seine Zuwendung nicht einfach aufteilen», beschreibt er seine Vorgehensweise. «Wenn eine Emotionalität mal im Spiel ist, was man vielleicht Hoffnung nennen könnte, dann geht es bei mir nicht mehr. Dann muss ich das klären, weil ich sonst blind bin.»

Holger gibt nicht auf, zu hoffen, dass es ihm gelingt, die Liebe für den Rest seines Lebens zu finden. Vielleicht hat es schon geklappt.

### Und plötzlich brach der Himmel auf …
### Von der Unberechenbarkeit der Liebe

«Sie haben sich in einen Felsen verliebt», konstatierte die Psychologin lakonisch. Mag sein. Vielleicht hatte sie es auch geahnt, damals vor 42 Jahren. Aber hätte der Felsen nicht auch aus Sandstein sein können? Stattdessen Granit. Ein Monolith. Hinter steilen Stirnfalten ein Hochleistungsapparat aus grauer Hirnmasse. Neuronen, Synapsen, auf Effizienz programmiert. Mühelos.

Nur gesprochen hatte der Monolith nicht.

Jetzt, so kurz nach der Pensionierung, hält sie den großen Schweiger nicht mehr aus.

Nicht seinen Mundgeruch. Nicht die sparsame Körperpflege, wo er doch so schwitzt.

Und da nimmt sie ihren ganzen Mut zusammen und lässt den Versuchsballon steigen.

Sie setzt eine Annonce ins *ZEIT-Magazin*:

> «ICH *(66/166) su. Freundschaft zu einem unternehmungslustigen Mann pass. Alters zum Mailen, Reden, Radfahren, Reisen, mit Spaß an Natur und Kultur.*»

Nichts Spektakuläres. Wozu auch. Sie hatte sich längst abgefunden mit ihrem Leben. Was sollte schon noch kommen, hier draußen auf dem Land? Nebenan die Tochter mit ihrer Familie. Sie selbst in einer Art Wohngemeinschaft mit ihrem Mann im hübsch renovierten Fachwerkhaus. Finanziell gut gepolstert. Es gibt weiß Gott Schlimmeres.

Aber dann kam …

… die erste Zuschrift. Sie war diffus und unverständlich und darum gleich für den Papierkorb.

Die zweite schrieb ein Rockmusiker. Das Foto zeigte einen älteren Mann im altmodischen Parka mit Fellmütze. Aber die Musik, die sie sich auf YouTube anhörte, war gar nicht mal übel.

Die dritte war von ihm, einem Schweizer aus der Lombardei. Seine Mail war ellenlang. Die nächste noch länger. Abhandlungen über die Zeitgeschichte, über historische Persönlichkeiten, über Machenschaften in der Politik, über drohende Umweltkatastrophen – keine leichte Kost.

Sie fürchtete, ihm kaum gewachsen zu sein. Und doch war sie gefesselt. Auf einmal fühlte sie sich wieder so jung, so beschwingt, so leicht. Sie hätte die Welt umarmen mögen. Prompt folgte das Erschrecken. Ja, was bildete sie sich denn bloß ein? Sie, ein «altes Mädchen» von 66 Jahren!

Eindringlich schrieb er ihr, dass es im Leben nicht um das

Gestern, nicht um das Morgen, sondern nur um das Heute gehe. So hatte sie das nie gesehen.

Er forderte sie heraus. Provozierte sie. Sie musste sich anstrengen, um seine Elaborate zu verstehen. Googelte, wenn ihr Informationen fehlten, kommentierte und fragte sich doch immer wieder insgeheim: Meint er eigentlich mich? Oder benutzt er nur meine Mailadresse, um all das loszuwerden, was ihm vorzugsweise am Morgen durch den Kopf schießt?

In manchen der frühen Mails kam sie selbst kaum vor. «Nimm Propolis», schrieb er am Ende einer langen Abhandlung übers Weltgeschehen. Zwei Wörter nur, die an sie persönlich gerichtet waren, denn sie hatte von ihrer üblen Erkältung geschrieben.

Zweifel schlichen sich ein. Aber da war es längst zu spät. Sie hing schon am Angelhaken, ausgeworfen von einem Mann mit bewegter Biographie, Lebensstationen in diversen Ländern dieser Welt und einem enormen Wissen, anspruchsvoll, selbstbewusst, ungewöhnlich. Mit einer Aura, die so anziehend funkelte, über Hunderte von Kilometern hinweg.

Und langsam geriet ihr sorgfältig zurechtgezimmertes Leben auf dem Land ins Schwanken. Noch verbot sie sich, in aller Offenheit darüber auch nur ein Wort zu verlieren. Und fieberte im Stillen seinen Mails entgegen. Drei Monate später hatte sie es auf 600 geschafft, er auf 500, aber deutlich längere.

Die Tage und Wochen begannen jetzt fröhlich. Sie sang schon am Morgen.

«Wann kommst du?», drängte er bald. Sie war wie verzaubert. So ungewohnt, dieses Gefühl, begehrt zu werden. Oh Gott, oh Gott. Soll sie? Oder soll sie nicht? Welchen Sinn hat das? Wohin soll es führen? Und wenn es sich zerschlägt? Schlimmer noch:

Wenn es sich *nicht* zerschlägt? Was soll sie dann ihrer Familie sagen, den Nachbarn? Sie ist 66.

Nie hätte sie gedacht, dass die Lombardei so schön ist. Diese gewaltigen Sonnenuntergänge. Feurige Spektakel in Cinemascope. Und diese weltumspannende Weite, diese Freiheit.

Und dann kam er. Er hatte sie verpasst auf den verschlungenen Wegen zu seinem Bauernhof, hatte sie vergeblich im Dorf unten gesucht. Und endlich bei sich selbst gefunden, auf der Bank vor seinem Hof. Und da lagen sie sich schon in den Armen. Ohne Wenn und Aber. Nein, ihr Traummann war er nicht. Zu kompakt. Zu gedrungen. «Ich bin ein Bergmensch», hatte er gesagt. Aber dieses herrlich füllige Haar, leuchtend weiß. Und diese üppigen Kräusellocken auf dem Brustkorb. Ein vor Kraft strotzendes Mannsbild, trotz seiner 73. Eine Urgewalt. Und sie mitten im Zentrum des Bebens. Wann hatte sie das je erlebt? Hatte sie das je erlebt?

«Mama, *so* sieht Unterwäsche aus», sagt die Tochter und zieht eine Schublade auf.

BH und Höschen in Schwarz, BH und Höschen in Rot, BH und Höschen mit Spitze natürlich. Seit die Tochter eingeweiht ist und sich überraschend herzlich für die Mutter freut, bekommt sie Nachhilfeunterricht. Ihre Lieblingsfarbe Schwarz, dieses ewige, viel zu harte Schwarz, braucht dringend Auffrischung. Jetzt trägt sie wieder bunte Tücher. Türkis lässt ihre blanken Augen leuchten wie zwei Strahler. Und die Tage der formlosen Pullover, die den vermeintlich viel zu großen Busen kaschieren sollen, scheinen auch gezählt. Sie übt jetzt «Kleider tragen». Aufrecht gehen. Und stehen zu dem, was sie hat, statt die Schultern über der Brust zusammenzuziehen. «Renaissance der Weiblichkeit» nennt sie ihr Trainingsprogramm. Kein einfaches Ziel für eine Frau, die sich schon als Kind eher wie ein Junge gefühlt hat. Und da kommt einer und sagt: «Du bist so erotisch.» Kann man's denn glauben?

Ja, sieht er denn nicht die vielen feinen Linien auf Stirn und Wangen, die zarten Furchen rund um die Augen, die müde Haut am Hals?

Ihre Beine immerhin, die findet sie schön. Schlank und rank. «Storchenbeine» hatte sie ihr Vater genannt.

Drei Monate dauerte das Feuerwerk der Gefühle. Dann eine letzte gewaltige Detonation – und aus!

Sie war wieder zu ihm gefahren, mehr als 600 Kilometer in den Süden. Eine Woche wollte sie bleiben. Er machte Pläne, schlug Florenz vor. Er gefiel sich in der Rolle des Fremdenführers. Das schien die einzig angemessene zu sein. Egal. Gemeinsam entrümpelten sie noch seinen vollgestopften Hof. Er fuhr sogar eigenhändig den Müll auf die Kippe. Und so langsam fühlte sie sich heimisch. Obwohl … er diktierte, wo's langging. Das fiel ihr schon auf. Er war hochempfindlich. Sie musste auf der Hut sein. Er wollte sie ganz für sich. Das konnte leicht zu viel werden. Aber der Sex war gut. Nicht gerade zärtlich, zugegeben. Aber mit ihm im Bett begriff sie, was sie die letzten Jahrzehnte verpasst hatte. «Ich war einfach nur verknallt.»

Und dann fiel das Reizwort, das die Explosion auslöste.

Er kochte Polenta, was er großartig machte. Polenta mit Käse und Gemüse dazu. Das Gemüse mit ganz viel Knoblauch. Köstlich. Aber sie würde einen halben Tag lang dafür bestraft werden. Sie reagierte auf Knoblauch mit Blähungen. Höchst unangenehm. Nach dem Essen war wie immer Mittagsschlaf angesagt, oder was man so «Schlaf» nennen kann. Und weil sie

schon ahnte, was ihr blühen würde im gemeinsamen Liebesspiel, sagte sie mehr oder weniger leichthin: «Es kann passieren,
dass ich furzen muss.»

Das war, als hätte jemand im Kreml den «roten Knopf» gedrückt. «Das geht nicht. Nicht mit mir», brüllte er, sprang aus
dem Bett und war verschwunden. Dann hörte man heftige
Axtschläge aus dem Holzschuppen. Kein weiteres Wort mehr.
Nicht sofort und auch nicht später. Er blieb verschwunden. Sie
war wie vor den Kopf geschlagen. Erst glaubte sie noch an einen vorübergehenden Sturm. An die Chance auf ein Gespräch.
Machte einen langen Spaziergang, um ihre überbrodelnden
Gefühle abzukühlen, das Rauschen des Blutes im Ohr zu be-
sänftigen. Aber nichts geschah. Da packte sie ihre Sachen und
fuhr in die Nacht hinaus. Ihr Innerstes loderte, wie sonst nur
der Abendhimmel, vor Schock, Schuld und Scham. Sie zöger-
te die Heimkehr hinaus. Sie war ohnehin viel zu früh zurück.
Oder nicht früh genug? Wie man's nimmt. Die ganze Fahrt über
hatte sie in Gedanken mit ihm geredet. Ununterbrochen. Der
Schmerz peinigte sie, genau wie damals, als sie noch jung war
und so unerfahren. Quälend, dieses Gefühl, ausgenutzt und
weggeworfen worden zu sein, wie eine heiße Kartoffel. Wie
besessen suchte sie Antworten, recherchierte im Internet über
psychische Erkrankungen. Aber wenn er ein Egozentriker, ein
Narzisst war, was war dann sie? Sind Beziehungen nicht immer
nur ein Spiegel?

Jetzt übt sie Abschiednehmen. Jeden Tag wird sie zwei, drei
oder alle Satzanfänge vervollständigen:

Ich nehme dir übel …

Ich verzeihe dir …

Ich erinnere mich gerne …

Ich bedaure oder bereue …

Ich danke dir …

Ich bitte dich …

Jeden Tag schreibt sie ihm Mails, ohne sie abzuschicken. Sie räumt gründlich auf in ihrem Innern und stellt sich Fragen über Fragen: Warum war ich so blind? Wie groß muss meine Bedürftigkeit gewesen sein, um beide Augen zu verschließen? Wie groß meine Bereitschaft zur widerstandslosen Anpassung? Ich, eine studierte Frau, lebenserfahren – aber ausgehungert.

Drei Monate hatte die Affäre gedauert. Drei turbulente Monate, die ihr erschienen wie zwei Jahre. Vier Wochen nach dem bitteren Ende macht sie sich auf an die Ostsee. Noch immer schreibt sie ihm Mails, ohne sie je abzuschicken. Täglich. Was als «Kur» gedacht ist, schlägt ins Gegenteil um. Die Einsamkeit wächst mit jedem Tag. Sie flüchtet wieder nach Haus, zu ihren Kindern und Enkelkindern. Zu ihrem Mann. Der tut so, als sei alles wie immer. Fragt nicht. Schweigt. Und nach und nach brennt die Scham nicht mehr so sehr. Die Trauer über die geplatzte Vision macht der Ernüchterung Platz. Und der neuerlichen Frage:

Soll ich es noch mal versuchen?

Gestern noch hieß die Antwort: nein. Heute schon: vielleicht. Aber wenn sie morgen «ja» sagen sollte, und die Zeichen stehen nicht schlecht, dann, ja, dann wird sie Ansprüche stellen.

Jünger soll er sein. 70 ist für sie die Schallgrenze. Schlank soll er sein. Nicht so ein «Waldschrat». Humor soll er haben. Und nicht jedes Wort auf die Goldwaage legen. Kompromissfähig soll er sein. Und nicht so unerbittlich. Einfühlsam soll er sein. Und nicht so ichbezogen. Nah soll er sein und nicht so unerreichbar fern. Was soll er nicht alles sein.

## «Dinner for one»? Nein, danke!
## Ein Engländer auf Schatzsuche

Mr. Miller ist reizend. Wie er da so auf den Bahnsteig tritt, in der fremden Großstadt, die ihm unheimlich ist, eine Spur konfus, suchende Augen hinter der randlosen Brille. Und da hat er es auch schon entdeckt – sein Blind Date. Und lächelt dezent. Die meisten Engländer, hatte er geschrieben, sehen entweder aus wie Prinz Charles oder Mr. Bean. «Aber Kinder mögen mich.» Er sieht genauso aus wie auf dem Passfoto. Dazu war er eigens in ein Fotostudio seiner Heimatstadt gegangen. «Ach, Sie brauchen Bewerbungsfotos», hatte der Fotograf zwinkernd zum 72-jährigen Mr. Miller gesagt, als der gerade Anstalten machte, sein Anliegen zu erklären.

Und dabei war es umgekehrt. 60 Damen bewarben sich bei ihm. Um eine Lebensstellung. Es geht um die nächsten 10, 20, vielleicht 30 Jahre.

Unter den 60 Zuschriften, die nach und nach bei ihm im Westerwald eintrudelten, war eine aus Holland, eine aus Österreich, eine aus Neuseeland und eine von einer Russin aus Sankt Petersburg. «Eine atemberaubende blonde Schönheit. 50 Jahre alt. Kunsthistorikerin!» Mr. Miller lässt sich jedes Wort auf der Zunge zergehen. Sie hatte ein beeindruckendes Foto mitgeschickt. Sie in theatralischer Pose als Herrscherin auf einem Thron.

Mr. Miller müsste im siebten Himmel sein. Aber er ist Wissenschaftler und hat seinen Verstand beisammen. Jedenfalls in der Regel. Gut, er kann gelegentlich schon mal ein bisschen schusselig sein. Fährt er doch tatsächlich nach Saarbrücken zu Verwandten und lässt seinen gepackten Koffer zu Hause stehen. Da musste er sich völlig neu ausstaffieren. Und ist seither Besitzer eines Schlafanzugs in scheußlichem Blau. Mr. Miller findet das amüsant. Seine Tochter ganz und gar nicht. «Sie hält mich für einen alten Trottel», sagt er schmunzelnd mit gesenkter Stimme, als sei es ein langgehütetes Geheimnis. Die Tochter wohnt viele Stunden von ihm entfernt, und besorgt, wie sie ist, würde sie ihn gern in ihre Nähe lotsen. Aber Mr. Miller hat einen anderen Plan.

Nein, zurück nach England will er nicht. Wozu auch? Er war Mitte 20 und frischgebackener Physiker, als er der Liebe wegen nach Deutschland kam. Bei einem Jugendaustausch hatte er seine deutsche Frau kennengelernt und war ihr ins Saarland gefolgt. Jahrzehntelang arbeitete er in einem wissenschaftlichen Institut und genoss wohl eine gewisse Sonderrolle als Brite, der schier endlose Teambesprechungen gern mit seinem hintergründigen Witz würzte. Mit 62 zog er sich gemeinsam mit seiner Frau aufs Land zurück, ins Ferienhaus mit dem großen Garten, direkt am Waldrand. Sie müssen ein inniges Paar gewesen sein, trotz ihrer Demenz in den letzten Jahren. Ohne jeden klagenden Unterton erzählt er, wie er sie überall mit hin nahm, zu allen Besorgungen und Einkäufen. «Das war keine Heldentat», wirft er ein, «das war meine Aufgabe.» Schließlich bekam sie auch noch Krebs. Zwei intensive Jahre lang pflegte er sie, unterstützt von professionellen Helfern. Das sei, meint er, ein langer Abschied gewesen. Nach einem Klinikaufenthalt kehrte sie zum Sterben nach Hause zurück, mit Ehemann und Tochter an ihrer Seite.

Jetzt, ein Jahr nach dem Tod seiner Frau, mit der er 50 Jahre verheiratet war, will er es noch mal versuchen. Denn in dem 300-Seelen-Dorf im Westerwald lebt er trotz guter Kontakte zur Dorfgemeinschaft in einer «splendid isolation», vor allem im Winter. Ganz naiv hatte er eine Anzeige in der *Zeit* aufgegeben:

> GESTRANDETER ENGLÄNDER *(72, seit 45 J. in D, Witwer, pens. Wiss., NR, Lerche, beg. Gärtner, SWR2/3Sat-Fan, 170/75) sucht kultiv. präsentable Freundin (65+), um gemeinsam einen neuen Lebensabschnitt zu gestalten.*

Die meisten Interessentinnen blieben am «gestrandeten Engländer» hängen. Andere an «beg. Gärtner», was mindestens genauso viel Interpretationsspielraum zulässt. Aber er ist, was man Engländern nachsagt: ein begeisterter Gärtner.

Wieder andere gingen gar nicht auf sein Profil ein, sondern schrieben seitenweise ihre Erfahrungen mit dem Tod ihres Mannes, der Zeit danach, der Frage, wie es weitergehen soll. Eine Beziehung oder Freundschaft hatten sie gar nicht im Sinn.

Da staunte Mr. Miller. Wie er überhaupt verblüfft war über das, was sich dann entwickelte. Vor allem, was in ihm selbst vorging. «Ich wusste gar nicht, dass ich so wenig flexibel bin», bekennt er freimütig bei unserem Treffen. Und genießt ganz offensichtlich den Besuch im Restaurant in Begleitung einer Dame. Er, ganz Gentleman im Freizeitlook, Cordhose, Anorak, Pullover in schmeichelnden Braun- und Beigetönen. Unter allen Briefen hatte er diejenigen ausgesucht, die am nächsten wohnten. So gehen wohl Naturwissenschaftler an die Partnerwahl heran.

Und dann bestellt er: «Also, meine Frau nimmt …» Gewagt, gewagt, denke ich. So eine forsche Formulierung nimmt man wohl nur einem Engländer nicht übel und reiht sie ein in die Rubrik «britischer Humor».

Über den Salat gebeugt, kommt er wieder auf die Fülle der Angebote zurück. Er ist verwirrt. 50 Jahre lang hat er nicht rechts und nicht links geguckt. Wie soll er mit anderen Frauen umgehen? Ihn schreckt schon ihre Offenheit, ihre Unbefangenheit, die sich in den Briefen an ihn, den Anonymen, ausdrückt. Eine hat er immerhin schon besucht. Sie residierte in einer noblen Villa, vor der Garage ein Gefährt der oberen Mittelklasse. Er hätte zu ihr ziehen müssen. Aber will er das wirklich? Er kann doch nicht das Holzhaus am Waldrand samt Garten, den seine Frau in Jahrzehnten angelegt hat, verlassen. Die Studienrätin am Niederrhein dagegen käme ihm eher gelegen. Das wäre immerhin auf halber Strecke zu seiner Tochter.

Bevor der Kaffee kommt, schiebt er seinen Stuhl zurück, steht auf und sagt leichthin: «Jetzt kann ich es Ihnen ja sagen. Wir heiraten ja noch nicht. Ich habe eine neue Hüfte.» Und dann verabschiedet er sich für einen Augenblick.

Zurückgekehrt, erinnert er sich an eine Frau, die ihm schrieb, dass er wohl erst mal Abschied nehmen müsse von seiner langen Ehe, bevor er sich auf etwas Neues einlassen könne. Und so fragt er sich jetzt, ob er durch die Anzeige nicht lauter nette Freundinnen gewinnen würde. «60 Freundinnen wären auch nicht schlecht», sinniert er, und in seinen Augen blitzt der Schalk. Die könnte er in der kalten Jahreszeit besuchen, bevor er sich im winterlichen Mittelgebirge allzu einsam fühlt. «Denn ich bin nicht bereit, für die nächsten zehn Jahre in meinem Wintergarten zu sitzen, den Wald anzugucken und Rotwein zu trinken. ‹Dinner for one› ist Mist – mit und ohne Butler.»

# Online-Börsen

## Fünf Wörter, die mein Äußeres beschreiben.
## Erste Erfahrungen mit dem Netz

*Jugendliche Ausstrahlung (werde mindestens zehn Jahre jünger geschätzt), blaue Augen, braunes Haar, hübsches Gesicht.*

Elke ist zufrieden mit ihrer Selbstbeschreibung und könnte sich vorstellen, noch leicht an ihrem Alter zu manipulieren. Sie entscheidet sich dann doch für die Wahrheit und denkt: Lieber ehrlich sein!

Elke hat eine Freundin, eine Juristin. Die ist über 60 und sucht schon länger im Internet nach einem Mann. Seit Jahren hatte sie keinen Verehrer mehr. Jetzt trifft sie jede Woche einen anderen und ist nicht mehr wiederzuerkennen. So beschwingt, so fröhlich. Elke staunt. Als einzige Vertraute ist sie die erste Anlaufstelle, wenn es Neuigkeiten von der Männerfront gibt.

Doch sie beobachtet die Aktivitäten ihrer Freundin in Sachen Liebe nicht ohne Missbilligung und denkt: Wie kann man denn so etwas machen? Per Internet? Oh Gott, das ist doch nicht seriös! Und dann versucht die Freundin sogar, Elke zu überreden, es auch mal zu versuchen. Andererseits, eine Juristin ist doch irgendwie gehobener Standard, oder? Was die macht, kann doch so falsch nicht sein. Elke ringt mit sich.

Und dann kommt der alles entscheidende Anruf. «Stell dir vor», sprudelt die Juristin, «ich hab mich sooo verliebt in einen Wissenschaftler. Ich sag dir, so was hab ich noch nie erlebt – da läuft das volle Programm.» Elke ist sprachlos und grübelt: Kann denn so etwas in unserem Alter noch möglich sein?

Dann genehmigt sie sich einen Wein, setzt sich an den Laptop. Und loggt sich bei der Online-Partnervermittlung Parship ein.

Elke ist 62 und seit 18 Monaten Witwe. 41 Jahre war sie verheiratet und hat ihren geliebten Mann in der schweren Zeit seiner Krankheit begleitet und am Ende auch gepflegt. Belastende fünf Jahre. Sie trauert um ihn, aber sie vermisst auch einen Partner an ihrer Seite. So ganz ohne Liebe alt zu werden, das kann sie sich nicht vorstellen. Dafür fühlt sie sich einfach noch zu jung, zu lebendig, zu liebebedürftig. Fast schon trotzig denkt sie: Wenn es bei meiner Freundin klappt, warum dann nicht auch bei mir?

Ab heute will sie für ihr Glück etwas tun. Ein Mann muss her, der genauso tickt wie sie, mit dem sie endlich ihr Lebensgefühl teilen und ihren Traum vom Tanzen erfüllen kann. Entschlossen arbeitet sie sich auf der Online-Seite vor. Ganz akribisch werden die vielen Fragen des Persönlichkeitstests ausgefüllt. Denn was sie schreibt, soll Hand und Fuß haben. Als Deutschlehrerin weiß sie: In solch einer Herzenssache kommt es auf Feinheiten an. Und schließlich sind diese Angaben Grundlage für die Partnerbörse, passende Männer für sie zu finden.

Bei den Profilfragen, sozusagen ihrem Steckbrief, der dann tatsächlich im Netz erscheinen wird, ändert sie so lange rum, bis es stimmt. Die fünf Wörter, die ihr Äußeres beschreiben, sind schon mal gut gelungen. Lange überlegt sie, wie sie den vorgegebenen Halbsatz: *Ich wünschte, ich könnte …* vervollständigen soll. Schließlich schreibt sie ehrlich und direkt, wonach sie sich von Herzen sehnt: «Ich wünschte, ich könnte … mich noch einmal richtig verlieben und gemeinsam mit meinem Liebsten das Leben und die Welt neu entdecken.»

Aber irgendwie fühlt sie sich mit dieser Suche auch unwohl. So als würde sie sich auf dem Marktplatz feilbieten. Niemand in ihrem Umfeld soll wissen, was sie da heimlich tut. Nicht mal ihre beiden erwachsenen Kinder weiht sie ein. Nur die Juristin ist stets auf dem neuesten Stand und macht ihr Mut.

Am Ende prüft sie noch einmal sorgfältig, was im Netz stehen wird. Sie weiß, Frauen in ihrem Alter und mit ihrem Bildungsstand haben es nicht leicht, einen adäquaten Partner zu finden. Denn die meisten Männer wollen lieber bedeutend jüngere Frauen. Also muss sie den Interessenten gleich klarmachen, dass sie kein Oma-Typ ist. In die Rubrik «Das sollte mein Partner über mich wissen» fügt sie deshalb ein: «Ich bin nicht nur äußerlich, sondern auch in meinem Wesen jung geblieben und habe mir meine Begeisterungsfähigkeit, Neugier, Leidenschaft und Spontaneität bewahrt.»

Und da auch sie keinen 70-jährigen Opa-Typen will, gibt sie die Altersgrenze für den erhofften Partner mit maximal 66 an. Es soll ein Mann sein, der mit ihr reist auf Teufel komm raus und der Lebensfreude versprüht. Nur nichts Schweres mehr, nichts Depressives, keine Krankheit und vor allem keine Couch-Potato.

Sie wird keine faulen Kompromisse machen, das weiß sie. Denn Torschlusspanik, die hat sie nicht. Jetzt muss sie nur noch alles losschicken. Sie schämt sich ein bisschen, eine solche Suchaktion nötig zu haben. Doch dann denkt sie: Ja, aber wo soll ich denn sonst einen Mann in meinem Alter kennenlernen? Ich geh nicht in die Disco, und an der Supermarktkasse ist es auch eher unwahrscheinlich, Mr. Right zu treffen – und wer läuft schon mit einem Schild um den Hals herum: Partner gesucht? Elke muss bei dieser Vorstellung lachen und schickt mutig ihre Anmeldung los.

In den ersten Tagen und Wochen ergreift vor allem sie die Initiative und macht den ersten Schritt. Etwa zehn Männer mailt sie an. Doch nur wenige Herren antworten, manche schicken gleich den vorgefertigten Abschiedsgruß: «Mach's gut.» Das bringt nicht wirklich gute Laune.

Dann die Offerte eines Psychologen, 65 Jahre. Und schon sieht das Leben wieder anders aus. Elke ist nervös. Auch er ist verwitwet und hat seine kranke Frau bis zum Tod begleitet. Erfahrungen, die verbinden. Dazu noch seine sympathische Stimme am Telefon. Elke beginnt zu träumen. Sie wird ihn auf dem Weihnachtsmarkt treffen. Das wirft eine wichtige Frage auf: Was wird sie anziehen? Am besten ganz in Schwarz. Das steht ihr besonders gut.

Die knappe Jeans macht eine Superfigur. Dazu der bunte Schal und knallrote Lippen. Sie fühlt sich wunderbar, wie bei ihrem ersten Rendezvous. Im Spiegel sieht sie eine strahlende, moderne Frau, die bereit ist, die Liebe zu entdecken.

Er wartet schon am Glühweinstand. Auf den ersten Blick denkt sie: Typisch alternativer Psychologe. Mit seiner ausgebeulten Jeans und den latschigen Schuhen. Früher in der Uni hießen sie Müslis, erinnert sie sich schmunzelnd. Auf den ersten Blick denkt sie: Nicht mein Typ, aber total liebenswert.

Sie verbringen einen sehr intensiven Nachmittag miteinander. Ihr ist, als würde es sogar ein wenig knistern. Beim Abschied verspricht er fröhlich: «Ich ruf dich an.» Aber sie wartet vergebens. Keine Nachricht. Nichts. Sie schreibt ihm. Keine

Antwort. Irgendwann kommt ein Anruf: «Es tut mir sehr leid, aber ich habe mich anderweitig ganz doll verliebt. Es brennt lichterloh.» Dieser letzte Satz haut rein. Sie wird ihn so schnell nicht vergessen, denn genau das wünscht auch sie sich so sehr. «Lichterloh brennen» – was für ein wunderbares Bild für eine heftige Liebe.

Und was für eine Enttäuschung, dass nicht sie es ist, für die er brennt. Soll sie überhaupt noch weitermachen? Elke reist zu ihrem Sohn und plant, dort einen weiteren Mann zu treffen, auf den sie sich sehr freut. Er ist Schriftsteller. Treffpunkt und Uhrzeit sollen vor Ort über die Parship-Plattform ausgetauscht werden. Weder seine Telefonnummer noch seine private E-Mail-Adresse kennt sie, und auch seinen Familiennamen nicht. Doch es gibt eine Online-Panne. So ein Pech. Sie kann den Rendezvous-Partner nicht erreichen. Es hat so vieles gepasst. Der hätte es sein können. Er glaubt ihr die Panne nicht und bricht den Kontakt ab. Da kommt schon manchmal ein ungutes Gefühl hoch, nach dem Motto: Es hat sowieso keinen Zweck. Lass es doch.

Es ist kurz vor Weihnachten, Elke gesteht ihren Kindern, dass sie seit längerem online einen Mann sucht. Die finden das prima und sagen nur: «Super, Mama. Das ist doch wunderbar.»

Vielleicht, denkt sie sich, vielleicht sollte ich tatsächlich noch einen Versuch starten. Sie entdeckt das Profil eines 65-jährigen Steuerberaters, das sie aufmerken lässt. Die hohe Zahl der Matching-Punkte beeindruckt sie. Doch was sie mehr umwirft, sind die vielen Gemeinsamkeiten. In seinem Profil stehen so schöne Dinge, die er sich alle mit einer geliebten Partnerin vorstellen kann. Kess schreibt sie ihm: «All das, was in deinem Profil steht, deckt sich genau mit dem, was ich mir wünsche. Wenn du jetzt noch sagen würdest, dass du gerne tanzt, dann wär alles perfekt.» Doch keine Antwort.

Elke ist genervt: Was machen diese Männer eigentlich? Stellen sich ins Netz und reagieren dann nicht. Das ist doch unmöglich! Sie schiebt noch eine Nachricht hinterher. Und hofft. Dann fährt sie in den Silvester-Urlaub. Ihr einziger Neujahrswunsch: Er soll sich melden. Stattdessen meldet sich ein anderer. In der Silvesternacht kommt plötzlich eine SMS: «Die große Liebe ist leider schon wieder vorbei. Ich bin traurig und wünsche dir viel Glück.» Der Psychologe. Sein Feuer ist offenbar erloschen, Elkes aber auch. Sie hat nur noch einen im Kopf: den Steuerberater.

Anfang Januar öffnet sie ihr Profil, und es macht *rattatatam*: drei Nachrichten vom Steuerberater. Er heißt Konrad. Und Elke schwebt im siebten Himmel.

## Ich geh online – gehst du mit?
## Im Dschungel der Dating-Portale

Simon ist ein offener Mann mit sehr lieben Augen und einem freundlichen runden Gesicht. Jemand, dem eine Frau sich gerne anvertraut. Doch er ist eher zurückhaltend. Vielleicht ist er es auch erst geworden. Schließlich war er fast 40 Jahre verheiratet. Dann der Tod seiner Frau. Wie soll er da noch wissen, wie Flirten geht? «Nein, nein», erklärt er etwas verlegen, «ich bin niemand, der eine Frau anbaggert.» Aber vorstellen kann er sich schon, wieder jemanden zu haben. Gemeinsam abends vor dem Fernseher zu sitzen, mit anschließender Kuschelrunde. Deshalb ist Simon auf seine Weise aktiv geworden und hat herausgefunden: «Für mich ist das Internet der beste Weg. Sonst hätte ich nicht den Mut gehabt.»

Inzwischen sollen es mehr als sieben Millionen Singles sein, die wie Simon den Mut haben, ihre Liebeswünsche dem Netz anzuvertrauen.

Als 63-Jähriger gehört Simon zu der am stärksten wachsenden Altersgruppe auf den Single- und Partnerschaftsportalen. Für den Rentner hat dieser Weg viele Vorteile: «Man hat Zeit, die Gedanken zu ordnen und zu überlegen, wie man sich darstellt und was man schreibt.» Und ein weiterer Pluspunkt: «Man kriegt schnell Antwort und kann sich vom Schreiben her schon ein Bild von jemandem machen.» Aber vor allem ist es die Anonymität, die der Witwer schätzt. Er hätte nicht so gerne, dass die Nachbarn oder Freunde in seinem kleinen Ort mitkriegen, dass er zwei Jahre nach dem Tod seiner Frau schon wieder auf der Suche ist. In der Stille des Abends, nachdem er die Vorhänge sicherheitshalber zugezogen hat, geht er virtuell auf Brautschau. Seitdem führt er ein spannendes Leben.

Wer sich wie Simon in Sachen Liebe online orientieren will, hat die Wahl zwischen unzähligen Angeboten. Darunter auch viele Nischenplattformen, die sich auf besondere Zielgruppen spezialisiert haben, zum Beispiel auf Menschen 50+, auf Christen, Alleinerziehende und so weiter.

Es gibt zwei Arten von Dating-Portalen, die sich grundlegend unterscheiden: Singlebörsen und Online-Partnervermittlungen. Der Unterschied: Bei Singlebörsen haben die Suchenden Zugriff auf die Profile aller eingeschriebenen Mitglieder und wählen selbst, nach eigenen Kriterien wie Alter, Größe, Beruf und Wohnort, mögliche Partner aus. Fotos sind offen einsehbar. Der Zugang läuft meist über einen Nicknamen. Genutzt werden Single-Portale besonders von jüngeren Leuten, die flirten wollen und nicht unbedingt eine feste Partnerschaft suchen. Die Monatsbeiträge sind zum Teil relativ niedrig. Manche dieser Portale sind sogar kostenlos.

Bei Online-Partnervermittlungen ist ein Persönlichkeitstest vorgeschaltet. Nach dessen Auswertung werden den Mitgliedern gezielt Partner vorgeschlagen. Wer sich hier einloggt, ist in der Regel eher älter und an einer festen Beziehung interessiert. Die Profileinstellung erfolgt meist anonym mit Chiffre-Nummer. Bei vielen Partnerbörsen sind die Fotos zunächst unscharf. Jeder kann dann selbst entscheiden, wem er sein Bild freischalten will. Die Mitgliedsbeiträge sind deutlich höher als bei den Singlebörsen.

Die Stiftung Warentest hat die größten Plattformen beider Kategorien nach Preis-/Leistungsverhältnis, Benutzerfreundlichkeit und Sicherheitsstandards unter die Lupe genommen. Die Ergebnisse können eine gute Entscheidungshilfe sein.

Am einfachsten ist es, sich zunächst probeweise und kostenlos bei einigen Single- und Partnervermittlungen einzuloggen. So kann jeder schnell herausfinden, bei welchem Anbieter er sich am wohlsten fühlt. Allerdings sind im Probemodus Kontaktaufnahmen mit potenziellen Partnern noch nicht möglich. Das geht erst nach Vertragsabschluss und Zahlung.

Vor dieser Entscheidung sollten jedoch immer die Bedingungen genau studiert werden. Auch wenn die Mitgliedschaft nur für einen begrenzten Zeitraum, etwa drei, sechs oder zwölf Monate, abgeschlossen wird, muss der Vertrag bei den meisten Plattformen rechtzeitig vor Ablauf schriftlich gekündigt werden. Ansonsten verlängert er sich automatisch. Darüber sind schon viele gestolpert. Problematisch kann es auch werden, wenn ein bereits abgeschlossener Vertrag mit einer Online-Partnervermittlung widerrufen wird, nachdem bereits der ausführliche Persönlichkeitstest ausgewertet und dem Kunden zugemailt worden ist. In diesem Fall erheben einige Anbieter Gebühren für den Test.

Wer sich schließlich für die Mitgliedschaft bei einer der großen Online-Partnervermittlungen entschieden hat, auf den wartet laut Anbieter ein «wissenschaftlich fundiertes» Matching-Verfahren. Das bedeutet: Am Anfang steht ein umfangreicher Test mit Fragen zur eigenen Person, zum Beispiel zum individuellen Konfliktverhalten. Denn eine Beziehung könnte schwierig werden, wenn nach einem Streit beide Partner auf Rückzug gehen. Ähnlich ist es mit dem Bedürfnis nach Nähe und Distanz, dem Umgang mit Gefühlen und dem Lebensstil. Die Testergebnisse werden «gematcht». Je mehr Matching-Punkte, umso größer die angebliche Übereinstimmung. Im Anschluss werden dem Mitglied nur diejenigen potenziellen Partner freigeschaltet, die ein Minimum an Gemeinsamkeiten haben.

Ob eine hohe Punktzahl tatsächlich ein Garant für das große Glück ist? Nach den Erfahrungen von Simone, 67, und Friedrich, 78, ist Liebe nicht berechenbar. «Mich hat die Zahl überhaupt nicht interessiert», lacht Simone und schüttelt ihren hübschen, grauen Lockenkopf. «Als mir Friedrich in seiner ersten Mail schrieb: ‹Hast du nicht gesehen, wir haben nur 47 Matching-Punkte?›, habe ich nur gedacht: Der Mann hat mir trotzdem den Kopf verdreht. Ich will ihn haben. Und heute sind wir neun Jahre verheiratet und immer noch glücklich.»

Das mag eine Ausnahme sein, aber trotzdem: Wie ist das zu bewerten, wenn Zahlen um die 100 fast schon ideale Voraussetzungen zu versprechen scheinen? Markus Ernst, Diplom-Psychologe und Single-Coach von Parship, wird bei seinen Telefonsprechstunden oft danach gefragt. «Eine hohe Matching-Punktzahl ist zwar eine gute Basis für eine harmonische Partnerschaft. Aber es ist nicht alles. Wichtig ist doch: Mag ich den Geruch, die Gesten, die Ausstrahlung des Gegenübers? Das sind alles extrem wichtige Sachen für eine Partnerschaft, die natürlich nicht erhoben werden können.» Auch wenn er dem stets aktualisierten wissenschaftlichen Test viel zutraut, findet er, man solle die Ergebnisse nicht zu hoch hängen.

Wer online die Liebe sucht, braucht vor allem ein Profil, eine originelle, aber stimmige Selbstdarstellung, die möglichst sofort ins Auge fällt. Es geht ja immerhin um etwas. Im besten Fall um eine Beziehung für den Rest des Lebens. Also lohnt es, sich Mühe zu geben und die passenden, ansprechenden Worte zu finden. Gern wiederholte Floskeln wie «Ich fühle mich wohl in Jeans und Abendkleid» oder der berühmte Rotwein, der beim Anschauen des Sonnenuntergangs genossen wird, sind absolute Liebeskiller. Auch Standards wie «Ich bin ehrlich, treu und einfühlsam» oder «Ich bin vorzeigbar» sollten vermieden werden. Sie bergen das Risiko, sofort weggeklickt zu werden. Um ihre Mitglieder davor zu bewahren, haben die verschiedenen Portale sicherheitshalber eine Hitliste solch unbrauchbarer Formulierungen zusammengestellt.

«Es kommt immer auf den ersten Satz an», denkt Michael, «der muss reinziehen und zu mir passen.» Also wählt der Lehrer mit dem verwegenen Fünftagebart als Headline seines Profils ein feinsinniges Zitat von Maxim Gorki. Eines, das natürlich auch Rückschlüsse auf seine Sensibilität zulässt: «Nach manchem Gespräch mit einem Menschen hat man das Verlangen, einen Hund zu streicheln, einem Affen zuzunicken oder vor einem Elefanten den Hut zu ziehen.»

Wem würde dieser Satz nicht ein Lächeln auf die Lippen zaubern? Und tatsächlich, auf positive Reaktionen aus der Damenwelt muss Michael nicht lange warten. Denn der 60-Jährige hat auch bei den restlichen Angaben noch einige gute Ideen auf Lager. So ergänzt er den vorgegebenen Halbsatz *Eine schräge Angewohnheit von mir ist …* mit dem schrulligen Bekenntnis *… Erdbeermarmelade auf Käsebrot … hmhm … wie lecker!* Aber die meisten Zuschriften erhält er auf sein Statement: *Ich bin allergisch gegen zickige Frauen.*

Wer das Ausfüllen und Beschreiben allein nicht so gut hinkriegt, nicht sicher ist, ob sein Profil attraktiv genug daherkommt, kann sich helfen lassen. Die großen Online-Partnerbörsen bieten Gespräche mit professionellen Single-Coaches an. Sie beraten auch bei Fragen zu Suchstrategien und allem, was zum Online-Daten dazugehört. Das sind meist Extraleistungen, die über eine Bezahl-Telefonnummer abgerechnet werden.

Lisa Fischbach, Diplom-Psychologin und Single-Coach von ElitePartner, erhält viele Anrufe von älteren Menschen, überwiegend von Frauen. Was sie ihnen bei der Selbstdarstellung immer rät, ist ein gutes, ausgewogenes Selbstmarketing. «Da ist ein großer Unterschied zwischen Männern und Frauen», hat sie festgestellt. «Frauen sind einfach viel selbstkritischer.» Und sie ermuntert die Damen, mehr Mut zu haben und lockerer an die Sache ranzugehen: «Also wirklich mal was wagen, was anderes schreiben. Wenn man selber nicht weiterkommt, dann die Freundinnen ansprechen. Das ist immer gut. Die besten Fragen dafür sind: Was gefällt dir an mir, was schätzt du an mir, was macht mich aus? Und schon haben Sie die Antworten für Ihr Profil.»

Die persönlichen Angaben wie Alter, Beruf, Größe, Figur und Aussehen verführen häufig zum Schummeln. Doris findet das gar nicht witzig: «Da wird manchmal gelogen, bis sich die Balken biegen.» Mit Schrecken erinnert sich die 61-jährige Finanzfachfrau an ihr erstes Date. Vieles in seiner Selbstbeschreibung gefiel ihr, dass er zum Beispiel sehr sportlich sei. Auch die Größe, 1,86, fand sie attraktiv. Schon tauchte in ihrer Phantasie das Bild auf: sie am Arm eines großen, starken Mannes, zu dem sie lächelnd hochschaut.

Und dann stand da noch, er habe ein paar Pfunde zu viel. Na und, denkt sie, ich passe auch nicht mehr in 36. Und so ein Kuschelbär, warum nicht? Als sie beim Theaterplatz um die Ecke biegt, sieht sie ihn schon von weitem. Sie geht auf ihn zu und denkt: Das darf jetzt nicht wahr sein. «Vor mir stand jemand, dem ich waagerecht in die Augen gucken konnte. Und ich bin nur 1,65. Wie das mit 1,86 funktioniert, weiß ich nicht. Und was ihm an Höhe fehlte, hatte er dafür in der Breite. Er war so unförmig.» Nach zwei Tagen hatte sich Doris von diesem Schock erholt. «Kopf hoch, das kann nur besser werden», dachte sie.

Wer so krass lügt, hat schon verloren. Ist Schummeln also grundsätzlich verboten?

Hätte Anne (siehe «Alles ist möglich») sich nicht zehn Jahre jünger gemacht und behauptet, erst 70 zu sein, wäre sie Max nie begegnet. Wobei sie tatsächlich mindestens zehn Jahre jünger aussieht. Gibt es also Ausnahmen, bei denen Notlügen erlaubt sind? Für Single-Coach Lisa Fischbach ist die Antwort ein glattes «Jein.» Sie kennt genügend Beispiele von Frauen mit 60 und älter, «die aufgeschlossen, kommunikativ, fit und jung geblieben sind. Die wollen doch lieber einen jüngeren oder mindestens gleichaltrigen Mann, der mitziehen kann. Da haben die Lügen ja nicht so kurze Beine. Ich kann keiner davon abraten, in dem Fall ihr Alter anzupassen, wenn sie viel jünger wirkt als die tatsächlichen Fakten. Hauptsache, die Schummelei entspricht dem Äußeren.»

Wenn die Angaben von Parship stimmen, dann sind zumindest im Netz die Männer ab 65 in der Überzahl. 55 Prozent zu 45 Prozent Frauen. Davon hat Isabelle allerdings noch nicht profitiert. Wenn sie sich durch die wenigen für sie passenden Profile klickt, kann sie sich nur ärgern. Von dem knappen Angebot an Kandidaten füllen die meisten ihre Selbstdarstellung auch noch unvollständig aus. «Und dann gibt es selten ein Foto», schimpft die 66-Jährige. «Da steht man doch völlig leer da.» Und schon hat sie wieder eines der mangelhaften Profile blitzschnell gelöscht. Wenn die Männer wüssten, was ihnen dadurch entgeht. Denn Isabelle hat eine umwerfende Ausstrahlung. Und dennoch wartet sie oft vergebens auf Kontaktanfragen. Oder sollte sie einfach mal selbst schreiben?

Locker-leicht online in Sachen Liebe zu kommunizieren geht dann doch nicht mit einfacher Hand. Was könnte der oder die andere denken, wenn ich einfach den ersten Schritt mache? Findet der mich dann vielleicht aufdringlich? Single-Coach Markus Ernst kennt diese Bedenken und macht vor allem den Frauen Mut. Seiner Erfahrung nach sind Männer in dieser Generation oft scheuer. Deshalb sollen Frauen ruhig den Anfang wagen. Ein paar nette Zeilen. Das reicht schon. «Im Netz», erklärt er, «gelten andere Regeln. Klar weiß man: Alle, die hier aktiv sind, suchen eine Partnerschaft. Dennoch darf man nicht glauben, dass das gleich ein Heiratsantrag ist, wenn einem jemand schreibt, dass ihm das Profil gefällt.» Entspannt bleiben, nicht so krampfhaft suchen und die eigenen Ansprüche nicht unrealistisch hochschrauben. Das sind die Regeln, die er seinen Gesprächspartnern mit auf den Weg gibt.

Und bei Online-Müdigkeit ist eine Suchpause sinnvoller als zu verzweifeln. Denn den passenden Partner kann auch das Internet nicht auf Knopfdruck präsentieren. Die meisten Partnerbörsen bieten auf Wunsch eine kostenlose Ruhephase an, das heißt, die Mitgliedschaft wird für einen abgesprochenen Zeitraum ausgesetzt und am Ende entsprechend verlängert.

Zwischen der vorsichtigen Kontaktaufnahme und Herzklopfen vor dem ersten Date stehen manche Herausforderungen. Plötzlich wieder flirten nach langer Abstinenz, und das auch noch schriftlich? Zur Überwindung von Schreibblockaden haben die Dating-Portale diverse Hilfen im Angebot. Für den Erstkontakt gibt es den «Lächelklick» oder die vier «Spaßfragen» und für den Abschied den «Mach's-gut»-Button. Der ist allerdings heikel und verträgt noch ein paar persönliche Worte. Denn Absagen erhalten und verteilen ist ein sensibles Feld und verlangt Ehrlichkeit und Fingerspitzengefühl. Denn hinter jedem Profil steht ein Mensch mit all seinen Erwartungen.

Bevor es zur ersten Begegnung kommt, empfehlen die professionellen Berater der Dating-Portale, möglichst schnell vom Online- in den Offline-Modus zu schalten, erst zu telefonieren und sich schließlich zu treffen. Je länger der virtuelle Kontakt, umso größer die Gefahr, dass die Phantasie der Realität davonläuft.

Falk Murko, Redakteur der Stiftung Warentest und verantwortlich für die Untersuchung der Dating-Portale, erinnert daran, trotz Schmetterlingen im Bauch nicht kopflos zu werden: «Immer auch den gesunden Menschenverstand einsetzen, um festzustellen, ob das, was das Gegenüber so alles erzählt, vielleicht zu schön ist, um wahr zu sein.»

Ansonsten hält der Journalist die digitale Partnersuche auf den späten Blick für eine große Chance. Wo sonst gibt es eine so große Auswahl an möglichen Kontakten? Und er überlegt, wie er selbst damit umgehen würde, falls er Single wäre. «Eigentlich darf ich das gar nicht sagen», lacht er. «Also mir wäre das zu mühselig, auf diesem Weg jemand Passendes zu finden. Aber dann hört man wieder diese Erfolgsgeschichten ...» Und schon kommt ihm eine in den Sinn: «Ich war letzte Woche zu dem Thema bei einem Fernsehsender eingeladen. Da hat mir die Maskenbildnerin beim Schminken ins Ohr geflüstert: ‹Ich hab meinen Mann auch im Internet kennengelernt.›» Und beim Abschied fällt ihm noch etwas ein: «Eine Kollegin hat übrigens ihren dritten Mann ebenfalls über eine Partnerbörse gefunden. Sie ist jetzt 53.»

## Ich bin doch ein Sahnestückchen.
## Berufsjugendlicher sucht Traumfrau

Wenn Michael lässig auf der Fensterbank sitzt und die Beine baumeln lässt, dann kommt er sich vor wie ein Student. So jung. So lebendig. Sein Blick fällt auf seine 14-, 15-jährigen Schüler, die fleißig rechnen. Er fühlt sich kaum älter. Trägt die gleichen verwaschenen Jeans, die gleichen Sweatshirts.

In der Konferenzrunde trifft er lauter attraktive junge Kolleginnen. Da könnte ihm schon die eine oder andere gefallen. Aber keine Chance. Er ist einfach zu alt. Er ist 60. Unfassbar! Nicht mehr lange bis zur Pensionierung. Und dann auch noch ohne Frau. Insgeheim fragt er sich: «Wirst du noch mal jemanden kennenlernen?» Es wird mit jedem Monat schwieriger. Die Zahl 60 beeindruckt ihn sehr.

Längst hat er die Hoffnung aufgegeben, auf dem normalen Markt der Möglichkeiten die Richtige zu finden. Also besucht er einen Philosophiekurs in der Erwartung, eine interessante Frau zu treffen. Doch schon am ersten Abend muss er feststellen: ausschließlich Männer inklusive Kursleiter. Also bleibt noch Plan B – die Suche per Partnervermittlung im Netz.

Das Foto in seinem Online-Steckbrief zeigt einen Mann mit sehr kurzen grauen Haaren, vollem Gesicht und verwegenem

Fünftagebart. Und dann diese ernsten, dunklen Augen, so jungenhaft, so verletzlich. Sein Profiltext lässt einen empfindsamen und humorvollen Mann erkennen. Wenn er zum Beispiel schreibt: «Ohne geliebt zu werden und zu lieben, kann ich nicht leben.» Und an anderer Stelle: «Der perfekte Tag wäre für mich, wenn morgens die Schule abbrennt und ich abends im Lotto gewinne (aber eher unwahrscheinlich).»

Schon am ersten Tag hat er neun Anfragen auf seiner Profilseite. Mit diesem Ansturm hatte er nicht gerechnet. Michael sieht seiner Zukunft optimistisch entgegen. Wenn es so gut anfängt, dann sollte es doch klappen, die Traumfrau zu finden. Und die sieht nach seiner Vorstellung eher mädchenhaft aus, aber mit Selbstbewusstsein und Intellekt. Und Humor wünscht er sich von seiner Zukünftigen auch. Sie soll eine Frau sein, die spritzig und unternehmungslustig ist und am Wochenende verrückte Sachen mit ihm macht.

Seine Stimme am Telefon ist angenehm dunkel in der Tonlage. Und leicht rauchig. Dazwischen immer wieder dieses lustige Kichern. Irgendwie erotisch, was da durch den Hörer dringt. Dann die Art, wie er sich ausdrückt. So amüsant, so schnell ist er mit Wortspielen bei der Hand. Ein Mann, der eine Frau schon beim ersten Anruf faszinieren kann.

Michaels Lebensgeschichte hört sich an wie eine von vielen. 20 Jahre Ehe und drei Kinder. Dann die Scheidung. Die beiden Ältesten ziehen aus und studieren. Der Jüngste bleibt bei ihm. Es folgen zehn Jahre Männerhaushalt. Bald wird Michael nach 30 Jahren zum ersten Mal ganz allein leben, wenn der Jüngste auszieht. Er ist gespannt, wie es ihm damit gehen wird. Ehrlich gesagt, hat er auch ein bisschen Angst davor.

Umso mehr träumt er davon, eine Frau zu finden, mit der er

etwas unternehmen kann, was zu zweit einfach schöner ist. Und wenn es nur ein Spaziergang wäre. «Ich brauche den Austausch, die Nähe und auch das Gefühl, gebraucht und geliebt zu werden. Das ist für mich manchmal wichtiger als Sex.» Und er hat auch einiges zu bieten: «Ich hab's gern, wenn's den Menschen um mich herum gutgeht. Dann guck ich und denk: Was kann ich jetzt noch machen, damit sie sich besser fühlt. Ich würde viel für eine Frau tun.»

Das Eintauchen in die virtuelle Gemeinschaft der Partnersuchenden erscheint fast wie ein Gesellschaftsspiel: suchen und sich finden lassen. Michael spielt mit und braucht selbst gar nicht viel zu suchen, denn er wird gefunden. Am häufigsten von Lehrerinnen. Auch eine Familientherapeutin ist dabei. Sie wohnt in der Nähe. Nach wenigen Flirt-Mails verabreden sie sich in einem Gartenlokal. Michael erkennt sie sofort und denkt: Oh, live sieht sie viel besser aus als auf dem Foto. Allerdings auch älter. Als er sich ihrem Tisch nähert, steht sie lächelnd auf, lässt zu, dass er sie leicht umarmt. Sie sind fast gleich groß. In ihrem Profil hatte sie geschrieben, sie sei schlank und sportlich. Das stimmt. Er hatte sich mit dem Begriff «ein paar Pfunde zu viel» durchgemogelt, was leicht untertrieben war. Irgendwie fühlt er sich jetzt abgescannt wie bei einem Bewerbungsgespräch. Nur keine Fehler machen, denkt er und versucht es mit Baucheinziehen und Humor. Sie reden und reden und lachen. Zwischendurch schaut er sie immer wieder an. Sieht die feinen Fältchen unter den Augen, in den Mundwinkeln. Und wenn sie ernst wird, auch auf der Stirn. Ist sie wirklich erst Ende 50 oder vielleicht doch schon Anfang 60? Gerade hat sie sich wieder so leicht zu ihm rübergebeugt. Fast hätte sie ihn berührt. Wie zufällig legt sie beim Erzählen ihre Hand auf seine. Er genießt es und hält still. Später gehen sie noch essen.

Alles ist schön und harmonisch. Zum Abschied ein Küsschen auf die Wange. Sonst nichts. Michael ist vorsichtig.

Noch am selben Abend schickt sie eine SMS: «Hat mir gut gefallen heute – kurzweilig und nett. Lust auf ein 2. Date? Michael stutzt: «kurzweilig und nett»? Was für schwammige Begriffe. Das lässt nichts Gutes ahnen. Trotzdem verabredet er sich: eine Woche später, gleicher Ort, gleiche Zeit.

Michael grübelt. Wie soll er dieses Treffen einordnen? Was will sie? Und was will er selbst?

Das zweite Date verläuft ähnlich unkompliziert. Die Luft ist lau. Sie trinken Wein, essen, erzählen, lachen. Ihre Finger berühren sich. Sie küssen sich mitten in der Öffentlichkeit. «Ziemlich heftig sogar», wie Michael sich mit strahlendem Blick erinnert. Was die Leute denken, ist egal. Dann der Abschied vor dem Parkhaus wie ein verliebtes Paar. «Und wie geht's weiter?», fragt sich Michael. Aber sie fragt er nicht.

Zwei Tage später ein Anruf von ihr: «Du gefällst mir zwar gut, aber es geht nicht. Das hat nichts mit dir zu tun.» Ende. Ein «Warum?» kommt ihm nicht über die Lippen. Er versteht gar nichts mehr. Na ja, eigentlich wollte er ja auch nicht so wirklich, tröstet er sich und versucht es mit Galgenhumor. «Dabei bin ich doch ein Sahnestückchen. Ein netter, witziger Typ, auf der Höhe der Zeit. Die Frauen erkennen das einfach nicht.»

Die anderen Kandidatinnen, die sich im Netz für ihn interessieren, päppeln sein Selbstwertgefühl wieder auf. Ständig überprüft er, wer auf seinem Profil war, wer geschrieben hat. Er fühlt sich wie ein Süchtiger. Aber es tut auch gut. Jahrelang hatte er kaum Verabredungen, jetzt könnte er mindestens zwei Frauen in der Woche treffen. So begehrt zu sein ist auch schön. Inzwischen wandelt er mit einem ganz neuen Lebensgefühl durch die Welt. Wenn er im Café schöne Frauen sieht, flirtet er schon mal. Mehr nicht. Ansprechen, nö, da würde er vor Peinlichkeit sterben.

Eine Sportlehrerin schickt ein Online-Lächeln. Er lächelt zurück. Ihr Wohnort liegt ganz in der Nähe. Michael zögert, denn sie ist drei Jahre älter als er. Doch dann sieht er ihr Foto und denkt: «Alle Achtung, was für ein Körper. Die ist ja ganz schön fit.» Aber auch sie verabschiedet sich von ihm nach dem zweiten Date.

Michael trifft eine Französin und ist entzückt von ihrem Akzent. «Isch muss disch immer küssen», flüstert sie ihm ins Ohr. Schon am ersten Tag kommen sie sich näher. Michael spürt eine große Leichtigkeit und sexuelle Anziehung. Die nächsten drei Wochen verbringen sie jeden Tag miteinander, bis sie sich wie ein altes Ehepaar vorkommen und vor dem Fernseher sitzen. Die Anziehung ist genauso schnell verflogen, wie sie gekommen war.

Michael hat Buch geführt über seine diversen Begegnungen, die er vorsichtig zwischen 10 und 20 beziffert. Er fragt sich schließlich: «Bin ich wirklich bereit für eine Liebe, wie ich sie mir vorstelle?» Er ist sich nicht mehr so sicher. Fast alle ernstzunehmenden Begegnungen enden nach dem gleichen Muster: Der Anfang ist wunderschön, wie eine Verblendung. Nach ein bis zwei vielversprechenden Treffen ist alles wieder vorbei. Was läuft da falsch? Vielleicht hatte er die Illusion, im Netz die große Liebe per Mausklick präsentiert zu bekommen. Doch das Internet schafft bestenfalls Kontakte. Was danach kommt, hat jeder selbst in der Hand.

Umgekehrt vermisst er auch bei vielen Frauen ein gewisses Engagement und die Bereitschaft zu einer Beziehung. «Viele haben mir schon beim ersten Treffen erzählt: ‹Ich hab meine

Kinder, meine Freundinnen, meine Hobbys und wenig Zeit.› Die brauchen doch gar keinen Mann. Höchstens einen mit Geld.» Und das kann er nicht bieten. Ihm geht es nicht schlecht, aber Reichtümer hat er nicht angesammelt.

Michael wartet schon auf dem Bahnsteig auf meine Ankunft. Wie er da steht und jungenhaft lächelt, wirkt er in der Tat jünger als 60, trotz grauer Haare und kräftiger Figur. Ein Kumpeltyp in Jeans und kurzer, warmer Jacke. Einer von der Sorte, auf den man sich in Notsituationen verlassen kann. Es ist ein eisiger Tag. Und er schlägt vor, drei Stationen mit der Straßenbahn zu fahren. «Ich habe nämlich kein Auto», erklärt er entschuldigend. «Mein Geld habe ich für die Ausbildung der Kinder gebraucht. Das war mir wichtiger.»

Im Café kommt er schnell zum Thema, das ihn bei seinem Suchmarathon am meisten beschäftigt. «Ich glaube, ich habe oft den Fehler gemacht, das Glück erzwingen zu wollen», stellt er fest. «Nach und nach muss ich erkennen, dass es *die Frau*, die in meinem Kopf ist und die ich unbewusst suche, gar nicht gibt.»

Doch wer ist die Frau, die er sucht? Jung im Herzen, wie er sich fühlt, gefallen ihm auch eher die jüngeren Frauen. Doch die reagieren nicht auf ihn. «Früher war mein Wunschtyp eher das anhängliche Mädchen. Inzwischen finde ich selbstbewusste Frauen zunehmend interessanter. Vielleicht muss ich auch lernen, den Dingen mehr Zeit zu geben und nicht immer diese Wunder zu erwarten.» Er ist sich sicher, dass irgendwo die Richtige wartet. Aber so intensiv suchen wie bisher will er jetzt nicht mehr. «Die Abstinenz, die ich mir jetzt auferlegt habe, tut mir gut», beschreibt er seine momentane Situation. «Ich fühle mich innerlich ruhig und gefestigt und sehe einer möglichen neuen Beziehung gelassen entgegen.»

### Soll ich oder soll ich nicht?
### Hannes Selbstversuch, Teil 1

*Weshalb suchen Sie einen Partner?* Angestrengt denke ich über diese Frage auf der Website einer großen Online-Partnervermittlung nach. Ja, weshalb suche ich eigentlich? Oder wenn ich mich genauer frage: Suche ich überhaupt?

Mein Herz beginnt heftig zu klopfen. Ich spüre ein flaues Gefühl in der Magengegend. Ja, diese Frage macht mich nervös, und sie macht mir sogar Angst.

Draußen beginnt die Dämmerung. Ein Sonntagabend im Herbst. Ich bin 63, seit sechs Monaten geschieden und in Altersteilzeit. Eigentlich eine prima Situation. Alle Zeichen stehen auf Neubeginn. Meine jüngeren Freundinnen beneiden mich: «Wozu du jetzt alles Zeit hast.» Ohne den Stress meines bisherigen Jobs könnte ich mein Leben genießen. Im Prinzip geht es mir gut. Ich habe einen großen Freundeskreis, eine liebe Familie, viele Interessen, spannende Ehrenämter. Immer unterwegs, immer etwas zu tun. Fehlt da überhaupt ein Mann? Und wenn ja, ist das nicht peinlich, so etwas zuzugeben? In meinem Alter?

Am Nachmittag besuche ich meine 91-jährige Mutter im Pflegeheim. Jedes Mal fragt sie mit bedauerndem Unterton:

«Willst du dir nicht noch mal einen Mann suchen? Das ist doch nichts, so alleine. Wie soll ich in Ruhe sterben, wenn ich nicht weiß, dass du versorgt bist?» Mit leicht unterdrückter Aggression verweise ich auf meine Freundinnen. Dass es mir alleine besser geht als vielen Frauen mit einem nervigen Mann an ihrer Seite. Während meine Mutter mich traurig anschaut, weiß ich, es ist dummes Zeug, was ich da rede. Ich belüge mich selbst. Denn längst ist in mir eine tiefe Sehnsucht gewachsen, die mir sagt: Ich will es noch einmal versuchen, ich will mich noch einmal verlieben. Wenn es überhaupt gelingt, ist das jetzt vielleicht meine letzte Chance.

Vor einer Woche hat mir mein großer Bruder gestanden, dass er in Zukunft wieder mit einer Frau leben wird. Er hat sich verliebt. Seit 17 Jahren ist er Witwer und wirkte als Single bisher sehr zufrieden. Mein Bruder ist 68, seine neue Partnerin 64. Sie wollen heiraten. «Schade», sagt er, «dass du niemanden hast. Wir könnten sonst etwas zu viert unternehmen.» Ein kleiner Stich in die Herzgegend.

Jetzt bin ich dabei, den psychologischen Test auszufüllen. Soll ich das wirklich machen? Einen Mann suchen? Und ausgerechnet im Internet? Meine Gefühle fahren Achterbahn. Ich kämpfe gegen eine leichte Schwäche, während ich gefühlte 100 Fragen beantworte. Fragen, die teilweise unter die Haut gehen. Also noch einmal: *Weshalb suchen Sie einen Partner?* Von den sieben vorgegebenen Antworten soll ich zwei auswählen. Ich entscheide mich für: *Ich möchte nicht alleine alt werden* und *Das würde mir emotionale Geborgenheit geben.*

Denn was macht es für einen Sinn, wenn ich nicht ehrlich bin, schließlich geht es um eine wichtige Entscheidung, die mein Leben verändern könnte. Das hoffe ich zumindest und bin bereit. Eine solche innere Bereitschaft, mich auf einen anderen Menschen einzulassen, hatte ich bisher noch nie.

Jetzt muss ich nur noch das Profil ausfüllen, meinen Steckbrief sozusagen, der bald der Männerwelt im Netz zugänglich sein wird. Er soll «den Richtigen» auf meine Fährte locken. Es fühlt sich merkwürdig an, wie eine Bewerbung in Sachen Liebe. Schließlich ist es das ja auch. Allmählich werde ich lockerer und überlege, wie ich mich humorvoll und doch authentisch beschreibe. Zum Beispiel mein Aussehen? *Groß, schlank, dunkle Haare, dunkle Augen, einfach unbeschreiblich.* Das muss reichen.

Die nächste Frage fällt mir leicht: *Frühaufsteher oder Morgenmuffel?* Ich muss nur die Wahrheit sagen: *Morgens kann ich keinen klaren Gedanken fassen und würde, ohne mit der Wimper zu zucken, meine Seele dem Teufel verkaufen, wenn er mich dafür nur eine Minute länger schlafen ließe.*

Dann das Einfügen der Fotos. Was mir gefällt: Die Bilder stehen unscharf im Netz, und ich selbst kann entscheiden, wem ich sie freigebe. Und meine Identität bleibt anonym. Nur eine Chiffre-Nummer, Beruf und Alter werden genannt. Und schon bin ich bei der Gewissensfrage. Welches Alter gebe ich an? Am liebsten hätte ich einen jüngeren Mann, oder sagen wir mal einen Gleichaltrigen, der in Kopf und Herz jung geblieben ist. Also schummle ich mich einfach mal vier Jahre jünger.

Zum Schluss die wichtigste Entscheidung: Schicke ich mein Profil jetzt wirklich ab? Will ich mich ab sofort im Netz präsentieren als eine Frau, die einen Mann sucht? Einmal tief durchatmen und dann der alles entscheidende Knopfdruck.

Ab sofort führe ich ein geheimes Doppelleben. Selbst meinen besten Freundinnen sage ich nicht, dass ich auf Männerfang bin.

Die kommenden Wochen und Monate halten mich in Atem. Am nächsten Morgen finde ich in meinen Mails schon eine Benachrichtigung der Partnerbörse: *Ein Mann interessiert sich für Sie. Schauen Sie auf Ihrem Profil nach.* Mit zittrigen Händen öffne ich die Website und sehe, ein «Übersetzer, 61», hat meinen Steckbrief gelesen. Die «Matching-Points» liegen immerhin bei über 90. Ich bin beeindruckt. Aber geschrieben hat er mir trotzdem nicht. Wie schade.

Auf seinem Profil mit verschwommenem Foto lese ich: «Würde gerne die schönen Dinge des Lebens mit einer lieben Frau genießen. Ich lache total gerne und bin bereit, jeden Blödsinn mitzumachen …»

Heute will ich mutig sein. Ich schicke ein elektronisches «Lächeln» mit dem Hinweis: «Männer mit Humor finde ich unwiderstehlich. Ich will mehr von dir wissen und freue mich auf deine Nachricht.»

Später bin ich im Kino mit einer Freundin. Von Konzentration auf den Film keine Spur. Dauernd denke ich darüber nach, ob er schon geantwortet hat, und vor allem was. In meinem Bauch flattert es, und in meiner Handtasche macht es «pling». Eine Mail! Der Film interessiert mich nicht mehr. Ich will nur noch alleine sein und nachsehen, wer geschrieben hat. Im Stillen frage ich mich: Wie lange will ich diesen Psychostress und diese Heimlichtuerei durchhalten? Eine innere Stimme fragt hinterhältig: «Steigerst du dich da nicht in etwas hinein?» Ja, das tue ich, und eigentlich ist es mir mit Blick auf mein Alter auch etwas unangenehm. Aber ich fühle mich dabei so unglaublich lebendig und so jung wie schon seit Jahren nicht mehr.

Die Antwort auf meine Lächel-Mail ist knapp, aber nett: «Dein Profil spricht mich an, und deinen Werten fühle ich mich sehr verbunden. Vielleicht höre ich mehr von dir?» Sehr gerne. Sofort fließen mir die Worte nur so aus den Tasten. In den nächsten Tagen entspinnt sich ein reger Mail-Austausch. Wir schalten unsere Fotos frei und gefallen uns offensichtlich gegenseitig. Wir erzählen von unserer jeweiligen Arbeit, von unseren Interessen. Es passt so viel. Mein Herzklopfen und das Kribbeln im Bauch nehmen täglich zu. In meinem Kopfkino ist er der Hauptdarsteller.

Jeden Morgen der gleiche Griff zum PC und der gleiche Blick ins Netz. Es wird immer spannender, aufregender. Ich denke nur noch daran, ihn möglichst bald zu treffen. Doch eines Tages verabschiedet er sich auf nette Weise und erklärt, er wisse nicht, ob er nach seiner Trennung schon wieder bereit für eine neue Liebe sei. Das tut weh. Mit Absagen umgehen ist nicht meine Stärke.

Da kommt die Zuschrift eines Schriftstellers gerade recht. Meine Langschläfer-Story hat's ihm angetan. «Ich wäre Teufel genug», behauptet er, «dir jeden Morgen deine Seele abzukaufen, um sie dir zum Frühstück mit einem rosa Schleifchen zurückzugeben.» Ich bin entzückt von dieser poetischen Idee. Doch der Rest der Mail macht schnell deutlich: Es passt nicht zwischen uns. Schade.

Ständig werden mir von der Partnervermittlung neue Profile freigeschaltet, mit denen mich hohe Matching-Punkte verbinden. An manchen Tagen artet die Suche in Arbeit aus. Um alle Profile der in Frage kommenden Kandidaten zu lesen, brauche ich Stunden. Die Ausbeute ist trotzdem gering, denn viele Männer liefern ein äußerst dürftiges Profil ab. Sie beantworten nur wenige Fragen oder schreiben: «Darüber mehr in einer persönlichen Begegnung.» Aber dazu wird es wohl nicht kommen, denn welche Frau trifft sich schon mit einem Mann, von dem sie nichts weiß?

In diesem Zusammenhang reizt mich die Offerte von einem gewissen Walter zu Erziehungsmaßnahmen. Er schreibt kurz und schmucklos: «Hallo, Unbekannte. Da mich Ihr Profil neugierig gemacht hat, können Sie Ihr Foto freigeben?» Walters Profil dagegen gibt gar nichts frei, das geeignet wäre, sich ein Bild von ihm zu machen. Er hat nur zwei Fragen beantwortet, und die noch mit nichtssagenden Floskeln.

Also halte ich ihm eine Standpauke: «Nur nach dem Freischalten meines Fotos zu fragen, finde ich dann doch etwas wenig, zumal Sie selbst mit den mageren zwei Sätzen in Ihrem Profil evtl. Interessentinnen eher ‹verhungern› lassen. Wir befinden uns hier alle auf einem Parkett, auf dem wir wahrscheinlich unseren letzten Lebenspartner suchen. Da sollten wir schon unser Bestes geben, um das ‹Beste› zu finden. Oder sehen Sie das anders?» Danach geht's mir besser. Walter entschuldigt sich, und ich bin zufrieden. Die Message scheint angekommen zu sein. Immerhin etwas.

Nach den ersten vier Wochen spüre ich langsam eine Ermüdung und vor allem Frustration. Ich werde sehr, sehr selten direkt von Männern angeschrieben, und wenn, dann von solchen, die mir zu alt, zu langweilig, zu spießig, zu dick, zu irgendetwas sind. Muss ich denn immer den ersten Schritt machen?

Ich bin ratlos, rufe den Beziehungs-Coach der Online-Partnerbörse an und bitte, mein Profil durchzulesen. In der Hoffnung, er kann mir sagen, was daran nicht stimmt, zu abweisend wirkt oder was auch immer. Die Antwort kommt prompt: «Ihre Angaben lesen sich sehr interessant. Nur als Mann frage ich mich: Ist denn in Ihrem Leben überhaupt noch Platz für einen Partner? In keiner Ihrer Formulierungen kommt ein Gegenüber vor.»

Das habe ich gar nicht bemerkt, und nach Überprüfung denke ich: Der Mann hat recht. Also ergänze ich den vorgegebenen Halbsatz *Ein Tag ist für mich perfekt, wenn …* mit einer emotionalen Variante *… ich mich wohl in meiner Haut und geliebt fühle*. Oh, oh, wie sich das anhört. Aber warum nicht einfach mal Farbe bekennen, was soll schon passieren? Und die Formulierung *Ich wünschte, ich könnte …* beende ich mit dem fast schon schwülstigen Bild *… mich an eine starke Schulter anlehnen*. Jetzt kann niemand mehr sagen, ich signalisiere zu wenig Empathie für meinen zukünftigen Liebsten.

Und der zweite wichtige Tipp vom Beziehungs-Coach: «Warten Sie nicht darauf, dass Sie angeschrieben werden. Seien Sie mutig und machen Sie den ersten Schritt, wenn Ihnen jemand gefällt.»

Also versuche ich mein Glück weiter. Ich lerne einen Handelsvertreter aus dem Medizinsektor kennen, treffe ihn sogar. Natürlich irgendwo in der Mitte zwischen seinem und meinem Heimatort. Eine sehr nette Begegnung, aber ohne Funkenflug.

Fast zwei Monate lang habe ich einen wunderbar interessanten Schriftwechsel mit einem Künstler, manchmal schreiben wir drei- bis viermal an einem Abend. Irgendwann, so scheint es, ist die Luft raus. Auf meine Frage, ob wir uns nach diesem langen Kontakt nicht einmal treffen sollen, kontert er mit einer Absage: «Dein Tempo ist ein anderes als meines. Viel Glück.»

Ich bin traurig und enttäuscht, wenngleich ich irgendwie schon geahnt habe, dass das nichts wird. Auch wenn Absagen am Anfang wehtun, im Laufe der Zeit lerne ich damit umzugehen. Wer online auf die Suche geht und statistisch gesehen die Chance hat, Hunderte von möglichen Partnern kennenzulernen, muss damit rechnen und zwangsläufig auch selbst lernen, nein zu sagen. Und diese Nein-Sage-Freiheit ist eine gute Übung und wirkt sich im Laufe der Zeit äußerst positiv aufs Selbstbewusstsein aus. Umso lockerer nehme ich die Absagen der Männer.

So ist meine permanente Aufregung inzwischen längst verflogen. Zeitweise kann ich mir nicht mehr vorstellen, doch noch den passenden Partner auf diesem Wege zu finden. Bis ich eines Tages einem 67-jährigen «Technikfreak» virtuell begegne. Er heißt Helmut und wohnt nur 20 Kilometer entfernt. Die Mails werden immer phantasievoller und lebendiger. Er schreibt, was er zu Weihnachten für Sohn und Schwiegertochter kocht, und bietet mir an, auch für mich ein «Kürbisschaumsüppchen» zu zaubern. Ich bin begeistert von meinem Mail-Partner und merke, wie ich mir zunehmend vorstellen kann, in ihm meinen Herzensfreund gefunden zu haben. Von Tag zu Tag bin ich mehr «angeknipst» und freue mich, Helmut bald persönlich zu treffen.

Und wieder komme ich mir wie ein Teenie vor, wenn ich es kaum abwarten kann, im Netz nach Post zu sehen. Dann ist der große Tag gekommen. Er ruft vorher an, und zum ersten Mal höre ich seine warme, liebevolle Stimme. Ich kriege weiche Knie. Dann endlich ist es so weit. Von ferne sehe ich ihn schon am verabredeten Treffpunkt, und mit einem Blick ist alles klar: *Er* ist es nicht. Wir nehmen uns scheu in den Arm, schauen uns an und wissen beide, nein, aus uns wird kein Paar. Aber trotz allem wird es ein spannender Nachmittag im Café.

Die Treffen mit potenziellen Liebespartnern kommen mir allmählich vor wie ein Austausch unter Kollegen, die alle das gleiche Ziel haben. Wir sind sozusagen Teil einer Interessengemeinschaft auf Zeit. Zum Abschied wünschen Helmut und ich uns gegenseitig Glück. Danach brauche ich eine Suchpause von den vielen emotionalen Hochs und Tiefs. Aber das sichere

Bauchgefühl, «meine Liebe» doch noch zu finden, ist geblieben. Auch wenn mir selbst diese tiefe Gewissheit größenwahnsinnig erscheint. Ich suche weiter.

## Schmetterlinge fängt MANN online.
### Jonas, Teil 1

Mein mehrjähriges Single-Dasein sollte ein Ende haben, das Leben wieder spannender werden. Erleben teilen, sich austauschen und mitteilen zu können, das habe ich lange vermisst.

… und rückblickend vieles erlebt. Die Jahre gingen dahin. Neue technische Möglichkeiten, neue Ideen und Chancen – neues Erleben – haben aus mir und vielen meiner Mitmenschen keine «Seniloren» gemacht, nur älter gewordene Menschen mit lebendigen, jungen Bedürfnissen, Ansichten und der Erkenntnis, dass es nichts Schöneres gibt als die Liebe. Die kennt ohnehin keine Altersbegrenzung.

Motiviert durch das Lied «Mit 66 Jahren, da fängt das Leben an …», entschloss ich mich, einer bekannten Online-Partnervermittlung beizutreten. Es galt, die eine, die Richtige zu finden und sie von mir als Partner, Lebensgefährte und Liebhaber zu überzeugen.

Dieser Wunsch geht in Erfüllung, wenn es gelingt, den zahlreich suchenden Frauen ein Profil anzubieten, das meine Person attraktiv und treffend beschreibt und das möglichst ansprechend bebildert ist. Eine Herausforderung, die ich freudig annahm, schließlich habe ich einen kreativen Beruf. Die Bearbeitung des ellenlangen Fragebogens der Partnerbörse war nicht leicht, hat aber Spaß gemacht. Überrascht stieß ich auf Fragen, deren Antwort ich erst finden musste, wie zum Beispiel *Ohne das kann ich nicht leben …* Keine einfache Frage. Philosophisch geradezu. «Luft und Nahrung» stimmt, «Luft und Liebe» wäre hier angebrachter. Ich entschied mich für Erde und Kosmos, das ist unanfechtbar ;-).

Mit 66 Jahren sehe ich das Leben realistisch, habe aber gottlob noch Träume. So beschrieb ich meine Persönlichkeit ganz oben in meinem Profil einfach und wahrheitsgemäß wie folgt:

«Ich habe sicher viele Fehler, bin jedoch einsichtig, stets lernbereit und gehe mit Optimismus auch über steinige Wege. Was will ich damit eigentlich sagen? Ich bin der realistischste Typ unter den Traumtänzern!»

Dann folgten Aussagen, die mein Äußeres beschreiben: «Rundum adrett – groß – schlank – gepflegt – natürlich.»

Kurz gesagt, es gelang mir, ein durchaus ansprechendes Profil zu erarbeiten. Der Hauptanziehungspunkt für die meisten Frauen war wohl mein Geständnis beziehungsweise die Erkenntnis: «Ich habe sicher viele Fehler, bin jedoch einsichtig, stets lernbereit …»

Zugegeben, das war schon etwas hinterlistig, kam ich doch zu dem Schluss, dass MANN sich eher als fehlerfrei sieht und «Einsicht» Frauen gegenüber meist nicht zu seinen Stärken gehört. Mit dieser Aussage hatte ich, wie ich später feststellen und bisweilen bedauern musste, bei sämtlichen erziehungsaffinen Berufsgruppen – Lehrerinnen aller Couleur – einen Stein im Brett. Gefolgt von Psychologinnen, Coaching-Frauen, Ärztinnen und Unternehmerinnen aus nah und fern. Geschmeichelt und beeindruckt gleichermaßen, begann ich mit der Bearbeitung meiner Offerten. Die erste Zeit bekam ich pro Tag etwa zehn Mails mit ein paar netten Zeilen:

```
«Wollen wir Kontakt aufnehmen? (mit Foto)
Hallo und Kompliment für Dein sympathisches
Profil ohne Angeberei. Viele Grüße Monika»
```

Oh, wie schön! So viel Nachfrage beschwingt und macht fröhlich. Jede Kontaktanfrage habe ich höflich beantwortet. Natürlich waren auch einige «Absagen» dabei, wenn ich feststellen musste, dass ich besondere Anforderungen nicht erfüllen konnte oder wollte. Eine attraktive Dame suchte einen Begleiter, einen Tierpfleger und Gassigeher für ihre Hunde sowie einen modisch schicken Mann, um sich am Neid ihrer Freundinnen zu erfreuen. Ihr schrieb ich:

```
«Liebe Susanne, ich bin ein einfacher Mann
und suche eine Frau, die nur zu meinen Möbeln
passen sollte. Da Sie es extravaganter lieben,
bin ich wohl nicht der Richtige für Sie. Liebe
Grüße, J.»
```

Mit der Zeit sah ich mich außerstande, die vielen Mails ausführlich zu beantworten, und war zunehmend gestresst. Ein Teil der Anfragen wurde zudem mit einem von der Partnerbörse angebotenen «Lächel-Klick» übermittelt.

«XY schickt ihnen ein Lächeln!» Dieser Lächel-Klick ist ein Flirtautomat für Faule, dachte ich und antwortete meist mit dieser Standard-Mail:

«Liebe Suchende,
vielen Dank für Ihr Lächeln. Momentan komme
ich mir vor wie ein Kleinkind im Laufstall
beim Tantenbesuch. Alle lächeln, lächeln,
lächeln.
Ich lächle artig zurück, gestehe jedoch, dass
ich überfordert bin. Liebe Grüße, J.»

Das Online-Angebot war groß. Irritiert und verzaubert stand ich vor hoch aufgetürmten Erwartungsbergen, vor wunderbar beschriebenen Sehnsüchten und liebevollen und herzlichen Gefühlen, die ich in dieser Fülle noch nicht erlebt habe. Ich befand mich im Wartesaal zum großen Glück und fühlte mich reich beschenkt.

Dennoch, es war Zeit, in mich zu gehen. Wie sollte es weitergehen? Wie sollte ich den Weg aus dem Wartesaal zum Glück finden? Zu viele Kontakte, die eine schnelle Antwort erwarteten. Ich bedaure, dass einige meiner Mail-Kontakte sehr ungeduldig waren und sich mit einem freundlichen «Mach's gut!» von mir verabschiedeten.

Eine Fotografin mit großem Schreibtalent nahm meine Einladung zum Brunch an, und als ich mit ihr über die mangelnde Geduld vieler Frauen sprach, sagte sie, dass Rainer Maria Rilke ein Gedicht «Über die Geduld» geschrieben hat. «Lies das! Es ist wunderschön und zugleich eine echte Hilfe für die Partnersuche.»

Der Zweizeiler «Über die Ungeduld» ist kürzer:

«Eine lodernde Flamme im Wind – springt – tanzt ... verlöscht geschwind.

So ist manches Abenteuer wie Stroh im Feuer.»

Nach mehr oder minder intensivem Mail-Austausch und meist sehr langen Telefonaten begann meine «Wundertütenzeit» …

Ich traf …

… eine Lehrerin, die ihren selbstgebastelten Leporello mit ihren Lieblingsgedichten zum Kaffee mitbrachte.

… eine selbständige Informatikerin, mit der ich schick ausging, Künstausstellungen besuchte und ein sonniges Wochenende auf Langeoog verbrachte. Sie war eine «professionell Suchende» und hatte zeitgleich drei bekannte Online-Partnervermittlungen gebucht.

… eine clevere und lustige PR-Frau auf dem Weihnachtsmarkt.

… eine Lateinlehrerin, eine Zahnärztin, eine Kauffrau und einige Frauen mehr …

Keines dieser Treffen war mir unangenehm. Ich glaube, das kann ich für beide Seiten sagen. Wir haben uns meist prima unterhalten und unseren Spaß gehabt. In jeder «Wundertüte» war etwas Schönes drin. Auch Schmetterlinge, die leider wegflogen, ohne sich um unsere Bäuche zu kümmern.

Ich mache weiter, gönne mir Online-Erholungspausen und bleibe optimistisch. Mein PaarShop hat 24 Stunden geöffnet, speziell für mich und die anderen jungen Kundinnen, die nur ein wenig älter geworden sind.

Mein Schmetterling wird kommen, da bin ich mir sicher.

## Lieben wär 'ne prima Alternative.
## Doch Mut gehört dazu

Wäre das nicht wunderbar? Einfach so per Zufall einem Mann zu begegnen, mit dem es so richtig funkt? Sich einfach fallenlassen, nur spüren, fühlen, ohne darüber nachzudenken?

Eigentlich müsste Lilly vor dem ersten Date narkotisiert werden, damit sie eine solche Erfahrung überhaupt zulassen kann. Denn sobald sich irgendwelche Bedürfnisse und Sehnsüchte dieser Art ihrer Ratio nähern, tummeln sich in ihrem Kopf, in ihrem Herzen 1000 Fragezeichen. Soll ich, kann ich, will ich überhaupt? Bin ich schön, bin ich selbstbewusst genug? Lilly hat ein breites Repertoire an Steinen zur Verfügung, die sie sich mal mehr, mal weniger in den Weg legen kann. Das Schöne daran: Sie weiß es auch.

Deshalb hat sie kein Problem, sich immer wieder selbst zu überlisten. Per Anzeige, im Internet oder in ihrem Bekanntenkreis hält sie diskret Ausschau nach einem Liebsten. Doch Selbstmarketing ist nicht ihre Stärke. Immer wenn sich ein persönlicher Kontakt anbahnt, hat sie das dringende Bedürfnis, spätestens beim ersten Telefongespräch über ihre vermeintlichen «Nachteile» zu informieren. Zum Beispiel weist sie gerne darauf hin, dass sie mit ihrer Figur gar nicht mehr zufrieden ist:

«Ich bin etwas fülliger geworden und hoffe, dich stört es nicht.» Oder: «Meine Haare sind jetzt länger als auf dem Foto im Netz. Ich weiß nicht so richtig, ob das besser aussieht. Nur dass du es schon mal weißt.» Und so weiter und so weiter …

Die meisten Männer nehmen spätestens dann Abstand. Denn wie kann jemand, der sich selbst nicht schön findet, einem anderen gefallen? Der Rest der Herren reagiert mit Höflichkeit: «Gerade das finde ich toll, wenn an einer Frau was dran ist.» Oder: «Längere Haare, wie schön …» Solche Aussagen wiederum lösen Lillys Alarmanlage aus: «Das meint der doch bestimmt nicht ernst, oder?»

So kann sie mit ehrlichem Gewissen ihren Freundinnen und ihrer Tochter immer wieder erzählen: «Siehst du, ich hab's probiert. Es hat wieder nicht geklappt. Vielleicht», würde sie etwas kokett hinzufügen, «vielleicht ist diese Beschreibung meiner Männersuche doch ein wenig übertrieben. Denn soooo schlimm bin ich doch auch nicht.»

Und dann würde sie wie so oft aus vollem Herzen lachen. Wenn sie anfängt, stimmt jeder sofort mit ein. Es geht gar nicht anders. Ihre stahlblauen Augen zu ihren schönen grauen, halblangen Haaren sind ein Hingucker. Die 63-Jährige ist nicht nur eine fröhliche Person, sondern auch ein Multitalent.

Sie ist Chorsängerin an der Oper, Gästebetreuerin für offizielle Landtagsbesucher, und dann hat sie noch ihre alte Mutter mit über 90, die sie regelmäßig trifft. «Wie soll dazwischen noch Platz für einen Mann sein? Und außerdem brauch ich auch nicht unbedingt einen», ist sie bemüht zu beteuern, um dann, etwas verträumt lächelnd, hinzuzufügen: «Aber schön wär's doch. Es könnte das Sahnehäubchen sein. So was zum Kuscheln und zum Verreisen.»

Denn als ehemalige Flugbegleiterin steht ihr noch immer

die Welt offen. Wenn sie so erzählt, wie oft sie Urlaub macht und wohin sie fliegt, spürt sie, dass die Männer gleich denken: «Mein Gott, welche Ansprüche. Die muss Geld haben.» Und dann lacht sie ihr glockenhelles Lachen und gesteht: «In Wirklichkeit habe ich nur eine popelige Rente. Ohne meinen Job am Landtag wär's ganz schön eng.»

Deshalb ist es ein Geschenk des Himmels, auch jetzt im Ruhestand noch immer für kleines Geld fliegen zu können. Selbst Schiffsreisen kriegt sie durch ihren ehemaligen Arbeitgeber sehr günstig. Wenn sie dann beim Käptensdinner schick aufgebrezelt im Speisesaal tafelt und die Paare beobachtet, wie sie nach dem Essen zärtlich tanzen, wird sie traurig. Wie schön wäre es, jetzt mit einem geliebten Mann übers Parkett zu schweben. So gesehen ist sie ein Sechser im Lotto für einen potenziellen Partner. Denn auch den könnte sie preiswert mit auf Reisen nehmen.

Lilly stürmt durchs Theaterfoyer direkt in die Garderobe. Schnell drängelt sie sich an ihren Chorschwestern und -brüdern vorbei. Hier ein Lachen, dort ein Wangenküsschen. Noch schnell schminken und umziehen. In 15 Minuten ist Einsingen. Danach die Premiere des «Lohengrin». Herrlich! Trotz der viereinhalb Stunden Spielzeit. Sie liebt einfach diese Musik. Das ist ihre Welt.

Mit flinker Hand und Kajal zieht sie einen effektvollen Lidstrich. Sie wählt das Schnellprogramm: Puder, Rouge, Lippenstift. Die wilden grauen Haare werden mit Spray gebändigt. Ein kritischer Blick in den Spiegel. Fehlt nur noch die schwarze Hose und das Glitzertop. Schwarz macht schlank und ist irgendwie sexy. Und schon rauscht einer der jugendlichen Tenöre vorbei und deklamiert in operettenhafter Manier: «B-e-l-l-a D-o-n-n-a!» Lachend und mit großer Geste nimmt er sie in den Arm.

«Eigentlich gefalle ich mir schon gut», lacht sie selbstbewusst. «Nur halt figürlich …» Okay, da müsste sie jemanden schon sehr gut kennen, bevor sie diese Hemmschwelle abbauen könnte. Und das ist die Krux, wenn sie sich auf dem Online-Markt bewirbt. «Was soll ich da bei Figur schreiben? Die meisten Männer wollen doch dünne Frauen.» Also hat sie «normal» angekreuzt, mit dem Hinweis: «Ich arbeite an ein paar Kilos weniger.» Obwohl es stimmt, macht es ihr kein gutes Gefühl.

Lilly hat sich bei einer kostenlosen Single-Börse eingeschrieben. Wenn sie samstagabends dort auf Recherche geht, springt ihr als Erstes «38 000 Mitglieder gerade online» entgegen, und sie erschrickt. «Ist das nicht furchtbar und irgendwie armselig?», fragt sie sich. «Was sagt das denn über unsere Gesellschaft aus?» Wenn sie nur diese leidige Suche überspringen und gleich beim Finden landen könnte. Das wäre ideal. Denn mehr als zwei Jahre ist Lilly jetzt virtuell in Sachen «Sahnehäubchen» unterwegs, ohne nennenswerte Erfolge.

An dieser Stelle sollte die Frage erlaubt sein: Sucht sie wirklich ernsthaft? Ihre Antwort beginnt wie häufig mit dem Wort «eigentlich». «Eigentlich ja, aber das Alleinleben hat auch viele Vorteile. Ich frage mich, ob ich überhaupt noch fähig bin, in einer engen, gleichberechtigten Gemeinschaft zu leben.» Denn erfahrungsgemäß nimmt sie sich in einer Beziehung immer gleich zurück und stellt die Bedürfnisse des anderen in den Vordergrund. Sie kommt dann gar nicht mehr vor. «In dieser Hinsicht», glaubt sie, «fehlt mir noch das Selbstbewusstsein, ein Recht auf meine Bedürfnisse zu haben. Vielleicht ziehe ich mich dann zu schnell zurück, ohne es mal auszuprobieren. Wenn's dann wirklich mal konkret wird, sitze ich vor dem PC und denke: Willst du das wirklich?»

Zwei Herzen schlagen, ach, in ihrer Brust. Das eine sagt: Es klappt sowieso nicht, und das andere träumt voll Sehnsucht davon, sich vertrauensvoll in die Arme eines Mannes zu werfen. «Natürlich wünsche ich mir jemand, bei dem es noch mal so richtig ‹peng› macht mit allem, was dazugehört.» Und wie müsste dieser Jemand sein? «Die gleiche Wellenlänge in Bezug auf Intellekt und Begeisterung für klassische Musik.» Auch das Romantische darf nicht fehlen. «Mal Zettelchen schreiben», stellt sie sich vor. «Mal kleine Geschenkchen machen, mal ein gemeinsames Wochenende planen.»

Selbstverständlich hofft sie auch auf Zärtlichkeit und Nähe und auf Sexualität. «Einfach einen Mann, bei dem ich wüsste, wir gehören zusammen.» Lillys Blick ist gar nicht mehr strahlend, sondern eher ein wenig melancholisch. Schnell bemüht sie sich hinzuzufügen: «Was gar nicht geht, ist Klammern und Zusammenziehen. Das kann ich mir nach 20 Jahren Single-Dasein nicht mehr vorstellen.» Auch eine Fernbeziehung ist für sie denkbar. Warum nicht pendeln und sich nur für die schönen Seiten des Lebens treffen?

Allein die Entscheidung: Ja, ich mache mich auf die Suche, hat ihr Leben verändert und irgendwie spannender gemacht. Sie bekommt auch viele Komplimente, vorzugsweise von Herren, die ihr nicht gefallen. Aber immerhin.

An Absagen hat sie sich anfangs gewöhnen müssen und nimmt sie jetzt gelassen. Denn schließlich verteilt auch sie häufig Körbe. «Je weniger es mir ausmacht, desto freudiger bin ich», wundert sie sich. «Ich lasse mich dadurch nicht mehr aus dem Ruder kippen. Inzwischen weiß ich: Es hat nichts mit mir zu tun.» Das letzte Kompliment kam von Manfred, einem 66-jährigen Kaufmann. Ihr Foto und ihr Profil hatten ihm super gefallen. Er wollte sie treffen. Schmetterlinge? Nein, die hatte Lilly nicht, eher ein kritisches Gefühl, gibt sie zu, «halt wie immer». Und lacht. Das Resultat: ein langweiliger Abend. Manfred interessierten nur seine eigenen Geschichten. Die von Lilly wollte er nicht hören. Ein zweites Treffen lehnte sie dankend ab.

Wie viele Frauen ihres Alters findet Lilly es mühsam, im Netz Kontakt zu adäquaten Männern herzustellen. Entweder antworten sie erst gar nicht oder tauchen nach anfänglicher Begeisterung ohne Angaben von Gründen wieder ab. Zwei Kategorien von Zuschriften findet sie unangenehm: jüngere Männer, die sich von «weiblichen Formen» angesprochen fühlen und dann von «rund und sinnlich» fabulieren. Das ist ihr zuwider. «Die denken wahrscheinlich, ältere Damen sind ein molliges Ruhekissen und leichte Beute.»

Und dann gibt es die Sorte Männer vom Typ Heiratsschwindler, die an ihre Hilfsbereitschaft appellieren. Zum Beispiel ein Deutsch-Amerikaner, der angeblich auf einer Bohrinsel in der Nordsee lebt. Es macht ihr Spaß, mal wieder in Englisch zu kommunizieren. Schnell ahnt sie, worauf der Kontakt hinauslaufen wird. Zuerst umschmeichelt er sie als «lovely person» und «warm-hearted woman», und dann kommt die Explosion auf der Bohrinsel, die alle Wertsachen wegfegt. Die Versicherung will nicht zahlen, und seine Tochter wird nach einem Unfall in eine australische Klinik eingeliefert.

So viel Pech auf einmal … Lilly ist gespannt, wie die Story weitergeht. Unglücklicherweise liegen seine teure Brillant-Armbanduhr und andere Wertsachen in einem Schweizer Safe, wo er im Moment natürlich nicht rankommt. 300 Euro soll die «warmherzige» Lilly überweisen. Sie antwortet schlagfertig: «Ich habe zwar Herz, aber auch Verstand. Mach's gut.» Den Kontakt hat sie sofort gelöscht und dem Single-Portal gemeldet.

«Vielleicht», hat sie sich überlegt, «wird es mit der Partnersuche einfacher, je älter man wird. Dann zählen wahrscheinlich andere Werte.» Sie merkt, dass auch sie selbst toleranter geworden ist und auf Äußerlichkeiten weniger Wert legt als früher. «Es kommt doch auf die Chemie an.» Und zunehmend spürt sie, dass ältere Männer oft ziemlich scheu sind. Und mit der Potenz klappt es auch nicht mehr so gut. «Also wenn jetzt der Traummann vor mir stehen würde und damit Probleme hätte, wäre das für mich kein Hinderungsgrund.»

Zum Thema «Liebe im Alter» ist ihre 91-jährige Mutter ihr ein gutes Stück voraus. Sie ist verliebt in einen 20 Jahre jüngeren «Seelendoktor», wie Lilly ihn gerne bezeichnet. Er besucht die Mutter regelmäßig und telefoniert mit ihr. «Rein platonisch», da ist sich Lilly sicher. «Und wenn der mal ein paar Tage nicht anruft, dann ist meine Mutter fix und fertig und sagt: ‹Der meldet sich bestimmt nie mehr. Jetzt bin ich ihm zu alt.›» Sie lacht. Aber gleichzeitig ist sie auch beeindruckt, fast ein wenig neidisch, wenn die Mutter gesteht: «Dieser Mann gibt mir Kraft und Halt.»

Lilly war verheiratet. «Es war Liebe auf den ersten Blick, und ein Desaster – 16 Jahre lang.» 1991 wird sie geschieden. Danach hat sie sich noch drei Mal auf einen Mann eingelassen. Beziehungen, die einige Zeit hielten. Sie ist sich sicher, dass die Dominanz ihres Vaters und die Erfahrungen in der Ehe ihr Männerbild geprägt haben. Tiefes Vertrauen zum anderen Geschlecht will sich nicht mehr so einfach einstellen. Die Ambivalenz zwischen der Sehnsucht, jemanden zu finden, der sie liebt und den sie lieben kann, und der Skepsis, es klappe sowieso wieder nicht, ist einfach riesengroß. Manchmal scheint es ihr, als wäre diese Kluft unüberwindbar.

Wie eine glückliche Partnerschaft aussehen kann, erlebt sie bei ihrer Tochter. Die heute 35-jährige Anja lernte mit Anfang zwanzig ihren Mann im Netz kennen. Damals nicht über ein Dating-Portal, sondern über einen Chatroom. Sie merkten sehr schnell, wie gut sie sich verstehen und zusammenpassen. Und beim ersten Treffen war bereits klar: Das ist die große Liebe. Lilly schwärmt: «Die sind so glücklich und gehen nach zwölf Jahren immer noch Hand in Hand.»

Tochter Anja wünscht der Mama so sehr, dass sie noch einmal einen Mann findet, den sie lieben kann. Sie hat schöne Fotos von ihr gemacht und geholfen, sie im Netz hochzuladen. Wenn die Mama nur nicht immer so kritisch mit den Kandidaten wäre. «Ratschläge gebe ich ihr nicht», berichtet die Tochter, «aber ich nehm die Männer meistens vor ihr in Schutz, weil sie immer schon gleich sagt, der ist nichts.»

Lange hat Lilly keiner mehr aus der Ruhe gebracht. Doch plötzlich taucht Joachim auf. Er hat ihr Profil in der Single-Börse angeklickt. «Das Bild von dem hat mich dermaßen angesprochen», schwärmt sie und kriegt rote Bäckchen. «Er ist 59, sitzt irgendwo am Meer mit blauem Hemd. Und was er da auf seinem Profil schreibt, klingt alles sehr gut.» Als emanzipierte Frau schreibt sie ihn direkt an: «Danke für deinen Besuch auf meinem Profil. Leider ohne Nachricht. War's nicht interessant?» Am nächsten Tag die Antwort: «Ganz im Gegenteil. Ich hab dich sogar unter Favoritinnen gespeichert. Bin zurzeit unterwegs. Melde mich.» Offenbar ein unerschrockener Mann, der sich auch durch ihre üblichen Warnungen nicht beeindrucken lässt. «Alter und Figur sind mir völlig egal. Für mich zählen andere Werte», schreibt er. «Endlich jemand», denkt Lilly, «der kein Model sucht.» Sie hat ein gutes Bauchgefühl. Und schon sitzt sie wieder in der Falle der Abhängigkeit. «Sobald mir einer gefällt, fühle ich mich unfrei und warte nur darauf, dass er sich meldet.»

Seine angenehm warme Stimme am Telefon, seine liebe Art, wie er ihr gesteht: «So etwas Nettes wie dich lasse ich doch nicht gleich wieder los.» Sie beginnt zu träumen, und sofort kommt auch wieder die Angst, ob er sie vielleicht doch zu dick findet. Und wieder sucht sie nach dem Haken an der Sache und bemüht sich, ihre Erwartungen ganz nach unten zu schrauben. Vergeblich.

«Das Treffen im Café war vielversprechend.» Mehr will sie dazu nicht sagen. Nur so viel: Sie kann sich mehr vorstellen. Aber jetzt meldet er sich wieder nicht. Sie wartet einen Tag, zwei Tage. Am dritten fragt sie leicht vorwurfsvoll nach. Er antwortet zögerlich mit einigen gequälten Ausflüchten. Und dann ist Sendepause. Es folgen zwei weitere Tage Herzschmerz. Dann hat Lilly wieder Bodenhaftung. Sie ist entspannter und taucht nur noch selten ein in das virtuelle Meer der Liebessucher. Hin und wieder ergeben sich nette Mail-Kontakte, auch mal ein Telefonat. Aber es ist niemand dabei, der ihr Herz höherschlagen lässt. In diesen zwei Jahren der Suche hat sie sich verändert, wie sie findet. Am Anfang waren ihre Selbstzweifel noch riesengroß, vor allem, wenn die Absagen kamen. Inzwischen sagt sie sich eher mit einem gewissen Stolz: «Die Herren wissen nicht zu schätzen, was sie mit mir kriegen könnten.»

Manchmal kommt sie ins Grübeln und fragt sich: «Nehme ich vielleicht schon männliche Züge an? Um es ganz profan zu sagen: Ist die Jagd das Ziel?» Sie weiß es nicht. Am schönsten wäre es für sie, der Zufall würde ihr den Mann des Lebens zuspielen und sie einfach überrumpeln. So unwahrscheinlich kommt ihr diese Möglichkeit gar nicht vor. «Da bin ich ein unkaputtbarer Optimist.» Und wie um es zu beweisen, strahlen ihre hellen Augen mit den reizenden Lachfältchen.

*Sieben Monate später …*

Lillys Überraschungs-Mail bringt es sofort auf den Punkt: «Ich hab eine Erfolgsstory zu vermelden. Heute gehe ich mit MEINEM FREUND tanzen. Es ist noch sehr frisch – aber es fühlt sich saugut an! Wie schade, dass euer Buch schon abgeschlossen ist.»

«Liebe Lilly», kann ich da nur antworten, «eine solch wunderbare Nachricht ist für unser Buch unverzichtbar. Dafür öffnen wir gerne noch einmal unser Manuskript.»

Zu unserem Treffen erscheint eine glücklich strahlende Frau. Passend zu ihrem Lebensgefühl hat Lilly sich einen Schal in Grellpink um die Schultern geworfen. Was sie in den letzten sechs Wochen erlebte, erscheint ihr fast wie ein Märchen, in dem sie wider Erwarten die Rolle der Prinzessin spielt. Umso wichtiger, immer wieder davon zu erzählen, damit sie es endlich glauben kann und in ihrem Herzen spürt: Es stimmt.

Womit soll sie beginnen? Am besten mit dem, was sie am meisten erstaunt. «Dietmar ist überglücklich, mich gefunden zu haben», lächelt sie leicht verunsichert. Und wie ist das mit ihr? Ist sie auch überglücklich? Ein kurzes Zögern, bevor sie laut nachdenkt: «Doch … auch … aber man hat halt seine Geschichte … na ja.» Und dann lacht sie schallend. «Ich frag ihn immer: Wo kommt denn jetzt der Haken?» Doch Dietmar weiß gar nicht, wovon sie spricht, und fragt konsterniert zurück: «Wieso? Wo soll denn da noch ein Haken sein?»

Angefangen hat es, wie nicht anders zu erwarten, im Netz. Über die Single-Börse waren gerade einige hoffnungsvolle Kandidaten im Rennen, da fiel ihr Blick auf das Profil von Dietmar und auf sein fröhliches Foto. Alles, was er über sich geschrieben hatte, stimmte hundertprozentig mit ihren Interessen überein. Da konnte sie gar nicht anders, als ihn virtuell anzuflirten. Und er antwortete prompt. Genau wie sie liebt er die klassische Musik, geht gerne wandern, unternimmt Kreuzfahrten, kommt sogar aus der gleichen Branche und wohnt nur wenige Kilometer entfernt.

Alles läuft von Anfang an so selbstverständlich, die Mails, das Telefonieren, das erste Treffen auf dem Weinfest. Dort ergreift er gleich ihre Hand. «Damit wir uns in dem Trubel nicht verlieren», erklärt er charmant.

Was sie in diesen ersten sechs Wochen, seit sie sich kennen, schon alles unternommen haben? Lilly kann es kaum fassen: «Wir waren tanzen, in einer Ausstellung, auf dem Laternenfest, bei einer Weinprobe mit Lesung, im Gottesdienst, beim Tango-Seminar und, und, und … Überall geht er mit», freut sie sich. «Es ist soooo toll. Er bedankt sich jedes Mal für die schönen Tage und Stunden.» Und dabei erlebt sie das Zusammensein mit Dietmar als so herrlich entspannend, so liebevoll. «Es fühlt sich superschön an, aber ich kann's noch nicht mit vollem Herzen genießen», gesteht sie.

In der Außenwirkung sind sie das perfekte Paar. Ihre Tochter und ihre Freunde sind begeistert. Sogar ihre Mutter sagt: «Das ist der richtige Mann für dich. Der ist so ein Netter, und ihr passt wunderbar zusammen.»

Eine gute Bekannte hört von ihrem Erfolg und fragt Lilly um Rat. Sie sucht auch einen Mann. Aber ins Internet will sie nicht. Das ist ihr zu heikel. Da erzählt ihr Lilly die wunderbare

Geschichte vom Rabbi, der den lieben Gott immer und immer wieder anfleht: «Herr, so lass mich doch endlich im Lotto gewinnen.» Doch nichts geschieht. Bis eines Tages eine dröhnende Stimme von oben erschallt: «Rabbi, gib mir eine Chance und füll endlich einen Lottoschein aus.» Das ist für Lilly der Kernsatz in ihrem Leben geworden. Den hat sie der Frau weitergegeben mit dem Hinweis: «Du musst was tun. Die Männer fallen dir nicht vor die Füße.»

Fast drei Jahre hat Lilly in dieser Angelegenheit etwas getan und ist überwältigt von dem, was sie gefunden hat. Schon nach wenigen Treffen stellt Dietmar beglückt fest: «Wir sind füreinander geschaffen.» Zum ersten Mal fühlt Lilly sich wirklich gemeint und angenommen, so wie sie ist. «Er liebt jedes Gramm an mir, hat er gesagt», wundert sie sich. So etwas Unglaubliches hat sie noch nie in ihrem Leben von einem Mann gehört.

Werden sie also zusammenbleiben? Welch eine Frage! Selbstbewusst antwortet sie. «Das ist eigentlich kein Thema. Das ist so selbstverständlich, dass man gar nicht drüber reden muss. In diesem Jahr weiß ich wenigstens, mit wem ich Silvester verbringe», erklärt sie freudig. Endlich erfüllt sich ihr Traum, dass sie mit einem Mann ins neue Jahr tanzt und ihn um Mitternacht genüsslich küsst.

# Flirten lernen

**Der erste Blick muss sitzen.**
**Flirtkurs für Ungeübte**

«Ich habe in meinem ganzen Leben noch nie geflirtet», flüstert sie ihrer Nachbarin zu. Und dabei blitzen ihre dunklen Augen, als hätte sie in ihrem Leben nie etwas anderes getan. Bianca ist 72 und wirkt eher wie Ende 50. Wie sie aufmerksam durch ihre eckige Designerbrille blickt, ihr dunkles Haar mit der knallrot gefärbten Strähne nach hinten streicht, das luftige schwarze Trägerkleid zurechtzupft.

Sie hat sich fürs Flirten Begleitung mitgebracht. Die sitzt unter ihrem Stuhl. Ängstliche, weit aufgerissene Knopfaugen lugen zwischen ihren Beinen hervor. Ein kleiner Hund mit großen Puschelohren. Hund und Frauchen haben beschlossen, ab sofort das Glück in ihr Leben zu lassen.

Die Nervosität im Raum steigt. Gleich soll es losgehen. Da öffnet sich noch mal die Tür. «Bin ich hier richtig beim Flirtkurs?» Die leichte Unsicherheit in der Stimme will so gar nicht zu der großen Frau mit den dunkelroten Lippen passen. Elfi im hautengen schwarzen Schlauchkleid und leuchtend roter Jacke ergattert einen der letzten Plätze im Seminarraum. Neben dem großen Mann mit kurzgeschorenem Haar und vergnügtem Blick. Es ist Walter, der den Flirtkurs schon kennt. Mindestens drei-, vielleicht sogar schon viermal war er dabei. «Man lernt immer noch was dazu, wie man auf Frauen zugehen könnte», schmunzelt er.

Einige Plätze weiter sitzt die blonde Sabine. Sie hat sich einen zartorangen, wehenden Schal umgeworfen und ist ganz Powerfrau. «Ich will nicht mehr alleine durchs Leben gehen und möchte offener werden», erklärt sie der Dame neben sich. Dabei beobachtet sie genau, wer noch so alles kommt. Vor allem, welche Männer. «Denn schließlich», so kichert sie verlegen, «möchte ich mich gerne noch mal verlieben.»

Schräg gegenüber in Warteposition blinzelt Kai etwas scheu in die Runde. So viele Frauen und so wenige Männer? Er ist jetzt 64 und im Ruhestand. Gerne würde er eine Partnerin finden. Aber wie soll er das anfangen, ohne sich zu blamieren? «Liebe, Lust und Leidenschaft» stand auf dem Flyer zur heutigen Veranstaltung. Und «Schmetterlinge kennen keine Altersgrenze». Da hat er zugegriffen und gedacht: Das mach ich mit.

Jetzt sitzt er hier in der Begegnungsstätte «Bockenheimer Treff», einer sozialen Einrichtung der Stadt Frankfurt speziell für ältere Menschen. 16 Frauen und acht Männer zwischen 50 und 80, die Stühle in einem Halbkreis aufgestellt, blicken erwartungsvoll auf die drei Kursleiter. Und die machen erst mal nichts, außer «Hallo» zu sagen und zu lächeln. Einfach nur in die Runde blicken und lächeln.

Und genau das ist die erste Übung. «Ein Lächeln durch den Raum schicken». Das bedeutet: Augenkontakt mit dem Nachbarn aufnehmen, ihn anlächeln und sich vorstellen. «Denn die wirksamste aller Waffen für das Flirten ist das Lächeln», erklärt die Trainerin. Und schon strahlt sie Richtung Kai, der neben ihr sitzt, und ruft: «Ich bin Claudia.» Das steckt an und lässt ihn beschwingt antworten: «Hallo, ich bin der Kai.» Lachen und lautes

Stimmengewirr erfüllen in wenigen Minuten den Raum. Die Gruppe ist nicht mehr zu bremsen. Bis schließlich der Leiter Matthias Hüfmeier mit einer lauten Glocke für Ruhe sorgt.

Er ist als Sozialarbeiter schon lange in der Seniorenarbeit und weiß, was ältere Menschen von heute bewegt: «Man merkt halt schon, dass in einer Singlestadt wie Frankfurt viel Einsamkeit ist.» Auch deshalb hat er sich vor etwa sieben Jahren mit zwei Sexualpädagogen der Beratungsstelle ProFamilia zusammengetan, Claudia Hohmann und Werner Szeimis. Gemeinsam haben sie die Anregung einer alten Dame aufgenommen und diesen Flirtkurs entwickelt. Dabei sind sie so etwas wie Pioniere fürs Flirten geworden. Ganz offensichtlich haben sie die Zeichen der Zeit erkannt, dass Menschen jenseits der 60, was Liebe und Partnerschaft betrifft, die gleichen Bedürfnisse haben wie Jüngere. Nur beim Flirten sind sie halt ein wenig aus der Übung.

«Dafür bin ich doch schon zu alt» und «Hab ich doch ewig nicht mehr gemacht», Sätze dieser Art hört Werner Szeimis häufig von Teilnehmern. «Deshalb», so seine Antwort, «ist es wichtig, sich selber wieder zu spüren, Lebensfreude zu entwickeln, zwanglos in Kontakt zu kommen. Das hilft nicht nur bei der Partnersuche, sondern bereichert auch den Alltag.» Einige Teilnehmer blicken nervös nach unten. Andere lachen die Trainercrew offensiv an. «Vertrauen Sie auf Ihre Ausstrahlung», ermuntert Claudia Hohmann. «Flirten geht nur, wenn man offen ist. Üben Sie, lassen Sie sich darauf ein. Wenn man selber freundlich ist, reagieren die Menschen auch freundlich. Und das probieren wir gleich einmal aus.»

Dafür wird die «rote Gummizelle» installiert, eine Art überdimensionierter Ring aus rotem, elastischem Material. Alle aus der Gruppe stellen sich in die Arena. Dicht an dicht stehen jetzt

27 Menschen in einem Kreis und können sich mit dem Rücken an den elastischen Stoff anlehnen.

Bei dieser Übung geht es um Kontaktaufnahme und gegenseitiges Wahrnehmen. «Blinzeln Sie irgendjemanden im Kreis an», erklärt Werner Szeimis, «und wenn er oder sie zurückblinzelt, tauschen Sie schnell die Plätze. Und dann suchen Sie sich einen neuen Blinzel-Partner und immer so fort.» Walter und Elfi, die schon nebeneinandergesessen haben, blinzeln sich als Erste an und wechseln ihre Plätze. Andere sind zögerlicher. Irgendwie ist es doch peinlich, jemanden so direkt anzublinzeln. Was soll der denn denken? Wird er oder sie es überhaupt merken? Und was, wenn niemand mit mir Kontakt aufnehmen will und ich als Einzige stehen bleibe? Doch nach wenigen Minuten sind die Bedenken überwunden. Und selbst die Schüchternsten blinzeln fröhlich drauflos und wechseln immer schneller die Plätze.

«Ich hab gemerkt», berichtet Kai, «verschämt nach unten gucken bringt nichts. Es macht viel mehr Spaß, jemanden direkt anzuschauen und zu lächeln. Und es hat funktioniert, das Lächeln wurde erwidert. Das war schön», schwärmt er von seinem ersten Flirterfolg. In der Pause wird er sich mit der zierlichen Lucy unterhalten und viel lachen. Zumindest was die Größe angeht, passen die beiden perfekt zusammen.

Die dunkelhaarige und auffallend fröhliche Carmen zieht ihr beigeweißes Ringelshirt glatt und findet die Partnerübungen richtig klasse. Sie hat sich auf diesen Flirtkurs gefreut. Und ihre Freundin gleich mitgebracht. Schon allein den Titel, «Liebe, Lust und Leidenschaft», finden beide großartig. Das passt doch irgendwie. Denn sie fühlen sich noch jung und lebenslustig. «Ich werd ja schon 73», lacht Carmen hinter vorgehaltener Hand. Aber das sieht ihr niemand an. So gepflegt und gut geschminkt, wie sie daherkommt, mit weißer Jeans und den glitzernden Sneakers.

Und Freundin Ines bekennt, dass sie schon 70 ist und jeden Tag flirtet. «Mit meinem ehemaligen Mann», verrät sie. Seit 34 Jahren sind sie zusammen. Erst verheiratet und jetzt geschieden und immer noch ein Liebespaar. «Jeden Morgen begrüßt er mich mit ‹Bonjour, mon amour›. Wir leben nicht zusammen, sondern skypen täglich», unterstreicht sie mit einem feurigen Blick aus ihren verführerisch umrandeten Augen. Zum Flirtkurs ist sie gekommen, weil es eine schöne Abwechslung ist. «Und vielleicht», kichert sie, «kann ich noch etwas lernen.»

«Wichtig ist auch die äußere Erscheinung», erklärt Werner Szeimis. «Denn ein ungepflegtes Äußeres ist ein Flirttöter. Warum nicht mal was Neues anziehen? Neue Farben können Wunder bewirken. Attraktivität gibt es in jedem Alter. Das zeigt auch: Ich bin mir etwas wert. Und dann darf man sich ruhig gegenseitig Komplimente machen.» Komplimente fallen beim Anblick der Damen nicht schwer. Sie haben sich für diesen Nachmittag durchweg richtig schön gemacht. Tragen fröhliche Farben, modisch schick bis sportlich und manche auch ziemlich sexy mit tiefem Dekolleté. Dagegen wirken die Männer eher etwas blass. Sie könnten sich tatsächlich mehr Mühe geben.

«Das große Oberthema heißt Kontakt aufnehmen», erklärt Matthias Hüfmeier. «Und diese Veranstaltungsreihe soll so etwas wie ein Trainingslager dafür sein. Es geht darum, immer etwas sicherer zu werden. Beim Flirten und auch beim ersten Date. Was kann schon passieren? Ich wag's einfach.»

Für die 73-jährige Carmen ist das kein Problem. «Wenn mir ein Mann gefällt, würde ich ihn auch ansprechen», lacht sie, und Ines ergänzt: «Warum denn auch nicht?» Beide Freundinnen gehen gerne mal aus in die Kneipen der Umgebung. «Aber es fehlen die passenden Männer», bemängelt Carmen. «Wenn ich Kontakt aufnehmen will, gucken die oft weg.» «Nicht aufgeben», empfiehlt Trainer Szeimis, «ruhig einen zweiten Blick wagen. Wir Männer sind da manchmal etwas langsam.» Das kann Matthias Hüfmeier nur bestätigen. «Letztendlich sind es doch die Frauen, die die Kontakte machen. Das ist ja auch statistisch erwiesen.» Und selbst der stets lächelnde Clemens, ein drahtiger Grauhaariger mit Bärtchen, gibt zu, im Ernstfall eher zögerlich zu sein. Aus Angst vor einer Blamage.

Die Trainercrew freut sich, dass diesmal so viele Männer gekommen sind. Das macht die Übungen lebensnaher. «Sonst sind es manchmal nur zwei oder drei gegenüber vielleicht 17 Frauen.» Matthias Hüfmeier hat die Erfahrung gemacht, dass die Frauen deutlich aktiver sind. «Und in sozialen Belangen erprobter und mutiger.»

Hinzu kommt der Generationenwechsel, der in den letzten Jahren nicht nur in der Seniorenarbeit, sondern auch hier beim Flirtkurs zu beobachten ist. «Am Anfang waren auch sehr alte Menschen, so Oma- und Opa-Typen, dabei», erinnert sich Szeimis. «Jetzt kommen eher die Junggebliebenen, die Streitbaren und die 68er-Generation.» Und die müssen anders angesprochen werden. «Klar», sagt Claudia Hohmann, «die haben auch ihre eigene Musik und ganz andere Interessen. Und sagen, ich bin Rocker und so.»

Seitdem hat das Zentrum die Seniorenarbeit umgetauft in «Arbeit mit älteren Erwachsenen». Weil deren Bedürfnisse sich gar nicht so sehr von denen junger Erwachsener unterscheiden. So gesehen fühlt sich das Trainerteam seinen Teilnehmern ziemlich nah. «Ich bin jetzt 58», erklärt Werner Szeimis. «Ich fühl mich, auch was deren Lebensgeschichten betrifft, sehr dicht dran. Und trotzdem fühle ich mich auch jugendlich. Genauso wie viele unserer Teilnehmer auch.»

Er und Claudia Hohmann arbeiten als Sexualpädagogen bei ProFamilia üblicherweise mit jungen Menschen, während Matthias Hüfmeier seit seinem sechsundzwanzigsten Lebensjahr mit Älteren zu tun hat. «Für mich ist es ein Luxus», freut er sich, «dass ich Programme gestalten kann, die immer mehr auf mich zuwachsen.» Und die Jüngste von ihnen, Claudia Hohmann, stimmt der Flirtkurs positiv, wenn sie an ihr eigenes Alter denkt: «Wenn ich sehe, was die Leute da alles anstellen, hab ich das Gefühl, das Rentenalter könnte noch ganz schön lustig werden.»

Wie sehr kann ein Flirtkurs wie dieser Menschen verändern, sie mutiger machen und ihnen helfen, vielleicht doch noch eine Liebe fürs Leben zu finden? «Wir merken das», berichtet Werner Szeimis, «wenn die Leute öfter in die Kurse kommen. Manche kommen beim ersten Mal noch hochgeschlossen, eher als graue Maus. Und beim nächsten Kurs, da sind sie plötzlich farbenfroh, strahlend und offen.» «Oder auch Clemens», berichtet Hohmann. «Wenn ich den heute sehe, wie lebendig der geworden ist, wie er auch aussieht und auf die Menschen zugeht. Der ist nicht wiederzuerkennen.»

Hüfmeier zeigt ein Foto. Zu sehen ist ein Saal mit vielen feiernden Menschen. In der Mitte eine Frau in einem knallroten Bauchtanz-Outfit. Für Hüfmeier ist das eine der bewegendsten Geschichten. «Ich seh sie noch vor mir, als sie zum ersten Mal hierherkam. So zugeknöpft. Sie hatte viele schlechte Erfahrungen gemacht. Und sie sagte damals: Ich will lernen, auf Menschen zuzugehen. Und heute tritt sie vor Publikum auf und tanzt. Eine großartige Frau. Manchen wird aber auch hier klar, dass sie sich selbst genug sind und gar keinen Partner mehr wollen. Dass man sich nach dem Tod des Mannes mit der eigenen Lebenssituation anfreundet und sich sagt: Ich möchte gar nicht mehr. Auch dieses Bewusstsein kann da entstehen.»

Die Vielfältigkeit der Teilnehmer-Biographien ist am ehesten in den Zweierübungen zu erahnen. Da ist zum Beispiel Bianca, die Frau mit dem Hund. «Es war ein hartes Leben», erzählt sie. «Ich wurde sehr streng erzogen, habe früh geheiratet und Kinder gekriegt. Und auch mein Mann war sehr ernsthaft. Nach der Scheidung musste ich zwei kleine Kinder großziehen. Und arbeiten. Da blieb zum Flirten keine Zeit und keine Energie.» Den kleinen, völlig eingeschüchterten Hund hat sie übernommen, weil er heimatlos war. Und so verletzlich. Niemand wollte ihn. Viele Herrchen und viele schlechte Erfahrungen musste er aushalten. So gesehen hatten sie beide ein schweres Leben. Und damit soll jetzt Schluss sein. «Ich will üben, mich zu öffnen, und vielleicht verliebe ich mich noch mal.»

Und dabei lächelt sie versonnen, und ihre Augen haben wieder diesen gewissen Flirtblick.

Und da ist Leonore, eine Frau, die auf den ersten Blick wie eine freundliche Lehrerin wirkt. Sie verkündet fröhlich: «Eigentlich suche ich nur einen Mann zum Tanzen. Ich will niemanden zum Anbaggern. Aber ich geh auf Achse. Das weiß mein Ehemann auch.» Denn schließlich, so findet die 69-Jährige, profitiert er ja, wenn sie beschwingt von einer schönen Veranstaltung wie zum Beispiel dem Flirtseminar zurückkommt. Er genießt es, wenn sie davon berichtet und ihm das Leben ins Haus bringt, das ihm selbst so fern geworden ist. So kann Rollenteilung auch funktionieren.

Beim ersten Treffen fiel sie auf mit ihrem kleinen Hütchen, das sie zunächst nicht abnehmen wollte. Die grauhaarige Margret, die eigentlich gar nicht auffallen will. Still sitzt sie auf ihrem Platz und beobachtet mit wachem Blick. Beim Blinzelspiel leuchten ihre Augen plötzlich. Ganz kurz nur. Ist sie hier, weil sie sich wie die meisten anderen auch noch einmal verlieben will? «Ach», sagt sie mit einem kleinen, schiefen Lächeln, «manchmal hilft auch ein Plüschbär.» Und dabei prüft ihr Blick sehr genau, wie diese Bemerkung wohl ankommt.

Seit zehn Jahren ist sie Witwe und lebt mit ihrer alleinstehenden Tochter zusammen. «Ich bin 70», sagt sie leise. Auf den ersten Blick hätte sie viel älter sein können. Doch wenn sie spricht und ihre Augen lebendig werden, erscheint sie plötzlich jünger. Margret wirkt, als könne sie sich nicht vorstellen, dass das Leben für sie noch Überraschungen bereithält. Und dass sie liebenswert sein könnte. Nur selten blitzt in ihren Augen so etwas auf wie Freude und vielleicht sogar Hoffnung.

Anneliese mit dem freundlichen Gesicht und der weiten bunten Bluse ist eine der Jüngsten in der Gruppe und sagt: «Ich fühle mich so alt. Ich weiß gar nicht, ob mich noch jemand will. Mit meiner kräftigen Figur und in meinem Alter.» Doch dann ergänzt sie mit fester Stimme: «Deshalb hab ich mal einen Versuch gewagt und bin hierhergekommen. Ich will lernen, Kontakte zu knüpfen.» Und das, so ist zu beobachten, scheint ihr auch zu gelingen.

Elfi dagegen ist absolut in Flirtlaune. Heute ist sie wieder ganz in Rot-Schwarz gekleidet. Diesmal mit einem asiatisch anmutenden Kimonokleid und rotem Lackgürtel. Gegen die Hitze trägt sie einen großen, schwarzen Strohhut. Ganz Grande Dame. Und auch diesmal setzt sie sich wieder neben Walter und versucht mühsam, eine Wasserflasche zu öffnen. Sie hat verschiedene Techniken erprobt, Männer anzuflirten. Eine geht so: «Wenn eine Flasche schwer aufgeht, sage ich immer: Sie sehen so stark aus, können Sie es mal versuchen?» Und Walter kontert lachend: «Ich würde gar nicht so lange warten und gleich sagen: Brauchen Sie Hilfe?» Das macht er immer so, wenn er sieht, dass eine Frau sich abmüht.

«Für mich ist der Flirtkurs ein Mutmacher», resümiert Elfi und zieht sich genüsslich mit einem dunkelroten Stift ihre vollen Lippen nach. Ob sie sich noch mal verlieben will? «Verliebt sein macht doch unzurechnungsfähig», lacht sie mit kessem Blick und lässt ahnen, dass sie eigentlich nichts dagegen hätte. Beim Abschied sieht es fast so aus, als wären einige auf dem Weg, einen Teil des Lebens, der bisher unter den Tisch fiel, genussvoll auszukosten.

Lucy hat zum Beispiel ihre Flirterfahrung gleich auf dem Weinfest umgesetzt. Sie war alleine unterwegs, und als sie merkte, die Jacke ist ihr zu warm, hat sie einfach einen nett aussehenden Mann angesprochen und gefragt: «Kann ich mal eben meine Tasche auf Ihrem Platz abstellen?» Sofort war sie mit ihm im Gespräch, hat ihre Jacke ausgezogen, in die Tasche gepackt und sich noch fast eine Stunde lang mit ihrem Flirtpartner unterhalten. Zum Abschied hat er ihr fröhlich hinterhergerufen: «Es war schön, mit Ihnen zu sprechen.» Das wird Lucy jetzt öfter machen.

«Wenn wir Anstöße geben können, ist das schon sehr viel», sagt Claudia Hohmann.» Und Werner Szeimis ergänzt: «Ich möchte die Leute berühren. So nach dem Zitat von Monsieur Ibrahim: Es ist das Lächeln, das glücklich macht.»

«Ja, es geht wirklich mehr um eine Haltung», findet Hohmann, «nicht um Techniken. Wenn man merkt, die lächeln zurück, wenn ich freundlich bin, dass es funktioniert, das ist doch toll und ein Geschenk. Wer will denn in Zukunft noch darauf verzichten?»

Der ehemals schüchterne Kai jedenfalls nicht. Er geht jetzt lächelnd durch die Welt, freut sich, dass es klappt, und kann es nicht fassen, wie einfach es ist. Wenn er weiter so eifrig übt, da ist er sich sicher, wird er die Frau fürs Leben bald gefunden haben.

### Auf die Plätze, fertig, los ...
### Speed-Dating Ü60

Speed-Dating Ü40? Geht noch. Speed-Dating Ü50? Jetzt wird es schon exotisch. Aber Ü60? Au weia. Fehlt nur noch «Speed-Dating im Altenheim – Rollator trifft Gehstock».

Alle Welt amüsierte sich unverhohlen, als das erste Speed-Dating für Ältere im Rhein-Main-Gebiet angesetzt war. Nicht leicht, überhaupt ein Lokal zu finden. Aber «Nelly's Frühstückslust» schien Erfahrung zu haben. «Klar, wir machen Speed-Dating», hatte Nelly am Telefon versichert.

«Auch für Ältere?»

«Natürlich. Auch für Ältere.»

«Wie alt?»

«Ab Mitte 20.»

«Äh ... wir dachten ... noch älter.»

Und dann ging es ruck, zuck. Vielleicht ein bisschen zu flott. Denn die Veranstaltung trug einen ... na ja ... vieldeutigen Titel: «Frucht sucht Gummi». Nicht gerade die Sprache seriöser Senioren. Und prompt regte der Titel zu schlüpfrigen Assoziationen an. Jung und Alt phantasierten wild vor sich hin. Zu spät. Jetzt stand es schon im Internet, auf allen Ankündigungen und Flyern. Stapelweise.

Wochen vor dem Termin begann das Trommeln, getrieben von der bangen Frage: Werden sich zehn Männer und zehn Frauen gehobenen Alters finden?

Frauen musste man nicht lange überzeugen. Marianne, 69, mädchenhafter Typ, wägte ab: «Eigentlich such ich ja nicht. Obwohl … also, wenn mir da jemand begegnen würde …»

Sie war eine der Ersten, zögerlich zwar und ziemlich gespalten, aber mutig.

Und schon füllte sich die Liste der Frauen: Grace, 66, Engländerin, aparter, kultivierter Typ. Erst voller Abwehr: «Ach nein, weißt du, damit habe ich ja abgeschlossen. Nein, ich suche niemanden mehr.» Und dann stand sie doch auf der Liste. «Einfach nur mal so, zum Ausprobieren.» 13 Frauen kamen locker zusammen. Und Männer? Fehlanzeige. Bei sieben war Schluss. Also: Frauen auf die Warteliste.

Donnerstag, 19.00 Uhr. Der aufregende Abend ist da. Eine Studentenkneipe in der Mainzer Neustadt ist vielleicht nicht die erste Adresse für gestandene 60-Jährige. Da wirkt man schnell fehl am Platz. Aber jetzt gibt es kein Zurück mehr. Oder doch? Fünf Frauen haben weisungsgemäß schon mal hinter Einzeltischchen Position bezogen und halten sich am Prosecco-Glas fest, während fünf tapfere Männer eine sichere Stütze an der Theke finden. Alle sind ausstaffiert mit Namensschildern. Nicht den echten, natürlich, sondern mit Nicknamen wie «Flusskrebs», «Nero» oder «Billy». Verstohlene Blicke taxieren das «Angebot». Die Situation hat eine fatale Ähnlichkeit mit den Tanzstunden in grauer Vorzeit. Damen warteten sittsam auf Herren. Genau genommen ziemlich antiquiert. «Flusskrebs» alias Marianne guckt erstaunlich gelassen in die Runde. Sie hat beschlossen, einfach alles auf sich zukommen zu lassen. Tief im Innern ist sie eh nicht überzeugt, einen Mann an ihrer Seite haben zu wollen. Wozu auch? Ist das Leben nicht auch «ohne» ganz schön? «DJ Bey», 61, ein hagerer, unruhiger Typ, ist nicht so ganz einzuordnen. Und «Hispano», 72, markiert den Coolen, was nicht ganz stimmen kann. Denn er war lange vor Beginn schon angekommen.

Es könnte jeden Moment wie befreit losgehen, wenn die Besetzung vollzählig wäre. Ist sie aber nicht. Zwei Männer und zwei Frauen fehlen. Also warten. Bemühtes Plaudern, bloß nicht zwischen Mann und Frau. Demarkationslinie. Niemand soll zu früh sein Pulver verschießen. Sonst hat man sich später vielleicht nichts mehr zu sagen.

Das passt «Pit», 65, gar nicht. Da steht er, kompakte Statur in salopper Strickjacke, ein Charmebolzen aus Österreich. Und grantelt, warum es nicht losgehe? Worauf wir noch warteten? Warum wir nicht ohne den Rest anfingen. Nicht leicht, die Speerspitzen geschmeidig abzufangen.

Endlich: Eine der beiden «vermissten» Frauen betritt das Lokal unter kräftigem Anschub ihrer Tochter. Ein tieftrauriges Augenpaar mustert die Runde, was möglicherweise dem Kajalstift geschuldet ist. Vielleicht aber auch der Einsamkeit im Heimatdorf an der Nahe, von der sie freimütig erzählt. Sie kommt selten über Mainz hinaus, fühlt sich stark «ortsgebunden». Für diesen Abend nennt sie sich «Nero». Sie ist 61 Jahre alt und war nie verheiratet.

Kurz danach springt die Tür ein zweites Mal auf. Zwei verwegene Typen entern das Lokal. Der eine mit Pilotenbrille auf dem Glatzkopf, der andere im pechschwarzen Outfit. Es folgt ein großes Hallo mit dem Dritten im Bunde, der schon an der Theke lehnt. Alte Kumpanen, wie sich herausstellt. Die Männer sind nun komplett. Nur nicht die Frauen. Ausgerechnet diejenige, die sich noch am Nachmittag erkundigt hatte, ob das Speed-Dating auch wirklich stattfindet, ausgerechnet sie hat wohl der Mut verlassen. Jetzt aber flott an die Reserven.

Monika, 63, von der Nachrückerliste, eine aparte Hyperschlanke aus der Modebranche mit langem, graumeliertem Pferdeschwanz, schafft es in grandiosen zwanzig Minuten ins Café. Sie kommt «en nature», Aufbrezeln war nicht mehr drin. Viel erwartet sie eh nicht, als sie den Blick schweifen lässt. Aber manchmal muss man dem Glück einfach eine Chance geben. Sonst verdrückt es sich womöglich.


«Meine Damen und Herren, eine kurze Einführung: Sieben Minuten Plausch, dann ertönt die Glocke, und Ihr Gegenüber ist dran. Noch mal sieben Minuten. Dann rücken die Männer einen Tisch weiter. Immer im Uhrzeigersinn.»

Gong! Die Männer stürzen los. Und von einer Sekunde auf die andere erhebt sich ein geradezu biblisches Brausen im Café. Ein Schwarm von Hummeln beim ersten Frühjahrsflug ist nichts dagegen. Und von Runde zu Runde verrät die schwankende Geräuschkulisse, ob es brummt zwischen den Paaren oder eher brummelt.

Ob sich die «Waldfee», 66, in Rosa mit dem freundlichen Gesicht ausgerechnet in «Buddy», 63, den hemdsärmeligen Makler, verguckt? Oder «Hispano», mit 72 der Älteste, in die distinguierte blonde «Isabel», 60? Oder «Nero», 61, mit dem verschreckten Blick, in «Kolumbus», 61, den selbstbewussten Studienrat?

Sieben Runden später sind alle reichlich erschöpft. Zwangloses Geplauder zum Ausklang. Und dann ab nach Hause.

Und das Ergebnis?

Marianne, die Mädchenhafte mit dem sanften Lächeln, bekam die meiste Resonanz. Sechs von sieben Männern hätten sie gern wiedergesehen. Sie dagegen nur einen. Von möglichen 24 Kombinationen blieben ganze vier, die wirklich ein Interesse aneinander hatten. Zwei nahmen schon am Tag darauf Abstand voneinander. Eine kluge Entscheidung, denn der männliche Part war in diesen Fällen längst anderweitig gebunden. Von den sieben Männern hatten drei kein echtes Interesse. Blieben zwei Paare. Eines, «Nero», die Einsame von der Nahe, und «DJ Bey», traf sich tatsächlich zwei Mal. Eine glückliche Kombination? Sie suchte einen Partner, der zu ihr zieht. «Am liebsten mit Kettensäge. Es gibt so viel zu tun auf dem Hof.» Und er? Wollte ab und zu «was Kuscheliges fürs Bett». Mehr nicht. Er war eh noch verheiratet, wenn auch getrennt.

Das andere Paar, die «Waldfee» und «Hispano», kamen über den ersten Versuch nicht hinaus, was er sehr zu bedauern schien.

Aber «Pit», der Grantler aus Österreich, bei Licht betrachtet ein umgänglicher Alt-68er aus der Sozialpädagogik, der seit 25 Jahren allein lebte und sich nicht mehr vorstellen konnte, mit einer Frau unter einem Dach zu leben, dieser Pit war angenehm überrascht. Mit so vielen interessanten Biographien hatte er nicht gerechnet. Er war «mit Bammel» angekommen, weil er das Alleinsein auch noch nach 25 Jahren als «Schande» empfand. Er schämte sich seiner Bedürftigkeit. Seine größte Sorge: Er könnte einer der Damen am nächsten Tag im Viertel begegnen. Um dann festzustellen: Zwei waren aus dem Viertel. Aber die hatte er nie zuvor gesehen.

# Drei

## Erste gemeinsame Schritte — wenn der Höhenflug im Alltag landet

### Herzklopfen bis zum Hals.
### Hannes Selbstversuch, Teil 2

Eigentlich schreibe ich dies hier auf für meine Freundin Annabelle. Ich habe ihr das alles nie erzählt. Denn Annabelle findet Partnersuche im Netz absolut niveaulos. Auch wenn ihre Augen beim Thema Liebe verräterisch blitzen. Sie glaubt nur an das Zufallsprinzip nach dem Motto: Wenn es sein soll, wird es sein, ohne dass wir etwas dafür tun müssen. «Auch mit über 60?», frage ich vorsichtig. «Ja!», behauptet sie eine Spur zu streng. «Auch mit über 60. Sonst bleibe ich eben alleine. Das ist doch auch schön.» Und als kleine Beschwörungsformel schiebt sie noch hinterher: «Was willst du denn, Hanne? Uns geht es doch gut. Wir haben bald unsere Rente. Und können uns ein schönes Leben machen.»

Genau aus diesem Grund blieb ich stumm. Ich hätte nicht gewagt, Annabelle von meinen nächtlichen Suchorgien im Netz zu berichten. Von den Enttäuschungen am nächsten Morgen, wenn ich ohne Antwort blieb. Von meinen zerstörten Hoffnungen, wenn sich ein Treffen mal wieder als frustrierend herausstellte. Oder von den Kränkungen über zuweilen unhöfliche Absagen mancher Herren. Ich wollte nicht hören: «Siehst du, genau deshalb will ich das nicht. Ich will mich nicht kränken lassen, ich will nicht enttäuscht werden, und ich will nie mehr darauf warten müssen, ob *er* sich meldet oder nicht.» So etwas in der Art hätte Annabelle sicherlich gesagt. Und mir dabei einen entsprechend kritischen Blick zukommen lassen. Und deshalb war all das, was ich hier schreibe, lange Zeit mein bestgehütetes Geheimnis.

Es ist ein Samstagabend im April, als meine kurzfristige Fastenaktion in Sachen Partnersuche ein jähes Ende findet. Die erste laue Frühlingsluft weht verführerisch um die Nase und lässt mein Herz ein ganz klein wenig höherschlagen. Irgendwie liegt so eine vielversprechende Ahnung in der Luft: «Alles ist möglich.» Und dann noch dieser herzzerreißende Film «Meine Woche mit Marilyn». Annabelle und ich sind noch ganz berauscht. Von dieser tiefen Sehnsucht und der großen Tragik. Beschwingt laufen wir nach Hause. Sehen die schmusenden Paare in den Gartenrestaurants. Hören ihr Lachen. Phantasieren wie früher als junge Mädchen vom Mann unserer Träume. Selbst Annabelle könnte sich vorstellen, noch heute Abend auf dem Heimweg – rein zufällig natürlich – der Liebe ihres Lebens zu begegnen. Oder vielleicht doch erst am nächsten Tag in der neuen Wandergruppe? Lachend gehen wir auseinander.

Ganz schön sexy, denke ich, als ich Annabelle hinterherblicke. Wie sie in ihrem knappen Bleistiftröckchen mit der tief dekolletierten Seidenbluse um die Ecke flitzt. Aber sind wir beide nicht «Seniorinnen» und bald «Rentnerinnen»? Eigentlich schon. Aber wie sich das anhört … Ich empfinde mich weder als Seniorin noch als Rentnerin. Sondern als eine Frau, die mitten im Leben steht. Die genießen und lieben will. Und zwar sofort.

Und deshalb geht noch an diesem Abend das Thema Männer-suche in die nächste Phase. Zwei Wochen Suchpause sind ge-nug. Ich logge mich ein in der Partnerbörse, bei der ich seit fünf Monaten Mitglied bin. Mein Profil weist erfreulicherweise di-verse Herrenbesuche auf. Doch mein Blick fällt wie hypnotisiert auf das Modell Marke «Werbefachmann». Er hinterlässt zwar keine Nachricht, doch seine Selbstbeschreibung fesselt mich spontan. Wenn ein Mann schreiben kann, und das mit feiner Ironie und Humor, bin ich hin und weg. Und der da kann's. Ein Könner eben in Sachen Selbstmarketing:

«Ich habe sicher viele Fehler, bin jedoch einsichtig, stets lern-bereit und gehe mit Optimismus auch über steinige Wege. Was will ich damit eigentlich sagen? Ich bin der realistischste Typ unter den Traumtänzern …»

Was für ein Opening. Ganz offensichtlich ein Mann, der sich selbst nicht so ernst nimmt. Das könnte passen. Bei dem Kapitel «Ich über mich» punktet er ebenfalls mit Humor und Tiefgang.

«Ich reagiere allergisch auf …

… Herrn oder Frau Wichtig, Bedenkenträger, Schwarzmaler, Bürokraten … und manchmal auf mich selbst, wenn ich ent-decke, dass ich von den genannten Allergieauslösern auch ein paar Prozent abbekommen habe.»

«Drei Dinge, die mir wichtig sind …

… Leben, Lieben, Lachen.»

«Ein Tag ist für mich perfekt, wenn …

… ich morgens voller Tatendrang erwache und abends mit der Erkenntnis zu Bett gehe: ‹Es ist viel liegengeblieben. Der

Tag hat Spaß gemacht, freue mich auf morgen.› Jetzt noch kuscheln, reden, schweigen, genießen und sich nie alleine fühlen. Gute Nacht!»

Besonders die letzte, fast schon zärtlich anmutende Beschreibung erreicht die tieferen Schichten meiner Sehnsucht. Endlich mal wieder kuscheln. Wie wunderbar. Könnte er vielleicht der Richtige dafür sein? Und womöglich auch für die vielen anderen Bereiche, die zusammen mit einem Liebsten dem Leben mehr Tiefe geben? Die Basisdaten stimmen jedenfalls: 62, 1,90, geschieden, schlank, Nichtraucher, mit einer Katze. Und sein Aussehen? Das Foto ist nicht mehr im Unschärfemodus, sondern klar erkennbar. Ein Indiz, dass wir schon einmal Kontakt hatten. Auf den ersten Blick wirkt er wie der Typ selbstbewusster Geschäftsmann. Die verschmitzten, warmen Knopfaugen versprechen Sensibilität. Also genau der richtige Mann, um einen Flirtversuch zu starten.

```
«Hallo, Unbekannter», schreibe ich,
«wahrscheinlich sind wir uns schon mal im
weiten Netz der Glückssucher begegnet.
Jedenfalls ist dein Foto freigeschaltet. Es
ist Samstagabend, und ich komme gerade aus dem
zauberhaften Film ‹Meine Woche mit Marilyn›.
Schön, intensiv und traurig zugleich.
Und was machst du so an einem Abend wie
diesem? Immer noch auf Frauenfang?»
```

Inzwischen ist es fast Mitternacht. Die anderen Männerangebote? Uninteressant! Meine Gedanken kreisen nur noch um ihn. Wird er sich melden? Immer wieder arbeite ich sein Profil durch. Dieser «Traumtänzer» hat's mir einfach angetan. Auch wenn uns 300 Kilometer trennen.

Am nächsten Morgen blinkt schon das kleine Briefsymbol. Er hat geantwortet!

```
«liebe hanne, deine letzte meldung erhielt
ich kurz vor weihnachten. irgendwie sind
wir dann wieder abgetaucht im ‹weiten netz
der glückssucher›. Ja, ich bin noch auf
frauenfang. mal sind sie zu klein, mal sind
sie zu groß, zu egozentrisch, zu zu zu …
oder der frauenfänger ist zu zu zu – kurz, den
vielfältigen anforderungen nicht gewachsen.
heute am samstagabend war ich mit freunden
bei einer ausstellungseröffnung, ‹beuys und
schüler›. gegen 1 uhr beginne ich mit den
vorbereitungen für zielorientierte träume.
thema heute: ‹frauenfang. alles über köder
und waidgerechte fangmethoden›. irgendwie
sollte das doch mal klappen. vielleicht nach
einer woche mit hanne? einen schönen sonntag –
jonas»
```

Hat er wirklich geschrieben: «Vielleicht nach einer Woche mit Hanne?» Klar, als Anlehnung an den Filmtitel. Aber trotzdem: Mein Herz beginnt zu flattern. Bloß nicht zu viel hineininterpretieren. Wieso bin ich eigentlich nach nur einer Mail schon so aufgewühlt? Vielleicht weil ich intuitiv spüre, dass dieser fremde Mensch etwas bei mir zum Klingen bringt. Etwas, was lange hinter einem gutgesicherten Schutzpanzer verborgen lag. Diese tiefe Sehnsucht nach Nähe, nach Geborgenheit, nach dem

Erleben, zueinanderzugehören. Und dieses atemlose, junge Gefühl: Es ist noch nicht vorbei. Ich kann und ich werde mich noch einmal verlieben. Vielleicht in Jonas? Oder hoffentlich? Vorerst spielen wir Pingpong miteinander. Schriftlich. Jeder Schlag ein Treffer in die sensible Bauchgegend:

«Hallo, Jonas, sehr amüsant zu lesen das Thema Frauenfang und die immer falschen Damen, die einfach zu dir Supertypen nicht passen wollen. So was Doofes aber auch! Du hast mein volles Mitgefühl. Aber die schlechte Nachricht ist, und damit werden wir uns abfinden müssen, es gibt einfach nicht die Mrs. Perfect und auch nicht den Mr. Perfect. Ich weiß, das ist eine Binsenweisheit. Ich glaube, wenn wir die Mrs. oder den Mr. Maybe finden, wäre das schon ein großes Geschenk.
Ich vermute mal, dass die Zeitspanne einer Woche für die geplante Feldforschung nur als Traum gedacht war. Denn in der Realität wäre das ja nicht auszuhalten. Wenn ich mir vorstelle, abgescannt zu werden, ob ich richtig oder falsch bin – upps, da krieg ich sofort schlechte Laune. Das hört sich nicht sexy an.
Was meinst du? Liebe Grüße, Hanne»

Zweieinhalb Stunden später ist schon die Antwort da:

«liebe hanne, mit der suche nach der mrs. perfect für mich liegst du richtig.

sie muss mindestens so fehlerhaft perfekt sein
wie ich! deshalb finde ich nicht die richtige.
frauen, gerade die in den besten jahren,
sind heute sooo perfekt, wie es früher mal
die männer sein wollten. das starke wird
zum schwachen geschlecht. die damen sind auf
der überholspur. eigentlich kann ich gut
damit leben, ich hab schon immer lieber mit
frauen gearbeitet. die sind sachlich, froh
und dankbar, wenn der job klappt und mann
sich als verlässlicher teamplayer, nicht als
machtorientierter mr.protz gebärdet.
so, frau maybe. eine woche ‹feldforschung›
wäre für dich nicht auszuhalten … da ist es
ja ein segen, dass die erdkrümmung zwischen
unseren beiden standorten erkennbar ist.
bitte erzähle mir deshalb aus der ferne von
deinem leben und deinem lebensgefühl. das zu
erfahren … das wäre wunderbar. liebe grüße,
jonas»

Plötzlich fühlt sich das Leben so leicht, so unbeschwert an.
Die Welt ist bunt. Selbst meine Kleidung wird immer bunter.
Heute trage ich Pink, morgen vielleicht Apfelgrün. Es ist nicht
mehr zu leugnen: Ich bin verliebt! Auch wenn das total verrückt klingt. Verliebt in einen virtuellen Mann? Selbst meine
91-jährige Mutter spürt die Veränderung. «Komm, gib es doch
zu», lockt sie mich vergnügt und bremst mich keck mit ihrem
Rollator aus, «du hast einen Freund.» Prüfend schaut sie mir in
die Augen. Es ist nicht mal eine Lüge, wenn ich alles abstreite.
Denn schließlich bin ich ihm noch nicht einmal begegnet.

Aber ich bin bereit, mich einzulassen mit allen Höhen und Tiefen. Auch wenn ich abstürzen sollte. Wenn es nicht Jonas ist, wird es ein anderer sein. Angesichts der begrenzten Zeit ist alles, was jetzt noch kommt, ein großes Geschenk. Dessen bin ich mir bewusst wie nie zuvor. Mit einer Klarheit, die beinahe wehtut. Schon allein der Austausch mit Jonas berührt mich tief. Mit jeder Mail rückt er mir ein Stück näher. Wenn er solch wunderbare Sätze schreibt wie: «Ich bin auf dem Weg, mehr über dich herauszufinden, und bitte um weitere Puzzleteile, damit ich dein schönes Bild vollenden kann», schmelze ich dahin. Wie lange habe ich mir einen Mann gewünscht, der mir solche Briefe schreibt. Allein der Gedanke, er könnte der Richtige für mich sein, raubt mir schier den Atem.

Meine Unsicherheiten, meine Angst, alles kommt wieder hoch, was in bisherigen Beziehungen schiefgelaufen ist. Und dann das Misstrauen: Meint er wirklich mich? Hört sich nicht alles so an, als wäre es zu schön, um wahr zu sein? Natürlich findet sich schnell ein Haken. Ich fühle mich missverstanden und interpretiere seine Fragen als zu «ungeduldig». Aber ich laufe nicht weg wie früher, sondern spiele meine Eindrücke zurück. Und siehe da, als Konfliktlöser erweist sich Jonas als Profi:

```
«liebe ‹miss verständnis›, ungeduldig bin ich
nicht, und soweit ich mich erinnere, habe
ich unter meinen sportlichen aktivitäten das
pingpong-spiel genannt. unvermeidbar ist - da
ich gerne mehrere zeilen an dich schreibe -,
dass zwischen diesen ‹(zwischen)räume›
entstehen, die, um es anders auszudrücken,
willkommene ‹(frei)räume› für unsere phantasie
bieten. hier finden sich z.b. miss- und mister-
```

verständnis und geben sich rätsel auf, die
oftmals viel harmloser sind, als wir glauben.
in der hoffnung auf den sommer, der uns eint,
sende ich dir liebe grüße und begebe mich
ins trainingslager, um das pingpong-spiel
auf augenhöhe mit dir in zukunft nicht zu
vermasseln. jonas»

Ein schönes Beispiel für gelungenes Krisenmanagement. Darauf folgt trotzdem ein Bruch. Auf die von ihm angekündigte «Maien-Botschaft» zum 1.5. warte ich vergebens. Er meldet sich nicht mehr, hämmert es in meinem Kopf. Wie konnte ich nur glauben, dass er, der Hochseilartist der schönen Worte, *der* Mann für mich ist? Wie naiv bin ich denn?

Anne-Marie ist inzwischen meine einzige Vertraute. Sie, die Ältere von uns beiden, ist Fachfrau in Liebesdingen. «Was habe ich falsch gemacht?», frage ich händeringend. «Nichts», antwortet Anne-Marie lapidar. Geduldig lässt sie sich alle Mails vorlesen. Ihr Resümee ist klar und auf dem Punkt: «Ich weiß gar nicht, was du willst. Bei euch beiden hat's doch geklickt.» Und sie erinnert mich lachend: «Mensch, Hanne, es sind doch erst drei Tage vorbei, dass du nichts gehört hast. Bleib ruhig. Und …», fügt sie noch hinzu, «… was einmal geklickt hat, geht nicht so schnell wieder kaputt.»

Zur Ablenkung treffe ich zwei andere Männer. Eigentlich unfair, aber ich mache es trotzdem. Einen pensionierten Reiseleiter, der Buddelschiffe sammelt, und einen gepflegten Steuerberater mit Begeisterung für Design. Es sind nette Begegnungen. Mehr auch nicht. Trotzdem rede ich mir gut zu, diese Kontakte nicht gleich zu verwerfen. Es könnte sich ja noch entwickeln. Obwohl ich nicht nur von Anne-Marie weiß: «Wenn es nicht gleich klickt, klickt es nie.» Der Reiseleiter outet sich schnell als Einzelgänger und kommt ganz klar nicht in Frage. Das lockere Treffen mit dem Steuerberater lasse ich weiterlaufen. Quasi als Puffer gegen Jonas. Damit ich nicht so tief falle, wenn daraus nichts wird.

Vier Tage vergebliches Warten! Trotzdem hält sich die erstaunliche Gewissheit: Er ist es. Er ist mein Mann. Und damit gewinnt das positive Lebensgefühl wieder die Oberhand. Weiterhin in der Warteposition verharren, das geht nicht mehr. Ich werde ihm mit offenem Visier begegnen. Das habe ich noch nie gemacht. So gesehen ist das Internet für mich ein gutes Trainingslager. Und es hat den großen Vorteil, dass ich das Gegenüber nie sehen muss, wenn ich nicht will. Warum also nicht mal das Risiko eingehen, ehrlich zu sein, auch wenn ich mich damit blamieren sollte? Am 5. Mai, meinem Geburtstag, ist Deadline. Länger warte ich nicht.

Sobald sich der Geburtstagsbesuch verabschiedet hat, schicke ich Jonas einen letzten Gruß. Ohne Vorwurf. Aber klar, was meine Gefühlslage betrifft:

```
«… es ist spät geworden. Meine letzten Gäste
habe ich gerade verabschiedet, und den Wunsch,
mein neues Lebensjahr mit klarem Blick zu
beginnen.
Ich bedaure, dass ich deinen längeren
<Maiengruß> nicht mehr erhalten habe, und bin
- ehrlich gesagt - darüber sehr erstaunt.
Was immer dir auch dazwischengekommen ist,
ich hätte dir zugetraut, dass du selbst
unangenehme Wahrheiten in der dir eigenen
sensiblen, kreativen Weise formulieren kannst.
```

Wie schade, dass mir dabei auch noch mein
lustiger Pingpong-Partner verlorenging. Was
auch immer du tust, wohin dein Weg dich auch
führt, ich wünsche dir dabei viel Glück. Pass
gut auf dich auf. Du fehlst mir. Hanne»

Ich bin erleichtert. Die Abwarteposition, die «Opferrolle» ist
vorbei. Gleichzeitig spüre ich die Angst: Jetzt ist alles vorbei.

Am nächsten Morgen der erste Blick ins Netz. Welche Erleichterung. Er hat geantwortet.

«… was schenke ich dir zum geburtstag? nein,
diesmal kein versprechen, das ggf. wieder zu
spät eingelöst wird. heute schenke ich dir ein
GEFÜHL. es ist warm und schön. nachhaltig –
zeitlos. es begleitet dich auf allen wegen.
es ist leicht und belastet nicht. es ist
das pong auf das ping oder das ping auf das
pong, ganz nach belieben. dieses gefühl hast
du mir geschenkt. das schöne daran ist, man
kann es – ohne verlust – teilen. liebe hanne,
dein pingpong-partner ist dir nicht abhanden-
gekommen. er bleibt dir und freut sich über
deine offenheit. wenn du wieder auf das pong
wartest, denke nicht an verlust. spiel den
ball noch mal, ‹ping, ping› zurück. herr
pong hat bisweilen herzrhythmusstörungen,
oder anders ausgedrückt – momentan muss der
realistischste typ unter den traumtänzern mit
medizinbällen jonglieren. jetzt höre ich
mozart, bügle hemden und denke an dich. jonas»

Bei aller Freude über diese schöne, poetische Nachricht bleibt eine gewisse Verunsicherung. Ist das, was er schreibt, wirklich ernst gemeint? Kann ich das glauben? Oder ist er jemand, der weiß, was Frauen wünschen? Ein professioneller Kopfverdreher also?

«Du hast dich radikal getäuscht», schreibt Anne-Marie in ihrer Mail. «Ich bin beglückt, zu hören, dass auch bei ihm etwas tief runtergefallen ist. Hör endlich auf zu zweifeln. Nimm den Schnellgang raus», ermahnt sie mich liebevoll. «Mach's mit dem 2. oder 3. Gang. Bleib dran! Weißt du, Herzrhythmusstörungen irritieren. Wenn die Pumpe nicht mehr ruhig geht, ist das beunruhigend. Lass ihm Raum und Zeit. Deine Anne-Marie.»

Danach taucht Jonas wieder ab. Eine Woche später ist mir klar: Das wird nichts mehr. Auch Anne-Marie ist ratlos. «Das ist so einer, der immer wieder wie hinter einem Paravent verschwindet und dann plötzlich wieder hervortritt», vermutet sie. «Oder aber er hat so viele Zuschriften, dass er es nicht mehr nötig hat.» Da hilft auch keine Geduld mehr und das vermeintlich «sichere Gefühl». Jeder weitere Tag ist wie eine kleine Niederlage. Zumal ich erkennen kann, dass er sich fast täglich im Netz tummelt. Ganz sicher gibt es noch eine Reihe anderer Damen, die er schriftlich umschmeichelt. Zwei Wochen später bin ich mut- und hoffnungslos. Aber seinen Rückzug einfach schlucken? Das geht nicht. Nach drei Wochen begrabe ich mein «sicheres Gefühl» mit einer letzten Mail:

```
«Hallo, Jonas, schade, dass wir nicht
weitergemacht haben. War wohl nur ein Traum,
mit dem ich/wir getanzt haben. Viel Glück
im virtuellen wie im richtigen Leben.
Liebe Grüße, Hanne»
```

Eine Stunde später fliegt seine Antwort ein. Er schickt seine Telefonnummer und wartet auf meinen Anruf. Mir bleibt fast das Herz stehen. Anne-Marie ist begeistert: «Ich hab's doch gewusst.» Und wenn das Telefongespräch ein Reinfall wird? «Ich habe so stark das Gefühl, das ist mein Mann», gestehe ich Anne-Marie verzweifelt. «Wenn das mit dem jetzt nicht klappt, höre ich sofort auf.» Um zehn Uhr abends greife ich tapfer zum Hörer. Ein unsicheres Gefühl wie auf der Eisbahn ohne Schlittschuhe. Niemand zu Hause. Glück gehabt.

Später erwischt er mich beim Bügeln. Seine Stimme wirkt älter, als ich sie mir vorgestellt habe. Und irgendwie knorrig. Jonas redet wie ein Wasserfall. Vor Aufregung, vermute ich. «Du sprichst wie meine Tante Ilse», unterbreche ich seinen Redeschwall. «Mit diesem westfälischen Dialekt.»

«Wie Tante Ilse?», fragt er entgeistert, und dann müssen wir beide schallend lachen.

Zwei Stunden lang quatschen und lachen wir um die Wette. Und enden mit einer konkreten Verabredung. In einer Woche werden wir uns sehen. Sein phantasievoller Humor ist wunderbar, und seine Sensibilität und Offenheit berühren mich tief. Diese langsame und behutsame Annäherung per Mail und Telefon ist wie ein vorsichtiges Durchschreiten von Raum zu Raum. Eine Tür nach der anderen öffnet sich. Und immer noch gibt es Neues zu entdecken.


Meine Freundin Susi hat sich auch gerade verliebt. Allerdings von Angesicht zu Angesicht. Und außerdem ist sie viel jünger als ich. Wie zwei 17-jährige Mädchen auf der Damentoilette tauschen wir uns aus, was *er* gesagt hat und wie er das wohl meint. Beschwichtigen uns gegenseitig, wenn wir unsicher und ängstlich werden. So ist das eben am Anfang einer neuen Liebe.

Alles ist so fragil und verletzlich. Egal ob mit 17, 30, 50 oder auch 60. Liebe ist eben ein Abenteuer. Und was für eines. Es erscheint mir, als hätte ich das noch nie so intensiv erlebt wie jetzt. «Was wirst du anziehen?», will Susi wissen. Ich entscheide mich für die lässige beige Hose, das blau-weiße Ringelshirt und die knallblaue Lederjacke. «Nichts anderes habe ich von dir erwartet», kommentiert Susi cool. «Du bist eine moderne, schicke Frau. Und das soll er gleich sehen.» Und dann haben wir noch ein Notruf-Procedere vereinbart, falls irgendetwas schiefläuft.

Einen Tag vor unserem Treffen lese ich mit klopfendem Herzen die schönste SMS meines Lebens:

```
«Guten Morgen, Hanne. Ein Glück, heute ist der
7. Juni. Ein besonderer Tag. Der Milchkaffee
wartet schon mit viel Milchschaum, der
Multivitaminsaft schüttelt sich, um frisch zu
wirken, das Frühstücksei hat ein wenig Angst -
wird es gerührt, gekocht und geköpft oder zum
Spiegeln gebracht? 300 Kilometer entfernt liegt
Altsingle Jonas im Bett und denkt an dich.
Steht er auf oder bleibt er liegen? Besondere
Tage stellen besondere Fragen. Er bleibt
liegen. Morgen wird alles anders sein. Er
steht auf und fährt zum Vorstellungsgespräch
mit einer ganz besonderen Frau. Macht es
<klick>, <ping> oder <pong>? Eine Frage, die
Hanne beantworten wird. Er fühlt sich machtlos
und träumt weiter. Im Traum begegnet ihm
ein Orakel in Gestalt einer <8> - Symbol
der Unendlichkeit. Am 8. trifft er Hanne.
```

Der Traumtänzer weiß, es wird sein Glückstag.
Denn die <8> springt in sein Himmelbett und
fühlt sich sichtlich wohl. Wenn das kein
Zeichen für eine unendlich schöne Liebe ist,
denkt Jonas und träumt weiter. Alles wird
gut.»

Und meine leichtsinnige Antwort darauf:

«Wenn du weiter so entzückende Gutenmorgen-
geschichten schreibst, folge ich dir bis ans
Ende der Welt und unserer Tage.»

Mein Gott, wie weit hänge ich mich da aus dem Fenster? So herrlich verrückt kann man wohl nur als junger und als alter Mensch sein. Denn was habe ich noch zu verlieren? Warum nicht reinstürzen in das Abenteuer Liebe ohne Netz und doppelten Boden, wenn ich sooo ein gutes Gefühl dabei habe?

Noch am selben Abend befinde ich mich im freien Fall. Zum ersten Mal ist er telefonisch nicht erreichbar. Es ist kurz vor Mitternacht. Und das ängstliche kleine Mädchen in mir fragt verzweifelt: «Wenn er morgen nicht kommt?» Susi ist die letzte Rettung. Beruhigend redet sie mich in den Schlaf. Und dann ruft er doch noch an, und alles ist gut.

Der nächste Morgen ist eine Herausforderung. Wie ich es zu unserem Treffpunkt geschafft habe, weiß ich nicht mehr. Als ginge es um eine Prüfung auf Leben und Tod, stapfe ich mit weichen Knien über das Kopfsteinpflaster des Marktplatzes. Suche mit den Augen unseren Treffpunkt ab. Doch da steht niemand. Auch sonst erkenne ich keinen, der dem auf den Fotos gleicht.

Am Rande des Platzes stehen Tische und Stühle eines Cafés. Und dort sitzt ein Mann mit hellen Haaren. Ist er das? Dann sehe ich sein Lächeln. Und ich bin verzaubert. Wir stehen voreinander, geben uns scheu die Hand und lachen. Mein inneres Bild verlangt nach Abgleichung mit der Realität. Er wirkt älter als vermutet. Und tatsächlich hat er sich vier Jahre jünger gemacht. Ich allerdings auch.

Die ersten Minuten erlebe ich wie in Trance und stehe voll Staunen neben mir. Plötzlich greift er nach meiner Hand. Ein kurzer Schreck. Drei, vier, vielleicht sogar fünf Stunden vergehen wie im Flug. Wir trinken Kaffee, gehen spazieren, essen etwas, reden und lachen. Vor allem lachen wir. Er ist so wunderbar komisch. Aber auch ernsthaft. Ein Mann, der keine halben Sachen macht. Der genauso bereit ist, sich einzulassen wie ich. Wollen wir es miteinander versuchen? Ich weiß es noch nicht. Am Ende steht ein liebevoller, zärtlicher Abschied. Und alles ist offen …

Was würde Annabelle wohl dazu sagen?, frage ich mich auf der Heimfahrt. Die nichts von Bekanntschaften übers Internet hält. Würde sie mich verstehen in meiner Sehnsucht, einmal im Leben eine wirklich innige Liebe zu erfahren? Ich glaube schon. Vielleicht kann ich ihr und mir zeigen, dass es möglich ist.

### Ping, Pong – Peng?
### Jonas, Teil 2

Wie geht es weiter? Die zahlreichen, oft sehr attraktiven Angebote der Online-Partnersuche bringen sie mit sich – «die Qual der Wahl». Welcher Weg zum Ziel ist der meine?

Die ungeduldig spontane Vorgehensweise ist es nicht: Mail, Telefonat, Verabredung. Ich möchte ein wenig mehr Gedankenaustausch per Mail, so kann ich besser entscheiden, ob ich telefonieren und ein Treffen will.

Vor Weihnachten bekomme ich eine Nachricht mit dem passenden Betreff:

«Zeit für Wünsche …

… die selbstkritische Nachdenklichkeit in deinem Profil gefällt mir, denn dummerweise ärgert uns an den anderen am meisten das, was wir auch an uns selbst nicht leiden können …»

Das Profil zur Nachricht:

Eine Journalistin, die über sich schreibt:

«Da ich mehr als 30 Jahre für verschiedene Medien tätig war, habe ich ein eher unkonventionelles Leben geführt und entspreche in meinem Lebensgefühl und -stil nicht unbedingt meinem Alter. Ein kluger, achtsamer Gefährte mit ähnlichen No-Mainstream-Erfahrungen, der vielleicht auch nach der Musik der Beatles, Stones usw. getanzt und sich politisch engagiert hat … die Nähe zu einem solchen Mann, der interessiert und offen und dabei ein liebevoller, humorvoller Partner auf Augenhöhe ist, das wäre wunderbar.»

Und weiter …

Sie kann über Hape Kerkeling als Königin Beatrix lachen …

Sie ist groß, schlank, sportlich, hat dunkle Haare, dunkle Augen, ist gepflegt und attraktiv …

Ihr Tag ist perfekt, wenn sie sich wohl- und geliebt fühlt …

Sie wünscht sich …

… eine starke Schulter zum Anlehnen und jemanden, der auch Freude an Sprache hat und sie beim Schreiben etwas pusht und kritisch gegenliest.

Ja, da ist vieles, was mir gefällt, denke ich. Aber 300 Kilometer liegen zwischen uns. Es gibt doch ausreichend Zuspruch hier im schönen Westfalen! Dennoch entschließe ich mich zu antworten und versuche, ihrem Wunsch «mit Freude an Sprache» zu entsprechen:

```
«Liebe Hessin,

ich wünschte, ich könnte … es meinen
Mitmenschen recht machen. Doch will ich
das wirklich? Ich wünschte, ich könnte …
```

wunderschön und perfekt schreiben. Doch
dazu fehlen mir häufig sichere Brücken über
mitreißende Satzströme, Kommas und Punkte
zum Luftholen und einiges mehr … Ich
wünschte, ich könnte eine Partnerin mit
einem zauberhaften Zeigefinger finden, die mir
Wege zeigt, denen ich fasziniert folge …
Ich wünschte, unser PaarSchiff wäre sensibel
für laue Lüftchen und sturmerprobt für die
Roaring Sixties. Der Wunsch ist der Vater
des Gedankens. Ich denke, wir sollten uns
näher kennenlernen! Anbei ein paar Bilder zur
optischen Sichtprüfung …»

Hanne antwortet:

«Lieber Jonas,

vielen Dank für deine poetischen Zeilen,
die sich in ihrem humorvollen Grundton
durchaus sehen lassen können. Ich hoffe,
du siehst mir nach, dass ich die Poesie
hier vernachlässige, denn mit dir kann ich
leider nicht mithalten … Erzähle mir doch
für den Anfang mal etwas aus deinem Leben.
Was macht ein selbständiger Werbefachmann
von 62 Jahren, wie lebt er? Ich weiß zwar,
mit Katze – aber sonst?»

Leider habe ich Hannes Bitte, etwas mehr aus meinem Leben
zu erzählen, nicht entsprochen. Die Weihnachtszeit, der Jah-

reswechsel und weitere naheliegende Anfragen kamen dazwischen. Die Qual der Wahl, welche Wege wir weitergehen, haben, wie ich glaube, alle Online-Suchenden. Bisweilen sind wir betroffen, auch ein wenig verletzt, wenn Kontakte abrupt enden. Das ist nicht nett. Das ist Internett! Wir können es schweigend hinnehmen oder über unseren Schatten springen und offensiv, am besten ohne Vorwurf nachfragen. Vielleicht bekommen wir eine zufriedenstellende Antwort.

Zwischen Hanne und mir waren vier Monate Funkstille. Dann, Ende April, bekam ich eine weitere Nachricht:

```
«Hallo, Unbekannter,

wahrscheinlich sind wir uns schon mal im
weiten Netz der Glückssucher begegnet.
Jedenfalls ist dein Foto freigeschaltet. Es
ist Samstagabend, und ich komme gerade aus dem
zauberhaften Film ‹Meine Woche mit Marilyn›.
Schön, intensiv und traurig zugleich. Absolut
sehenswert. Und was machst du so an einem
Abend wie diesem? Immer noch auf Frauenfang?
Abendliche Grüße, Hanne»
```

Beim Eingang einer Mail sagt mein Computer «Ping». Meine Antwortmail ist das «Pong». Ich erinnere mich an die Tischtennisspiele meiner Jugend, an lange, schwindelerregende Ballwechsel, an entspannt ruhige Passagen und Schmetterbälle, die einschlugen wie der Blitz.

Auf das Ping folgte das Pong. Es wurde ein spannender und schöner Mail-Austausch, mit Unterbrechungen zwar, doch das

Spiel wurde immer wieder aufgenommen. So wurde aus Hanne Mrs. Ping und aus mir Mr. Pong.

Schon per Mail öffneten sich Tür um Tür neue Räume – wie Hanne unseren Austausch so schön beschreibt. Wir kamen uns näher. Und dann, am 6. Mai gegen ein Uhr morgens, gestand sie, nachdem sie ihre Geburtstagsgäste entlassen hatte und einige Tage nichts von mir gehört hatte: «Du fehlst mir!»

«Peng!» Das war der Treffer, der für mich das Spiel entschied. Ich wollte sie kennenlernen. Sie gestand mir ein Gefühl, das ich bereits mit ihr teilte. So weit war es gekommen. Gefühle zu zeigen kostet Mut, es macht uns verletzlich und stark zugleich. Gefühle bringen Licht in unsere Herzen oder lassen uns kalt.

Ein schönes Gefühl. Jetzt war es Zeit, dem Herzen «Gehör» zu verschaffen. Es folgte ein langes Telefonat. Sie bezeichnete meine Stimme als «knorrig» wie die von ihrer Tante Ilse aus Westfalen! «Man kann nicht genug Kreide fressen, um es jeder recht zu machen», sagte oder dachte ich. Was wir uns sonst noch sagten? Sehr vieles, sehr Munteres, sehr Lustiges, sehr Wesentliches. Wir vereinbarten ein Treffen. Meine Aufgabe war, ihr ein attraktives Angebot auf Augenhöhe zu unterbreiten. 300 Kilometer geteilt durch 2 sind 150 Kilometer. Ich suchte einen verkehrsgünstig gelegenen Ort 150 Kilometer vor unseren Haustüren. Das traf zu auf Siegburg. Nomen est omen. Es war für mich wie eine sogenannte sich selbst verwirklichende Prophezeiung, exakt der richtige Ort für ein erfolgversprechendes erstes Treffen. Derart motiviert, googelte ich nach dem richtigen Treffpunkt und entdeckte das zentral gelegene Geburtshaus von Engelbert Humperdinck, einem deutschen Komponisten der Spätromantik. Spätromantik passt. Wir sind ja beide über 60. Wie schön sich alles fügt, dachte ich und war mir sicher, alles niveau- und liebevoll geplant zu haben.

Wir trafen uns dort am 8. Juni, um 12 Uhr mittags. Alles, was vorher war, Geschriebenes, Gehörtes, war inspirierend und schön. Was jetzt kommt, kann so schlecht nicht sein, beruhigte ich mich und sah mich um. Ich war eine Viertelstunde zu früh und etwas hungrig. Ein Straßencafé am Treffpunkt lockte mit Kaffee und Brötchen. Ich nahm die Einladung an. Warum weithin sichtbar wartend herumstehen? Wenn sie kommt, kann ich so besser meine Unsicherheit überspielen und mich am Tisch festhalten.

Der kleine Hunger war gestillt. 12:05 Uhr, noch keine Journalistin – groß, schlank, gepflegt und attraktiv – in Sicht. Doch dann kam ein großer, schlanker Farbklecks mit rotem Zottelschal und blauer Lederjacke um die Ecke. Sehr modisch, das könnte sie sein. Sie kam näher. Ich stand auf, erkannte sie, sie mich auch, gottlob lächelte sie unerschrocken.

Wir tranken Kaffee, gingen spazieren, hielten uns an der Hand. Es war später Mai und früher Juni. Ich fühlte mich jung mit dieser mädchenhaft wirkenden Alt-68erin und hatte seit langem wieder ein Gefühl, das wir am liebsten alle ganz laaannge haben, ein Liebesgefühl eben.

Wie lange war unser erstes Rendezvous? Fünf zauberhafte Stunden. Sehr vielversprechend, dachte ich mir auf der Heimfahrt. «Ich liebe diesen Farbklecks!»

## Es hat so schön angefangen …
## Weitermachen oder aufhören?

«Ich hab noch nie so intensiv geliebt.» Ihre leicht rauchige Stimme vibriert ein klein wenig. «Er ist der Richtige!» Davon ist sie so was von überzeugt. Und dabei strahlen nicht nur ihre verletzlichen, dunklen Augen, sondern einfach die ganze Frau. Wenn Doris von Rainer berichtet, dann geht das nur in Superlativen. Er ist einfach ein Glückstreffer. Dass sie mit 61 so einen wie ihn noch gefunden hat. Genau genommen sogar zweimal. Wer hätte das gedacht?

Exakt vor einem Jahr hört Doris mit Erstaunen, dass ein guter Kunde von ihr seine Frau übers Internet kennengelernt hat. Eigentlich eine prima Idee, denkt sie. Und meldet sich sofort bei einer großen Online-Partnerbörse an. Zunächst nur so als interessanten Zeitvertreib. Denn Doris ist seit kurzem Witwe und nach dem Tod ihres Mannes in ein tiefes Loch gefallen. Sie hatte ihn rund um die Uhr gepflegt. Vier lange Jahre. Er war dement und schon längst nicht mehr der Mann, den sie einst liebte. «Im Grunde hab ich mich schon zwei Jahre vorher von ihm verabschiedet», beschreibt sie diese schmerzliche Zeit. «Als er starb, war er schon so weit weg.»

Die taffe Geschäftsfrau, die inzwischen wieder als Selbständige im Marketingbereich arbeitet, trifft im Netz relativ schnell auf Rainer. Sie schickt ihm ein Lächeln, ein paar persönliche, nette Worte. Und er antwortet mit einem romantischen Gedicht. Doris ist hingerissen. So ein sensibler Mann. Genau der Richtige in ihrer Situation. Denn auch er ist Witwer und weiß, was es bedeutet, einen geliebten Menschen zu verlieren. Sie schreiben sich ein paar Tage, dann folgt das erste Telefonat. «Das war sehr positiv», erinnert sich Doris leise lächelnd. «Am Anfang hatte ich aber noch keine Schmetterlinge. Auch beim ersten Treffen noch nicht.» Doch danach lädt er sie übers Wochenende zu sich nach Hause ein und sagt: «Ich habe ein Gästezimmer.» An diesem Wochenende, so erinnert sie sich, «da hat es so richtig gefunkt». Ein halbes Jahr lang erlebt sie Glück pur.

Wenn sie darüber hinwegsieht, dass über seinem Ehebett ein riesengroßes Porträt an seine verstorbene Frau erinnert. Und sie gemeinsam im Gästezimmer übernachten. Wenn sie sein plötzliches Abtauchen für zwei, drei Tage nicht so ernst nimmt. Und wenn sie seine depressiven Stimmungen, die ihn immer wieder in die Zeit mit seiner Frau zurückkatapultieren, aus dem Gedächtnis streicht.

«Es passt trotzdem», findet sie. «Weil wir uns für den anderen interessieren und behutsam miteinander umgehen. Und weil wir tief empfinden können, auch in unseren Gesprächen. Mit welchem Mann können Sie jeden Abend fünf Stunden lang telefonieren?», fragt sie voll Begeisterung. Und vor allem die Zärtlichkeit, die Sexualität. «Vorher hatte ich gar nicht gespürt, dass mir etwas fehlte. Das ist aufgeweckt worden. Wie der Froschkönig zum Prinzen geküsst wird.» Die Erinnerung daran taucht ihre Wangen in ein zartes Rosa. «Bei uns funktioniert das jetzt nicht mehr so wie mit 20», gibt Doris unumwunden zu. «Ich muss Ihnen aber ganz ehrlich sagen, dafür nehmen wir uns heute viel mehr Zeit als früher, zu kuscheln, zu streicheln. Das ist mitunter viel wichtiger als ‹guter Sex›. Viel wichtiger.»

So war das mit Rainer. Bis er eines Tages wieder ab- und nicht mehr auftaucht. Er ist einfach nicht mehr erreichbar. Weder per Telefon, per Mail oder per SMS. Keine Antwort, keine Nachricht. Nichts. Doris ist verzweifelt. Was hat sie falsch gemacht? Sie findet keine Antwort, nur die, dass der Tod seiner Frau ihn wohl wieder eingeholt hat. Wochen später schickt er eine Nachricht: «Ich war offensichtlich noch nicht reif für eine neue Beziehung. Es liegt nicht an dir.» Doris erlebt mit über 60 noch einmal einen so heftigen Liebeskummer, wie sie ihn nur als 17-Jährige kannte. Sie versucht Rainer zu vergessen und will ihr Online-Glück noch einmal herausfordern. Ohne Erfolg.

Innerlich wartet sie eigentlich immer noch auf ihn. So schnell kann sie sich Rainer nicht aus dem Herzen reißen. Nach vier Monaten dockt er wieder an. Sendet kleine Botschaften. Noch sehr zurückhaltend. Und eines Tages liest sie voll Entzücken: «Ich will dich wiedersehen.» Nur diese vier Wörter. «Oh, ich hätte vor Freude platzen können», berichtet sie mit erstickender Stimme, und ein paar Tränen laufen ihr übers Gesicht. «Es rührt mich immer noch, wenn ich daran denke. Ich liebe den Mann einfach.»

Auch wenn da noch ein paar Fragezeichen im Hinterkopf lauern. Wie stark ist er mittlerweile? Wie bereit für eine Partnerschaft? Sie hofft, dass es diesmal klappt. Und ist unendlich dankbar, ihren Traummann wiederzuhaben.

Beim ersten Besuch in seinem Zuhause merkt sie: Alles ist verändert. Rainer hat die Wohnung komplett umgeräumt. Und auch das Schlafzimmer ist neu. Ein kleines Foto seiner Exfrau hängt jetzt unauffällig in einer Ecke. «Er hat in dieser Ruhephase Quantensprünge gemacht», stellt sie beglückt fest. Aber sie braucht immer noch Geduld mit ihm. «Wenn es vier Stufen der Trauer gibt», erklärt ihr Rainer, «dann bin ich jetzt auf Stufe drei.» Doris hofft, dass er bald bei Stufe vier ankommt, damit endlich Raum ist für ihre Beziehung.

Nach und nach wächst das Vertrauen wieder, es werden Zukunftspläne geschmiedet. «Wir sind mittlerweile wirklich so weit, dass wir sagen, wir wollen miteinander alt werden unter einem Dach.» Jetzt braucht sie hoffentlich keine Verlustangst mehr zu haben. Und außerdem: War es nicht er, der sie gebeten hat, mit ihm Weihnachten und Silvester zu verbringen? Doris träumt von ihrem gemeinsamen Glück. Wo und wie sie wohl wohnen werden? Das Leben fühlt sich wieder rund und richtig an.

Auch wenn er sich mal einen Tag nicht meldet und nicht erreichbar ist. Sie versucht, cool zu bleiben und sich abzulenken. Nicht einfach für eine Frau, deren Lebensgeschichte davon geprägt ist, immer wieder Menschen, die sie liebt, zu verlieren.

Als kleines Mädchen wird Doris adoptiert. Zwei Jahre hat sie zuvor im Waisenhaus verbracht. Denn die Mutter starb bei ihrer Geburt. «Meine Adoptionseltern», so sagt sie, «waren ein Sechser im Lotto für mich. Mit denen konnte mir überhaupt nichts passieren.» Doch schon zwei Jahre später stirbt der geliebte Adoptivvater. Kurz darauf auch noch der Tod der Großeltern. «Da hat sich so eine Verlustangst irgendwo aufgebaut. Mein Leben lang versuche ich schon daran zu arbeiten.»

Als sie ihren 18 Jahre älteren Mann kennenlernt, ist er genau der Richtige. Bei ihm fühlt sich Doris geborgen, beschützt. Doch viel zu früh kommt die schwere Krankheit, die ihm erst das Gedächtnis und dann die Persönlichkeit raubt. Und jetzt Rainer und seine Rückzugstendenz.

Kurz vor Weihnachten verbringen sie ein besonders schönes Wochenende. Beschwingt fährt sie wieder nach Hause. Was dann passierte, weiß sie nicht. «Wahrscheinlich ist er wieder in sein depressives Loch gefallen», vermutet sie. Jedenfalls ist der Faden zu ihm wieder abgerissen. Keine Nachricht, keine Antworten auf ihre Fragen. Und schon ist Doris wieder auf der emotionalen Absturzrampe, die sie so gut kennt und die ihr jedes Mal das Herz zerreißt.

Zu Weihnachten schickt sie ihm trotzdem einen Gruß. Doch er antwortet erst Wochen später und schreibt als Betreff in seine Mail nur die drei Wörter: «Ich liebe dich.» Zu ihrem Geburtstag zwei Monate später reagiert er mit einem vieldeutigen Shakespeare-Zitat: «In unsrer Liebe sind wir beide eins, nur unsre Leben trennt ein bös Geschick.» Was auch immer mit dem «bös Geschick» gemeint ist. Vielleicht würde an dieser Stelle ein anderes Shakespeare-Zitat die Situation treffender umreißen: «Wir sind in Schwüren stark, doch in der Liebe schwach.»

Doris ist wieder auf der Suche. Bislang ohne Erfolg. Wen immer sie auch trifft, es will und kann nicht klappen. «Im Moment habe ich einfach keine Lust mehr. Ich leide zwar darunter, dass es nicht funktioniert und dass ich alleine bin. Aber ich vermute auch, dass man sich mit der Zeit wirklich verkrampft.» Doris hat ihren Vertrag mit der Partneragentur jetzt erst mal gekündigt. Sie braucht eine Pause, bevor sie noch einmal ihr Glück probiert.

**«Dass es so was gibt, habe ich nie geglaubt.»**
**Befreiung mit 78**

Gibt es die Liebe auf den ersten Blick? Mit 77, wohlgemerkt! Noch dazu eine «amour fou» zu einem zehn Jahre jüngeren Mann? «Ich hätte es mir nie träumen lassen», sagt Elsbeth in ihrem melodiösen, unverfälschten Pfälzisch. «Die Liebe ist so schlimm, dass es wehtut.» Und gebannt höre ich ihr zu und frage mich, wie das geschehen konnte. Sie weiß es selbst nicht. «Ich hätte nie gedacht, dass ich noch mal einen Mann angucken würde.» Aber als sie ihn anguckte, Ende der zweiten Woche in der Reha-Klinik und noch ganz kraftlos von der Knieoperation, da morste eine innere Stimme: «Der Mann könnte dir gefährlich werden.» So gesehen herrscht jetzt höchste Alarmstufe. Aber es ist eh schon alles zu spät. «Und je länger wir uns kennen, desto schlimmer wird's.» Und Eberhardt geht es genauso. Und der Altersunterschied? Spielt keine Rolle.

«Ich bin eine einfache Frau», sagt Elsbeth von sich selbst. Und verschweigt, dass sie auch eine starke Frau ist. Eine, die nicht so leicht aufgibt. Die sich aufrappelt, weiterstolpert und immer wieder Tritt fasst. Eine, die lange gefangen war im Kokon althergebrachter Rollen. Sie war eine Marionette, dirigiert und kommandiert erst vom Vater, dann von ihrem Mann und schließlich auch von ihrem Lebensgefährten. Jetzt, als «altes Mädchen» von 77 Jahren, hört sie zum ersten Mal aus dem Mund eines Mannes die Worte: «Ich liebe dich.» Und nicht nur ein Mal, nicht zwei Mal, dauernd. Und sie fühlt, sie ist wirklich gemeint, die Elsbeth aus einem Dorf in der Pfalz. Und dabei hatte sie die Nase gestrichen voll von allen Männern dieser Welt.

Mit 17 heiratete sie Hubert. Und wenn sie etwas gemein hatten, dann die ärmliche Herkunft. Schon ihre Eltern kamen aus kinderreichen Familien, in denen das Geld vorne und hinten nicht reichte. Kein Einzelschicksal in ländlichen Regionen wie der Pfalz. Sie selbst wuchs gemeinsam mit ihrer Schwester «sehr behütet» auf. Aber als sie fünf war, erkrankte die Mutter an Krebs. Und als sie elf war, starb sie. «Da ist für mich die Hölle losgegangen.» Ein Jahr nach dem Tod der Mutter heiratete der Vater wieder, eine Deutsch-Französin. «Und dann hat er nur noch seine Frau gekannt. Seine Kinder waren ihm egal. Wir hatten nicht mal mehr genug zu essen.»

Sie lernte Schneiderin, wurde manchmal von der Chefin durchgefüttert und blieb doch nur Haut und Knochen. Wie gern wäre sie sechs Monate auf die «Zuschneideakademie» gegangen. Dann hätte sie in der Industrie viel Geld verdienen können. Aber von zu Hause gab es keine Unterstützung. Auch keine Aussteuer. Einen Beruf erlernen zu dürfen, sei schließlich Aussteuer genug, hieß es. So schnell wie möglich wollte sie weg. Da kam der Hubert gerade recht.

«Ich hatte nie einen anderen Mann kennengelernt. Ich hab ja auch vom Leben nicht viel gewusst. Und wir sind noch nach dem alten Schema groß geworden: ‹Wehe, wenn du nicht gehorchst. Solange du deine Füße bei mir unter den Tisch stellst, hast du zu machen, was ich will.› Und genauso war es in der Ehe. Man hat gesorgt, damit alles in Ordnung war.» Nach außen hatte tatsächlich alles seine Ordnung. Oder was man dafür hielt. Die Jahre seien halt so dahingeplätschert, meint sie im Rückblick. «Das richtige Leben ist an einem vorbeigegangen. Aber die ganzen 40 Jahre über hatte ich immer das Gefühl, entweder es stimmt etwas mit unserer Ehe nicht, oder ich genüge ihm nicht. Wir haben uns zwar einigermaßen verstanden, aber die große Liebe war das nicht. Keine Zärtlichkeit, überhaupt nicht. Und ich könnte auch nicht sagen, dass ich in den 40 Jahren jemals so gefühlt habe wie jetzt. Nee. Also ich bin noch mehr wie erstaunt. Ich denk halt, ich träume und das ist alles gar nicht wahr.»

Was muss das für ein Gefühl sein, nach vier Jahrzehnten im emotionalen Korsett? Sie kannte ja nichts anderes, wagte nichts anderes, blieb eisern wie ein Soldat auf dem Posten. Bekam einen Sohn, arbeitete in einem Stoffladen, in einer Boutique, und das bis zum Alter von 68, nur unterbrochen von der Krankheit ihres Mannes. Er starb mit 65 an Lungenkrebs. Da war sie gerade 60. «Ich habe meinen Mann gepflegt. Habe mir auch niemanden dazugenommen. Ich war dann sechs Wochen lang ganz im Krankenhaus, Tag und Nacht. Und dann ist er in meinen Armen gestorben.» Und Elsbeth hebt die Stimme und beteuert, was niemand hier und jetzt bezweifelt hatte: «Ich hab mir nix vorzuwerfen. So wie ich's versprochen habe am Altar, so hab ich's auch gehalten.»

Treu bis in den Tod, koste es, was es wolle.

Und dann war er weg. Diese plötzliche Leere in ihrem Leben, zurückgeworfen auf sich selbst. «Ist ja niemand mehr da, für den ich da sein muss. Ich war ja immer nur für jemand anders da. Für mich war ja praktisch niemand da.» Manchmal, wenn sie in der Stadt unterwegs war, überfiel sie ein Schreck: «Ach

Gott, du musst ja heim, kochen.» Und dann: «Ach nee, brauchst du ja gar nicht mehr.»

Zwei Jahre später, als eine Depression sie hartnäckig niederdrückte, wandte sie sich an einen Psychologen. Und der machte ihr Mut. «Suchen Sie sich jemanden und bleiben Sie nicht allein. Sie können noch jemanden finden, auch in Ihrem Alter.» Er fackelte nicht lange. Und so setzten sie gemeinsam ein Inserat auf.

Es meldeten sich mehrere Männer. Aber nur zwei traf sie. Der erste war ihr zu arrogant. Und der zweite prahlte ihr zu sehr mit den Erfolgen seiner Kinder. Diesmal morste ihre innere Stimme: Das wird nix. Wir passen nicht zusammen. Und obgleich sie doch in all den Jahren im Einzelhandel den Blick für Menschen geschärft hatte und genau spürte, dass es nicht stimmte, ließ sie sich überreden. Wilhelm war im selben Jahr geboren wie ihr Mann, im selben Monat sogar, nur fünf Tage später. Als wäre das ein Wink des Schicksals, «hab ich mich halt rumkriegen lassen».

Damit begann eine Neuauflage des wohlbekannten Stücks, ihrer gefühlskalten Ehe. In der männlichen Hauptrolle diesmal Wilhelm. Ansonsten alles wie gehabt, die gleiche «Magerkost», ohne jede Zärtlichkeit. Er rückte regelrecht von ihr ab. «Ich hab immer gesagt: Brauchst keine Angst zu haben, ich fasse dich schon nicht an.» Stattdessen erledigte sie ihre Hausfrauenpflichten. «Er hat geguckt, dass er versorgt war, dass er gekocht gekriegt hat. Alles andere war ihm egal. Ich als Mensch hab ihn gar nicht interessiert. Das ist mir alles erst hinterher klargeworden.»

Und dann traf sie der erste Schlag. Sie hatte für den Hauskredit ihres Sohnes gebürgt. Als der arbeitslos wurde und den Kredit nicht mehr abstottern konnte, stand sie in der Kreide. Sie verlor ihr eigenes Haus. Beinahe wäre sie zu Wilhelm gezogen.

Beinahe hätte sie wieder seinem Drängen nachgegeben. Aber gerade, als sie laut überlegte, welche ihrer Pflanzen aus dem geliebten, üppigen Garten wohl den Umzug in seinen antreten sollten, da erklärte er im strengen Ton sein Rasenstück für unantastbar. Da schaltete sie endlich und rief am nächsten Tag einen Wohnungsmakler an. Es war nicht einfach, in ein dreistöckiges Mietshaus zu ziehen, «wo viele Leute drin wohnten, wo ich mich gar nicht wohlgefühlt habe, weil ich bin ja aus dem Wald gekommen und habe ein ganz flaches Haus gehabt».

Das Verhältnis zu Wilhelm wurde jetzt frostig. «Er ist immer eigensinniger geworden. Und ich immer frecher.» Zeig ihm doch die Tür, rieten ihre Freunde. «Aber das habe ich nicht fertiggebracht. Er war krank und hat kaum Luft gekriegt. Die halbe Lunge schon weg. Und hat halt auch geraucht. Und da hab ich halt gesagt, das könnt ich mir nie verzeihen, ihn jetzt vor die Tür zu setzen.» Elsbeth kochte, er sparte auf diese Weise Haushaltsgeld. Und das gaben sie dann einmal im Jahr für einen Urlaub aus. «Also hab ich dann auch noch seinen Urlaub mitbezahlt.»

Und dann kamen die Tiefschläge, einer nach dem anderen. Erst bekam sie Brustkrebs, dann Unterleibskrebs, gefolgt von einer Gallenoperation. Darauf die Schilddrüse. «Aber ich habe alles gut überstanden.» Auch ohne seine Hilfe. Vor sechs Monaten entschied sie, eine vor Jahren vermurkste Knie-OP in Ordnung bringen zu lassen, um endlich beschwerdefrei laufen zu können. «Denn wenn ich noch zwei Jahre warte», sagte sie sich, «dann bin ich 80. Dann schaffe ich das nicht mehr.» Und mit diesem Entschluss legte sie die Weiche für ein neues Leben. Wenn sie das damals schon geahnt hätte! So ärgerte sie sich nur, dass sie mühsam ihren Koffer allein packen und schleppen musste und Wilhelm sich nach dem Kaffeetrinken verdrückte.

Sie fühlte sich so elend, so schwach. In diesem desolaten Zustand machte sie sich auf in die Reha nach Bad Dürkheim – und da begegnete sie Eberhardt. «Ich hab sofort gedacht: Das ist der Mann, den du dir dein ganzes Leben lang vorgestellt hattest.» Was war denn nur an ihm, das sie so verzauberte? «Er hat ausgesehen», sagt Elsbeth, «wie ein Mann, der weiß, was er will.»

Sie kommen ins Gespräch, und am nächsten Tag fragt er sie nach ihrer Zimmernummer. Er wollte sich nur mit ihr unterhalten. «Und da hab ich, was mir ja eigentlich sonst nicht passiert, einem wildfremden Mann die Zimmernummer gegeben. Aber der Mann war kein Fremder. Es war, als würden wir uns schon ewig kennen. Den habe ich sofort geliebt. Dass es so was gibt, habe ich nie geglaubt. Und so ist es ihm auch gegangen.» Er hatte zwei Herzoperationen hinter sich. Und die zweite verlief kritisch. «Aber er hat nicht sterben dürfen. Ich hab ja 'ne kleine Belohnung gebraucht.»

Vier Wochen hatten sie Zeit, sich ungestört gegenseitig zu offenbaren, ihre Vergangenheit voreinander auszubreiten. Und auch die Gegenwart. Und die ist nicht frei von Hindernissen. Er lebt seit fünf Jahren teils bei seiner Lebensgefährtin, die ihn bekocht und seine Wäsche macht. Und drei Tage in der Woche ist er in seinem eigenen Haus, weil er Zeit für sich beansprucht. Eine Art Zweckgemeinschaft, in der die Liebe wohl nur noch eine blasse Erinnerung ist. Aber er ist ihr dankbar für den Beistand, als sein Herz schon aufgeben wollte. «Er hat gesagt: Ich möchte ihr nicht wehtun. Die hat so viel für mich getan, sie war für mich da, als ich so lange krank war. Er ist ein Mensch, der niemanden vor den Kopf stoßen kann.» Und so bleibt Elsbeths flammende Liebe – vorerst – ein prickelndes Geheimnis. Montags kommt er zu ihr. Und fährt am Tag darauf wieder zu sich. Und mittwochs zur alten Bekannten. Und montags wieder zu ihr. Und immer so weiter. Seit einem halben Jahr geht das nun schon so.

«Ich mache mir da wirklich nix vor. Mein Verstand sagt mir: Du wirst in zwei Jahren 80. Du kannst nicht erwarten, dass ein Mann, der zehn Jahre jünger ist, ʼne jüngere Frau stehenlässt und sich an dich bindet. Aber es ist so was Herrliches. Wir lassen es jetzt gerade einfach laufen.»

Wilhelm hat sie letzten Sonntag seinen Wohnungsschlüssel zurückgegeben. Und obwohl er, kaum, dass sie aus der Reha zurück war, einen Schlaganfall bekam, steht sie nicht mehr parat und zu Diensten. Diesmal nicht. Die Pflicht zur Pflege hat sie seiner Tochter übertragen.

### Ich habe meinen George Clooney gefunden ...
### Ein fast perfektes Glück

Dieser erste, atemlos hingeworfene Satz am Telefon wird in Erinnerung bleiben: «Ich hab George Clooney gefunden!» Kurze, abwartende Pause, bevor die unbekannte Stimme vergnügt weitersprudelt: «Das wollte ich Ihnen nur erzählen. Aber ich passe nicht in Ihr Buch. Ich bin noch keine 60.»

Jutta soll trotzdem hier einen Platz haben, denn wie sonst sollten Sie von ihrer aufregenden Geschichte mit ihrem George Clooney erfahren?

Es geht wie so häufig im Leben einer Frau um die Frage nach dem Traummann. Wie ist er? Wie sieht er aus? Wo finde ich ihn? Wer allerdings wie Jutta ziemlich realistisch in die Welt guckt und die 50 längst überschritten hat, ahnt Schreckliches: Mit dem Prinzen auf dem weißen Pferd, von dem sie als kleines Mädchen einst träumte, kann sie wohl nicht mehr rechnen. Und sie hat sich, ehrlich gesagt, auch damit abgefunden.

Da entwickelt ihre Frauenärztin eine grandiose Idee. Beim alljährlichen Routinecheck fragt sie eher beiläufig: «Na, wie sieht's denn so männermäßig aus? Nach so vielen Jahren als Witwe sollten Sie mal nach Mr. Clooney Ausschau halten.» Jutta wird hellhörig. Ein George Clooney? Für sie? Hatte sie sich nicht nach dem traurigen Verlust ihrer großen Liebe endlich erholt und sich ganz gut eingerichtet? Aber andererseits den Rest ihrer Tage ohne Mann bleiben? Nein, das will sie auch nicht. Und wenn schon einen, dann soll's doch bitte schön ein richtig guter Typ sein. Einer, mit dem sie ihr Leben teilen kann. So einer wie Mr. Clooney eben.

Die Wunschliste für den Mann des Lebens ist schnell beisammen: «Ich wollte einen Partner, mit dem ich reden kann und der in der Lage ist, mit mir in Kontakt zu bleiben.» Denn das kennt sie noch aus ihrer Ehe, dass das Reden über die wichtigen Dinge des Lebens nicht jedem Mann gegeben ist. Und dann fügt sie noch mit sanfter Stimme hinzu: «Es soll jemand sein, der mein Herz berührt und der *mich* meint.»

Was sie nicht sucht, ist auch klar: keinen Versorger, niemanden, der nur am Computer sitzt und mit dem sie gelangweilt auf der Couch endet. Wobei andere lustvolle Aktivitäten auf der Couch durchaus denkbar wären.

Die Internetrecherche, das merkt sie schnell, ist nicht ihre Welt. Immer dieses Hin- und Herschreiben. Das nervt. Also ändert sie ihre Strategie, gibt Anzeigen in Lokalblättern auf. Und in einer überregionalen Zeitung. Und sie antwortet auch auf Annoncen. Was sie dabei erlebt, gibt ihrem Leben neuen Schwung. Jetzt dreht sie schon morgens die Musik im Autoradio lauter, singt hemmungslos mit und betritt vergnügt summend ihr Büro.

Ausnahmslos trifft sie angenehme und interessante Männer. Hört schmeichelhafte Komplimente, spürt, wie sie begehrt wird. Und genießt in vollen Zügen. So etwas hat die inzwischen 58-Jährige schon ewig nicht mehr erlebt. Doch Mr. Clooney ist weit und breit nicht in Sicht. Trotzdem keine Enttäuschung: «Ich hatte jedes Mal wenigstens einen netten Abend. Und es war nie so, dass ich gesagt hätte, oh, das war jetzt völlig daneben.»

Von Mal zu Mal begegnet sie ihren Blind Dates entspannter und denkt: Wer mich nicht so akzeptiert, wie ich bin, hat Pech gehabt. Ein Jahr lang ist sie, assistiert von ihren beiden Kindern, auf der Pirsch. Wenn sie kurz überschlägt, waren es etwa acht Männer, die sie getroffen hat. Oder waren es zehn? Sie weiß es nicht mehr so genau. Egal. Für ihre Seele und ihr Selbstbewusstsein war es jedenfalls Balsam. Für ihre langjährigen Freundschaften dagegen nicht. Die wollen lieber die alte Jutta wiederhaben. Die treusorgende Mutter und brave Ehefrau.

27 Jahre lang war sie verheiratet gewesen. Sie ist Mitte 20, als sie ihre große Liebe trifft. Beide kommen vom Land und haben klare Vorstellungen von der Ehe. «Mein Mann war der Ernährer und der, der die Richtung bestimmt», beschreibt sie ihr damaliges Leben. Sie sorgt für die Familie und fügt sich. Er hat viel im Ausland zu tun. Mehrmals zieht die ganze Familie für einige Jahre in die USA. Als die Kinder größer werden, will sie wieder arbeiten. In ihrem Beruf als Heilpädagogin. Darauf erklärt ihr Mann lapidar: «Mit meiner Unterstützung kannst du nicht rechnen.»

Jutta ist ihm nicht böse. So ist es halt in einer normalen Ehe. Schließlich liebt sie ihn, wie er ist. Trotzdem jobbt sie in einem Altersheim. Inzwischen wohnt die Familie im Badischen auf dem Land. Die Frauen aus ihrem Freundeskreis leben ähnlich wie sie. Alles hat seine Ordnung.

Kurz vor ihrem 50. Geburtstag kommt er von einer Dienstreise zurück und fühlt sich elend. Die bisherige Ordnung der Familie ist von einem Tag auf den anderen ausgehebelt. Er hat eine seltene Muskelerkrankung, die innerhalb von anderthalb

Jahren zum Tod führen wird. Die Familie ist geschockt. In rasender Geschwindigkeit versagen seine Muskeln. Er kann sich kaum mehr bewegen. Es geht nur noch mit Rollstuhl und einer Rundumpflege. Lebensverlängernde Maßnahmen lehnt er ab.

In dieser Zeit findet Jutta Unterstützung bei Frauen einer Selbsthilfegruppe. Frauen, die auch einen todkranken Mann zu versorgen haben. Diese Begegnungen sind für sie ein Segen und tragen sie über den Tod ihres Mannes hinweg. «Ich habe noch nie zuvor mit anderen Menschen so offen über mich und meine Gefühle sprechen können wie mit diesen Frauen.»

In dieser Zeit lernt sie, wer wirklich zu ihr steht. Als Witwe wird sie plötzlich von lange befreundeten Ehepaaren kaum noch eingeladen. Und wenn doch, weist man ihr einen Platz zu, wo sie vermeintlich «keinen Schaden anrichten kann». Also möglichst weit entfernt von einem männlichen Wesen. Witwe zu sein macht sie in ihren Kreisen schlagartig zu einer gefährlichen Konkurrentin, der man unterstellt, alle Männer anzubaggern. Sie zieht sich zurück und denkt: «Man ist nur was wert mit einem Mann an der Seite.»

Aber das ist zu diesem Zeitpunkt nicht ihr Thema. Sie muss ihr Leben in den Griff kriegen. Bisher hatte ihr Mann alles geregelt. «Ich konnte, ehrlich gesagt, nur die Scheckkarte bedienen», bekennt sie verlegen. Und dann plötzlich soll sie alleine für eine Familie sorgen, das Haus, die Finanzen klären. In dieser Zeit entwickelt sie eine gewisse Härte, bemängeln ihre Kinder und staunen, dass die Mutter alles ändert. Das Haus wird umgebaut, die alten Möbel bis auf wenige Stücke ausgetauscht. «Es musste so irgendwie meins werden, damit ich weiterleben konnte.» Sie übernimmt eine neue, verantwortungsvolle Stelle in einer Demenzberatung. Und sie ändert ihren Typ, ihr Outfit, kauft in schicken Boutiquen ein: schwarze Röhrenjeans, schwarzer Pulli mit lässig taillierter Steppweste und schwarz-weißer Loop-Schal. Jugendlich und sehr stylisch. Trägt ihre blonden, allmählich grau gesträhnten Haare als lockigen Wuschelkopf. Eine attraktive, schlank gewordene Frau, die beginnt, sich auf dem Markt der Singles umzuschauen.

Doch zunächst lernt sie allein leben und fühlt sich in ihrem neuen Zuhause zunehmend wohl. Sie versucht auch Silvester nur mit sich zu verbringen. «Gut, das war nicht so prickelnd», erinnert sie sich. «Es war aber auch nicht so, dass ich unglücklich gewesen wäre.» Allein sein zu können erscheint ihr als wichtigste Voraussetzung für eine neue Partnerschaft.

Und dann diese Idee der Ärztin, die ihr nicht mehr aus dem Kopf gehen will und allmählich zur Gewissheit wird: «Ja, ich will wieder einen Mann haben. Mich noch mal so richtig verlieben, dass es knallt.» Und ergänzt in nachdrücklichem Ton: «Ich war als Single nicht einsam. Aber ich habe meine Alleinheit so gespürt.»

Inzwischen hat sie ein Jahr mit diversen Herren Flirten trainiert und dabei ihr Selbstbewusstsein aufpoliert. Jetzt, so spürt sie, bin ich reif für die wirkliche Liebe. Genauer gesagt, für Mr. Clooney. Und so ganz tief drinnen weiß sie auch: Ich werde ihn finden! «Wenn es passieren soll, dann passiert es auch.»

Jutta schaltet noch mal eine Anzeige in der Lokalzeitung. 20 Zuschriften. Fünf kommen in die engere Wahl. Einer davon hat eine so geniale Handschrift. So groß und scharfkantig. Der ist interessant! Ein Unternehmer, 60 Jahre, nur wenige Kilometer von ihrem Wohnort entfernt. Und vor allem, was er schreibt. Genau das hat sie gewollt: «Ich bin auf der Suche nach einer Frau, die mit mir noch mal das Leben teilt.» Der Kandidat hat auf Anhieb mehr als 100 Punkte.

Entschlossen greift Jutta zum Telefon. Es ist ein Freitagabend im November. Mit zitternden Fingern tippt sie seine Nummer. «Seine Stimme hat mich einfach umgehauen. So positiv, mit diesem norddeutschen Akzent.» Er heißt Peter. Ein stundenlanges Gespräch. So entspannt. So intensiv. So warm. Zum ersten Mal seit ihrer Männeroffensive spürt sie ein aufgeregtes Kribbeln. Ob es ihm genauso geht? Sie kann kaum schlafen. Immer wieder denkt sie über Peter nach. Wie er wohl aussehen mag? Mit dieser Stimme kann er nur ein toller Typ sein.

Am Samstag wieder ein stundenlanges Telefonat, mit dem Ergebnis, dass die Anziehung ins Unermessliche steigt. Fast unerträglich wird. Sie müssen sich sehen. So schnell wie möglich. Was sie dann tut, ist der größte Fehler, den sie bei einem Blind Date mit einem Unbekannten überhaupt machen kann. Sie lädt ihn für den nächsten Abend zu sich nach Hause ein. Richtig ist das nicht, das weiß sie auch. «Aber man macht manchmal Sachen», wundert sie sich, «wo man im Nachhinein denkt: Wie konntest du nur.» Aber diesmal, diesmal hat sie Vertrauen. Schließlich haben sie sich am Telefon doch schon ihr ganzes Leben erzählt.

Und dann steht er vor der Tür. Die Knie werden ihr weich und drohen wegzuknicken. Verlegen hält sie sich am Türrahmen fest, schaut ihn nur an und denkt: «Der könnte mein Mr. Clooney sein!»

Dieser große, blonde, stattliche Mann. Dieser schöne Mann mit den wahnsinnig blauen Augen. «Ein Hans-Albers-Typ», denkt sie spontan. Und dazu dieser norddeutsche Zungenschlag. Es passt einfach.

Höflich bleibt er an der Tür stehen und fragt: «Wollen wir was essen gehen?» Doch sie bittet ihn einfach herein an den Küchentisch. Es ist fünf Uhr nachmittags. Sie trinken Wasser und

Tee, reden und lachen und sind in einer anderen Welt. «Wir hatten einfach Spaß aneinander», erinnert sie sich strahlend. «Und plötzlich war's halb zwölf.» Am nächsten Morgen muss sie schon um halb fünf raus zu einer Dienstreise nach Berlin. Lachend und herzlich nehmen sie sich in den Arm und küssen sich. Ein nicht enden wollender zärtlicher Kuss.

Die Woche in Berlin ist quälend lang. Sie kann es kaum erwarten, ihn wiederzusehen. Jeden Abend telefoniert sie mit ihm vom Hotelzimmer aus. Das Kribbeln im Bauch nimmt täglich zu. Mit ihm kann sie über alles reden, was sie berührt. Er versteht sie. Er hört zu. Er erzählt von sich. Kann es schöner sein?

Das erste heißersehnte Rendezvous nach der Dienstreise. Sie läuft auf ihn zu, und der große, zärtliche Mann schnappt sie und wirbelt sie durch die Luft, dass sie nur so schreit. Erst vor Schreck und dann vor Glück. «Er ist mir ganz nah», schwärmt sie. «Das hätte ich nicht erwartet, dass mir so etwas noch passiert.»

Dann geht alles ganz schnell. Sie reisen nach Portugal. Drei Wochen. Der erste gemeinsame Urlaub. Und schon folgt die erste Bewährungsprobe. Sie wird krank mit einer massiven Blasenentzündung. Wie unangenehm. In der chaotischen Notaufnahme der Klinik kümmert er sich rührend um sie. «Und irgendwann hat Peter gesagt», berichtet sie voller Stolz, «es kann jetzt passieren, was will. Ich lass dich nicht hier. Ich nehm dich auf jeden Fall mit ins Hotel.» Sie ist gerührt und fühlt sich wunderbar aufgehoben und beschützt. «Das war schön. Schön war es auch, mit einem Mann unterwegs zu sein.» Verträumt lächelnd schließt sie die Augen.

«Es hängt schon vieles davon ab», erklärt sie in nachdenklichem Ton, «dass man überhaupt will oder dass man gefunden werden will. Dieses Bereitsein. Das muss schon vorhanden sein. Ich erlebe es bei einer Freundin. Die ist in der gleichen Situation wie ich. Da ist die Bereitschaft nicht da. Die hat sich wunderbar in diesem Alleinsein eingerichtet. Und deshalb klappt's bei der auch nicht.»

Und eine gewisse Kompromissbereitschaft gehört nach Juttas Meinung auch dazu. Das heißt nicht, dass das bis zur Selbstaufgabe geht. «Aber ja, ich bin milder geworden. Und das eine oder andere muss ich nicht kommentieren und muss nicht mehr bei allem so genau hingucken.» Und für die Fälle, in denen es ihr schwerfällt, den Mund zu halten, kramt sie eine Lebensweisheit hervor, die ihr hilft, gelassen zu bleiben. «Man kann den Wind nicht ändern, aber man kann das Segel ein bisschen anders stellen.»

Und nicht nur ihre beiden Kinder, sondern auch sie selbst merkt ihre Veränderungen: «Ich bin durch ihn weicher geworden.» Sie genießt es, sich an einen Mann anlehnen, sich fallenlassen zu können. Wie wunderbar entlastend. «Und ich bin anders als Frau als in meiner Ehe», stellt sie fest. «Peter ist nicht mein Ehemann, er ist auch nicht der Vater meiner Kinder. Er ist mein Liebhaber.» Allein das so auszusprechen wäre ihr früher nie über die Lippen gekommen.

Wenn sie nur daran denkt, kriegt sie schon eine Gänsehaut. Sexualität war in ihrer bäuerlichen Familie kein Thema, eher peinlich. Entsprechend gehemmt ist sie damit umgegangen. Und jetzt mit Peter erlebt sie zum ersten Mal eine Freiheit der körperlichen Nähe, ein Glück. Und das mit Ende 50! «Nicht zu verachten», lacht sie genießerisch.

«Mein Sohn hat zu mir gesagt: Mama, wenn du glücklich bist, ist doch alles wunderbar.» Nur die 25-jährige Tochter, die inzwischen auch aus dem Haus ist, sieht das Liebesglück ihrer

Mutter distanziert. Sie fühlt sich offenbar so, vermutet Jutta, als würde ihr etwas genommen. Bei den seltenen Besuchen zu Hause dreht sich halt nicht mehr alles nur um das Kind, sondern auch um die neue Liebe.

«Es ist mit Peter so, wie ich es mir gewünscht habe. Aber es gibt da noch so einen Wermutstropfen», erzählt sie und wird sehr ernst. «Er ist nach wie vor verheiratet. Ich würde ihn aber gerne für mich haben.» Peter lebt schon lange Jahre getrennt. Eine Scheidung kam bisher aus wirtschaftlichen Gründen nicht in Frage, denn seine Frau ist auch seine Geschäftspartnerin. Emotional gesehen ist jetzt Jutta seine Frau. Doch die kann es nicht so recht glauben. Ganz klar hat sie formuliert: «Ich ziehe erst mit dir zusammen, wenn du geschieden bist.» Und Peter hat geantwortet: «Wenn es dir wichtig ist, lasse ich mich scheiden.» Manchmal schafft dieses Thema zwischen ihnen schlechte Stimmung. Also hat sie aufgehört, immer wieder daran zu rühren, und vertraut ihm einfach.

Jeder bringt in diesem Alter sein gelebtes Leben mit. Das ist ihr schon klar. «Als ich jung war und meinen Mann kennenlernte, dachte ich: Wenn ich lange genug daran arbeite, wird er sich schon ändern.» Diese Umerziehungsmaßnahmen hatten jedoch keinen Erfolg. Mit ihrem jetzigen Partner versucht sie es erst gar nicht.

Solange seine Scheidung nicht durch ist, fährt sie emotional mit leicht angezogener Handbremse. Vielleicht ist das der Grund, weshalb sie nicht zu ihm sagen kann: «Ich liebe dich.» «Wenn er es sagt, fühlt es sich gut an, einfach gut», strahlt sie. «Ich merke, ich bin gemeint, und das rührt mich so. Ich hab ihn von Herzen lieb, doch es ist nicht die große Liebe. Das würde ich jetzt nicht sagen. Aber er ist der Richtige für mich.»

## Witwer sucht Witwe.
## Zu zweit ist man weniger allein

Ein gemütliches Jugendstilcafé am späten Nachmittag. An der Wand vor zarter Blütentapete hat sich eine Dame im leuchtend blauen Pulli platziert. Cornelia. Sie ist hübsch, sehr hübsch sogar. Wie ihre Augen hinter der randlosen Brille leuchten, ihre kurzen hellblonden Locken hin- und herwippen, wenn sie vehement schildert, wie alles angefangen hat. Damals vor einem Jahr. So als würde sie eine Geschichte erzählen, einen Roman wiedergeben, in dem sie selbst zu ihrem eigenen Erstaunen die Hauptrolle spielt.

«Wenn ich mein Leben vor einem Jahr betrachte», sinniert sie, «da bin ich noch arbeiten gegangen, auch mal ins Konzert oder Kino und hab mich mit Freundinnen getroffen. Viele von ihnen sind verheiratet, einige schon verwitwet. Wie sollte ich da jemanden kennenlernen? Sollte ich warten, bis mir jemand vor die Füße fällt?» Kein Mensch hätte das von ihr verlangt. Bei ihrer reizenden Erscheinung und Ausstrahlung wäre eher zu erwarten gewesen, dass die Herren sich ihr freiwillig zu Füßen werfen. So etwas in der Art hat sie tatsächlich erlebt.

Ihren 60. Geburtstag feiert Cornelia im Urlaub. Das Meer, die Sonne, der blaue Himmel. Eine gewisse Leichtigkeit liegt in der Luft. In dieser Stimmung läuft ihr im Hotel ein Mann über den Weg, der sie offensichtlich und mit Vehemenz erobern will. Noch ist er allerdings verheiratet, wie er sagt. Aber die Trennung sei schon in Arbeit. Cornelia hört amüsiert zu, wenn er großspurig davon fabuliert und ihr schwört, nur sie zu lieben. Das glaubt sie natürlich alles nicht. Aber darauf kommt es auch nicht an. Viel wichtiger ist das Gefühl, seit vier Jahren, seit dem Tod ihres Mannes, endlich mal wieder berührt zu werden, Momente des Glücks zu erleben. «Da hab ich gedacht: Hoppla. Ist ja eigentlich schön, wenn da noch jemand ist.» Jeden Mittag trifft sie sich nun mit ihrem Verehrer, sitzt mit ihm in der Sonne, genießt das Leben.

Zu Hause angekommen, arbeitet Cornelia mit Begeisterung an dem neuen Projekt Partnersuche. Sie liest Bekanntschaftsanzeigen und meldet sich bei einem Heiratsinstitut. Doch die Dame am Telefon ist dermaßen unfreundlich, dass Cornelia gleich wieder auflegt. Bleibt also noch das Internet. Heimlich versucht sie ihr Glück. Nach mehreren erfolglosen Verabredungen begegnet sie Klaus, einem attraktiven Mann aus Norddeutschland, der sie sehr umwirbt. Sie fühlt sich unerfahren in der Anbahnung einer neuen Beziehung und ist voll Vertrauen. Es wird schon gutgehen.

Klaus besucht sie häufig in ihrem schönen Haus. Sie genießt seine Zärtlichkeit und lässt ihn ohne Argwohn an ihrem Leben teilhaben. Bis sie mit Entsetzen feststellt: Sie wird bestohlen. Kontinuierlich verschwinden Geld und andere Wertsachen. Enttäuscht und wütend wirft sie ihn sofort raus. «Wie konnte ich nur so naiv sein», schimpft sie mit sich selbst und fühlt sich so entsetzlich ausgenutzt. Ihre gute Stimmung, ihre Hoffnung ist dahin. Wochen vergehen, bis Cornelia wieder Mut fasst, weiterzusuchen.

Kurz vor den Winterferien meldet sich ein Herr. Verwitwet wie sie. Das klingt seriös. «Der war schon am Telefon Feuer und Flamme», freut sich Cornelia, bleibt aber reserviert. Erst kommt der Urlaub, und dann wird ihre neue Checkliste gründlich überprüft. «Ich musste aufgrund meiner Erfahrungen erst einmal wissen: Ist er ehrlich? Stimmt das soziale Niveau, stimmen die Interessen, und ist er mir sympathisch?»

«Auf dem roten Teppich vor dem Operncafé haben wir uns zum ersten Mal gesehen», lacht sie. Vor Aufregung kann sie kaum sprechen. «Aber ich habe mich gleich zu ihm hingezogen gefühlt», erinnert sie sich. «Und Lothar war sofort verliebt und so liebevoll zuvorkommend an mir interessiert. Dass ich gar nicht anders konnte, als mich auch zu verlieben.» Dieser Mann tut ihr einfach gut. «Vom Äußeren her ist er allerdings nicht mein Typ», gesteht sie. «Aber das ist nicht mehr wichtig. In unserem Alter zählen doch ganz andere Sachen.»

Für den 69-jährigen Lothar kommt nur eine Frau in Frage, die auch ihren Partner verloren hat und weiß, was das bedeutet. «Er hat seine Frau gepflegt», erzählt Cornelia. «Und ich hab meinen Mann gepflegt. Beide sind im selben Jahr gestorben.» Damals wäre sie am liebsten gleich mitgestorben. «Das Leben hat nach dem Tod eines Partners einfach keinen Sinn mehr», findet Cornelia.

Sie funktioniert weiter wie ein Automat. Die Abende kommen ihr endlos vor. «Ich hab damals ziemlich viel Wein getrunken», erinnert sie sich und beteuert gleichzeitig: «Alkoholikerin war ich nicht. Aber ich hab mich betäubt.» Nach drei Jahren fängt sie langsam wieder an zu leben und fragt sich, was sie eigentlich will. «Willst du für den Rest der Zeit alleine bleiben?» In der Familie ihrer Mutter wurden alle über 90. «Vielleicht hast du noch 20, vielleicht sogar 30 Jahre», rechnet sie. «Ich war mit meinem Mann über 20 Jahre verheiratet. Das ist doch eine lange Zeit.»

Manchmal ertappt sie sich dabei, beide Männer zu vergleichen. Ihr Ehepartner war ein weitgereister Schweizer. Die große Liebe, die es nur einmal im Leben gibt. Er hat ihr die Welt gezeigt. Gemeinsam lebten sie in den USA, in England, in der Schweiz. Lothar kann da nicht mithalten. Aber ist das wirklich wichtig? «Nein», antwortet sie vehement. «Was uns verbindet, ist, dass wir wissen, was es bedeutet, wieder jemanden zu finden, der nach dem Tod des Partners zu einem steht.»

Zwei Monate nach ihrem Kennenlernen wird Cornelia schwer krank und liegt drei Wochen auf der Intensivstation. Lothar besucht sie jeden Tag. Später kocht er für sie und päppelt sie wieder auf. «Wenn man jung ist, würde man sich das doch überlegen. Will ich jemanden, der gleich so krank ist? Aber mein Partner war immer für mich da.»


*Maria und Kurt*


Marias Geschichte hört sich ähnlich an. Und doch wieder ganz anders. Vor einem Jahr, mit 72, gibt sie eine Anzeige auf: «Attraktive Witwe sucht Partner mit Charme und Humor.» Was sie daraufhin erlebt, gehört eher in die Kategorie «Was es nicht alles gibt». Ein Kandidat kommt in Jogginghose und Jackett. «Das war schon mal nichts», konstatiert sie lachend. Ein anderer überrascht sie mit speziellen Interessen: «Der wollte mich als Domina haben. Ich wusste zwar, dass es so etwas gibt, aber dass da noch im hohen Alter Bedarf besteht, war mir neu.»

Ein Interessent sagt unverblümt im Gespräch: «Was, Sie sind schon 72? Ich suche was Jüngeres.»

Schließlich trifft sie einen äußerst attraktiven Kandidaten, in den sie sich um ein Haar verliebt, bis sie erfährt, er hat schon eine Freundin. Als Maria schon nicht mehr damit rechnet, meldet sich ein Witwer. «An dem bin ich dann hängen geblieben», erklärt sie, als würde sie sich immer noch über diese wagemutige Entscheidung wundern.

Der Mann, an dem sie im wahrsten Sinne des Wortes hängen bleibt, heißt Kurt. Bei ihrem ersten Date unternehmen sie eine kleine Wanderung. Maria will nicht gleich über Krankheiten sprechen und verschweigt, dass sie kurz zuvor eine Lungenembolie hatte. Beim Anstieg überfällt sie plötzliche Luftnot. Und Kurt zieht sie förmlich über einen steilen Hügel hinweg. Sie kann sich nur noch erschöpft an ihn hängen.

Danach denkt sie: Der meldet sich nie wieder. Doch Kurt hat Ausdauer und schreibt ihr einen Liebesbrief. Maria staunt und ist gleichzeitig gerührt. Bei seinem ersten Besuch in ihrer Wohnung bietet Kurt allerdings noch mehr Überraschungspotenzial. «Mit einer Selbstverständlichkeit, die mich fast umgehauen hat, stellt er sein Auto vor meine Tür und spaziert mit seiner Übernachtungstasche herein. Na gut», sagt sie beinahe resigniert. «Ich hab's halt akzeptiert.» Aber im Stillen grübelt sie: Mein Gott, was sollen nur die Nachbarn denken?

Die selbstbewusste Maria genießt zwar den gelegentlichen Herrenbesuch. Doch so richtig zufrieden ist sie mit Kurt nicht. Obwohl es eigentlich nichts an ihm auszusetzen gibt. Er ist hilfsbereit, ein guter und ordentlicher Hausmann. Er verwöhnt sie und kocht für sie. Begleitet sie zu Theater- und Konzertbesuchen. Aber das allein reicht leider nicht. «Na ja», gesteht sie, «da fehlt mir schon dieses Geistige. Er ist halt nicht wie mein Ehemann.» Mit ihm führte sie 40 Jahre lang ein kleines Unternehmen. «Wir hatten 15 Angestellte, für die wir verantwortlich waren», berichtet sie stolz. Und Kurt? Was hat er zu bieten? Er ist ein Mann für die leisen Töne mit anderen, durchaus beachtenswerten Qualitäten.

Denn trotz Hindernissen ist Kurt ein hingebungsvoller Liebhaber, wie sie überraschend herausfindet. «Zärtlichkeit spielt bei mir eine große Rolle», bekennt sie verschmitzt. «Kurt ist im Grunde genommen impotent. Aber bei mir geht es ja auch nicht mehr. Ich bin vor einigen Jahren an Blasensenkung operiert worden. Da haben die wohl einen Stich zu viel gemacht, aber … na ja, da kommt diese Sexgeschichte nicht mehr so ganz in Frage. Aber wir sind schon zärtlich miteinander. Es gibt ja auch Alternativen, oder?» Mit einem wissenden Lächeln fügt sie noch hinzu: «Dass man in dem Alter noch einmal diese Erotik entwickeln kann …»

Drei Monate sind Maria und Kurt ein Paar, als etwas passiert, was sie überraschend lapidar beschreibt: «Da kam was ganz Blödes dazwischen. Ich hab Brustkrebs bekommen.» Und dann kämpft sie doch mit den Tränen. «Da hab ich ihm gesagt, er kann es sich überlegen, ob er das noch mal will, nachdem er schon seine Frau gepflegt hat.» Doch Kurt lässt sich nicht abschrecken. «Wir verstehen uns so gut», erklärt er liebevoll. «Ich lass dich doch jetzt nicht alleine.»

Sie wird beidseitig operiert und besteht auf einer kosmetischen Korrektur. «Ich hab dem Chirurgen gleich gesagt: Mit 80 könnt ihr mir die Brust abnehmen. Vorher will ich noch schön sein.» Als sie aus der Klinik entlassen wird, kommt Kurt jeden Tag und verbindet sorgfältig ihre Wunden. «Dabei muss er die Brust immer hochhalten», lächelt sie verlegen, «aber das hat er gemacht. Und so haben wir uns zusammengerauft.»

Dass ihr ein Mann noch mal so nah kommt, sie dermaßen

auf seine Hilfe angewiesen ist, hat sie eigentlich nicht gewollt. Manchmal fragt sie sich, ob es eigentlich Liebe oder nur Freundschaft ist, die sie mit Kurt verbindet. Ihre vorsichtige Antwort: «Es ist wohl eher eine Freundschaft. Ja.» Und dabei wirkt sie ein wenig unsicher, als wäre es verboten, so etwas zu sagen. Wird sie also weitersuchen? «Nein», antwortet sie prompt und wirkt dabei fast ein wenig ängstlich. «Das, was ich hab, reicht mir. Ich würde ihm sonst auch sehr wehtun.»

«Was will ich eigentlich im Grunde genommen?», überlegt sie. «Ich will mit jemandem ausgehen, reden, will mal zärtlich sein. Auf der anderen Seite will ich es nicht jeden Tag. Und er lässt mir meine Freiheiten. Wir besuchen uns gegenseitig. Dazwischen bin ich immer wieder einige Tage allein. Wie sich alles so eingespielt hat, sag ich mir, das lass ich jetzt so.»

*Cornelia und Lothar*

Bei Cornelia und Lothar hat sich das Rad der Beziehung weitergedreht. Auch wenn er nicht unbedingt ihr Traummann ist, so findet sie ihn doch zunehmend liebenswert. «Ich fühl mich geborgen. Wir gehören einfach zusammen und bleiben zusammen.» Stolz zeigt sie Fotos. Ein strahlendes Paar beim Silvesterball. «Sehen wir nicht gut zusammen aus?» Und dabei überprüft sie mit blitzschnellem Blick die Reaktion auf ihre Frage. «Er hat einen wunderbaren Humor. Und ich finde, auch einen offenen Blick», schwärmt sie. «Für ihn bin ich die Traumfrau. Wenn wir so dasitzen, dann streckt er die Hand aus und sagt: Ich fühl mich so wohl mit dir.» Nachdenklich schüttelt sie den Kopf, dass ihre blonden Locken wieder hin- und herwippen. «Mit 50 hatte ich das Gefühl, das Leben ist vorbei. Und dann habe ich gemerkt, selbst mit 60, 65 und älter ist es noch lange nicht vorbei.»

Das nächste Projekt heißt «Zusammenziehen». Das Haus, in dem sie mit ihrem Mann gelebt hat, ist schon vorbereitet. In den letzten Jahren wurde alles erneuert. Jetzt ist es allein ihr Haus und bald auch das Zuhause von Lothar.

## Das große Wagnis.
## Umzug nach sechs Monaten

Es ist ein Freitagabend im August. Atemlos und erhitzt stürmt Sibylle die Treppe hoch. Es ist spät geworden. Von unten aus dem Biergarten schallt fernes Gelächter und das Klappern von Geschirr. Endlich Feierabend.

Sie ist in Eile. Rita hat Geburtstag. Noch 45 Minuten Autofahrt liegen vor ihr. Da bleibt nur die Schnelldusche und dann rein ins neue Kleid aus dem kühlen fließenden Stoff und den zarten Pastelltönen, die ihr so gut stehen. Noch rasch durch die blonde Ponyfrisur geföhnt, Wimperntusche, Puder, Lippenstift. Beschwingt dreht sie sich vor dem Spiegel und ist zufrieden.

In dem Moment läutet es Sturm. Wer will denn jetzt noch was von ihr? Dann hakt auch noch der blöde Reißverschluss. Wieder schrillt die Klingel. Sibylle bricht der Schweiß aus. Genervt rennt sie zur Tür. Auf den ersten Blick sieht sie nur rote Rosen. Unendlich viele, wunderschöne rote Rosen. Und dahinter einen Mann. Ist das etwa Walter? Ihr lauter Freudenschrei hallt durchs Treppenhaus. Während sie ihn stürmisch umarmt und küsst, hört sie von unten Sohn und Schwiegertochter herzlich lachen. Wie kommt Walter überhaupt hierher? Er wohnt doch mehr als 600 Kilometer entfernt. Und wieso wussten ihre Kinder, ihre Angestellten von der Überraschung? Außerdem, sie kennt Walter ja kaum. Erst zwei Mal haben sie sich gesehen. Sibylle kann ihr Glück nicht fassen. Dass ihr so etwas noch einmal passiert. Und das mit 61!

Die Liebesgeschichte von Sibylle und Walter hört sich eher nach phantasievoller Filmromanze an. Denn so viele Zufälle auf einmal kann es im wirklichen Leben gar nicht geben. Aber vielleicht ist diese glückliche Verbindung ganz einfach Schicksal oder sogar göttliche Fügung. Wer weiß?

Angefangen hat alles vor wenigen Monaten mit einer Asien-Reise. Walter aus Westfalen begleitet seinen jüngsten Sohn zu einem Geschäftstrip nach Japan und erfüllt sich damit einen langersehnten Traum. Eigentlich läuft alles super zwischen den beiden, findet zumindest der Vater. Doch der Sohn sieht das etwas anders und spricht seinen Bruder nach der Rückkehr besorgt an: «Mit Papa geht das so nicht mehr weiter. Irgendwie wird er komisch. Der braucht 'ne Frau.» Und schon schmieden die Geschwister einen heimlichen Plan.

600 Kilometer entfernt, nahe der tschechischen Grenze, lebt Sibylle, eine quirlige Geschäftsfrau. Sie führt ein Hotel mit Restaurant in der Sächsischen Schweiz. Nach dem Tod ihres Mannes vor zwei Jahren hat sie eine gute Freundin gefunden, die als Dauergast in ihrem Hotel lebt. Als Sibylle Ferien macht und das Haus schließt, zieht die Freundin vorübergehend in eine andere Unterkunft. Dabei verliebt sie sich gleich in den Hotelier und kommt nicht mehr zurück.

Sibylle ist unendlich traurig. «Ich hatte erst den Tod von meinem Mann zu verwinden und dann praktisch noch eine Freundin verloren. Es war fürch-ter-lich!» Doch die Freundin sorgt gleich wieder für gute Laune und setzt sich mit Sibylle und einer Flasche Rotwein an den Computer. «Ich hatte schon ein Problem mit meinem Alter und hab gedacht: Mensch, ich bin Anfang 60 jetzt. Was will ich denn noch auf dem Heiratsmarkt?» Doch ihre Freundin will davon nichts hören. Trotzdem fühlt Sibylle sich ungemütlich. «Ich habe schon halbe Komplexe gekriegt, weil man älter ist und noch diesen Anspruch äußert, jemanden kennenzulernen.»

Walter hat Geburtstag und seine beiden Söhne für ihn eine Riesenüberraschung: Die Mitgliedschaft in einer Internet-Partnerbörse. Sie haben ihn schon angemeldet und alles eingerichtet. Walter ist entsetzt: «Ihr seid doch verrückt! So etwas mache ich nicht.» Doch die Söhne geben nicht auf. «Papa, probier's doch mal», betteln sie. «Wenn's nicht funktioniert, egal, aber ist doch 'ne Chance.»

Ehrlich gesagt, hatte er schon lange die leise Hoffnung, noch einmal einer Frau zu begegnen. Aber darüber sprechen oder gar richtig suchen – das tut er nicht. Als Jurist und Kommunalpolitiker im westfälischen Kleinstadtmilieu ist er schließlich eine bekannte und respektable Persönlichkeit. Außerdem kann er doch nicht mit inzwischen 64 so offen und ungeniert auf Brautschau gehen. Und im Internet schon gar nicht. Das wäre doch lächerlich, oder?

Irgendwie würde es auch nicht zu dem feinen, zurückhaltenden Herrn mit dem scheuen Lächeln und den lieben Augen passen. Und hinzu kommt, Walter mag es kaum zugeben: «Ich hab vom Internet keine Ahnung, ich kann nicht mal mit Computern umgehen.» «Macht nichts», sagen die Söhne. «Wir regeln das für dich.» Auch wenn Papa und Sohn weit voneinander entfernt leben. Schließlich hat Walter immerhin ein Faxgerät als modernstes Kommunikationsmittel …

Sibylle schaut gebannt auf das Online-Portal einer Partner-vermittlung. So etwas hat sie noch nie gesehen. Was die alles wissen wollen! Geschickt jongliert ihre Freundin sie durch den langen Fragenkatalog. Mit Rotwein und Humor lässt es sich lockerer antworten. Und dann klicken sie sich auch schon durchs Männerangebot. Nicht schlecht, findet Sibylle, und begibt sich gut gelaunt auf die Spur nach dem Glück. Mit ihrem zarten, hübschen Gesicht, den lebendigen Augen und der mädchenhaften Figur kann sie sich durchaus sehen lassen.

Es gibt einen ersten Interessenten, mit dem sie sich viele E-Mails schreibt. Dann telefonieren sie. Er wirkt sehr sympathisch und angenehm. Das Treffen im Café hat sie sich allerdings anders vorgestellt. Schon von weitem sieht sie, das passt ja gar nicht, und denkt: Oh Gott, oh Gott. Am besten nix wie weg. Doch sie ist höflich, trinkt mit ihm einen Kaffee, im Kopf schon den Fluchtplan. «Zuerst bin ich zur Toilette, und dann hab ich gesagt: ‹Gerade hab ich einen Anruf bekommen. Ich muss dringend zurück.›» Wenn Sibylle in ihrer unnachahmlichen Lebendigkeit gestikuliert, mit komödiantischem Talent ihre Mimik einsetzt, ist sie unschlagbar komisch. Dazu noch ihr weicher sächsischer Zungenschlag. Und die bildhafte Beschreibung, dass jeder glaubt, er wäre selbst dabei gewesen.


Walters Söhne nehmen im Namen ihres Vaters mit unterschiedlichen Damen Kontakt auf und faxen Papa die Antworten, die Persönlichkeitsprofile, die Fotos. Die Auswahl wie im Katalog fällt ihm schwer. Auch bei persönlichen Treffen springt der Funke nicht über. Walter würde die Aktion am liebsten abbrechen. Und die Söhne sind allmählich frustriert. Dass Papa so schwer vermittelbar ist, hätten sie nicht gedacht. Keine ist ihm recht. Als letzten Versuch schicken sie ihm das Foto einer

Frau aus der Sächsischen Schweiz. «Sieht sie nicht ein bisschen streng aus, wie eine Gouvernante?», fragen sie. «Sollen wir trotz der großen Entfernung Kontakt aufnehmen?» Walter ist nicht abgeneigt, denn schließlich ist Sachsen seine ursprüngliche Heimat. Und eigentlich ist sie doch ganz hübsch.

Sibylle erhält Post. Ein Mann aus Bayern ist begeistert von ihr und ihrem Hotel und schreibt gleich beim ersten Kontakt: «Ich packe meine Koffer und komme zu dir.» Sie ist geschockt und denkt: «Die müssen ja alle verrückt sein.» Von dem Moment an boykottiert sie das Internetportal der Partnerbörse. Bis die Agentur anruft und fragt: «Haben Sie etwa schon einen Partner gefunden, oder warum suchen Sie nicht weiter?» Empört antwortet sie: «Lassen Sie mich nur damit in Ruhe. Ich komme mir ja vor wie auf dem Pferdemarkt. Da mach ich nicht mehr mit!» Doch die nette Dame der Partnerbörse verlängert kostenlos ihre Mitgliedschaft und macht ihr Mut: «Das braucht halt Zeit. Probieren Sie es doch noch mal.»

Also loggt sie sich wieder ein und liest die Nachricht eines Juristen aus Westfalen. Erstaunlicherweise schreibt der direkt in der ersten Mail seine Telefonnummer und bittet um Anruf. Was Sibylle natürlich nicht wissen kann: Die Anfrage stammt nicht von ihm, sondern seinem Sohn. «Brav, wie ich halt bin, hab ich gleich angerufen», berichtet Sibylle. Die Reaktion war ernüchternd. «Er war so kurz angebunden. Fast ein wenig barsch. Da war ich erstaunt und hab gedacht: Nee, das ist nix.»

Walter will halt nicht zugeben, dass seine Söhne für ihn im Internet flirten. Deshalb fehlt ihm der Überblick, wer sich da gerade meldet. Sibylle kann er offensichtlich nicht gleich einordnen. Doch eines Tages ändert sich das.

Völlig fertig kommt sie aus dem Hotel. Es ist schon nach 22 Uhr. Erschöpft lässt sie sich aufs Sofa fallen und denkt: Wie schön wäre es, jetzt mit jemandem sprechen zu können. Da fällt ihr Blick auf die Telefonnummer von Walter, und sie beschließt: Okay, ich probier's noch mal. «Da war er wieder so abweisend. So ungefähr: Was wollen *Sie* denn?», erinnert sich Sibylle. «Das hat er zwar nicht direkt gesagt, aber es kam so rüber.» Resigniert und müde sagt sie nur noch: «Na ja, ich wollte einfach mal ein bisschen quatschen.» Da hakt er nach. Und dann haben sie tatsächlich zwei Stunden gequatscht und sich das ganze Leben erzählt. Das Eis war gebrochen und Walter so begeistert, dass er sofort sagte: «Sibylle, ich möchte Sie unbedingt treffen.»

Auch bei ihr hat es gewissermaßen gefunkt. Nach ihren Erfahrungen bleibt sie trotzdem vorsichtig. Ihr kühner Vorschlag: «Ich reise nächste Woche nach Münster und habe in Köln 20 Minuten Umsteigezeit. Wenn Sie wollen, können Sie gerne dorthin kommen.» Er sagt sofort zu.

Mit klopfendem Herzen sitzt sie fünf Stunden im Zug nach Köln. «Ich war aufgeregt wie ein Teenager.» Lange hat sie sich die Frage aller Fragen gestellt: «Was soll ich nur anziehen?» Die Auswahl fällt auf eine weiße Hose und ein pastellfarbenes Oberteil. Es ist ja Sommer. Und mit ihren blonden Haaren sieht Hell immer gut aus.

Bei der Einfahrt in Köln ist der Bahnsteig voller Menschen und sie völlig ratlos: «Wie erkenne ich den Mann bloß?» Dazu kommt noch: Der Zug hat zehn Minuten Verspätung. Angestrengt blickt sie aus dem Zugfenster, und plötzlich sieht sie ihn da stehen.

Die Tür geht auf, sie springt als Erste raus und läuft auf ihn zu. Am liebsten hätte sie ihn sofort umarmt. Da sagt er diesen wunderbaren, fast altmodisch klingenden Satz, den sie immer wieder von ihm hören will: «Ein Engel – lachend.» Sie geben sich höflich die Hand. Er schnappt ihren Koffer, als würde er sie jeden Tag abholen. Es reicht sogar noch für eine Tasse Tee, bis der Anschlusszug weiterfährt.

Nach zehn Minuten ist alles klar. Sibylle kann sich noch so gut an die Situation erinnern und dieses Gefühl, das sie warm durchflutet: «Es hat von beiden Seiten sofort gefunkt. Wolke 7 ist überhaupt nix dagegen.» Auch beim Erzählen ist sie noch völlig ergriffen von diesem überwältigenden Gefühl der Nähe. «Das ist doch außerirdisch irgendwie.» Schweren Herzens steigt sie wieder in den Zug. Am liebsten wäre sie gleich bei ihm geblieben. Für immer.

Eigentlich sprechen viele Kriterien gegen diese Verbindung: 600 Kilometer Distanz; sie guckt auf dem Profilfoto wie eine strenge Gouvernante; er ist abweisend am Telefon; sie gewährt ihm nur 20, eigentlich zehn Minuten Zeit zum Kennenlernen und so weiter. Und doch lassen sich Sibylle und Walter davon nicht abschrecken und geben ihren spontanen Gefühlen eine Chance.

Kurze Zeit später treffen sie sich in der Mitte, in Berlin-Hellersdorf. Sie verlaufen sich im Wald und finden stundenlang ihr Auto nicht wieder. «Wir kamen uns vor wie zwei dumme Kinder. Aber es war wunderbar», schwärmt Sibylle. Dann kommt es zu diesem Blitzbesuch in ihrem Hotel in Sachsen mit den roten Rosen. Danach ein Wochenende im Spreewald. «Das war ein Traum», findet Sibylle. Wenn man so verliebt ist, das ist so schööön …»

Sie genießt jede Minute mit ihrem Walter, den sie so knuffig findet und mit dem sie so gern kuschelt. Es hat so viel gepasst, vom Aussehen, was sie sich zu erzählen hatten. «Ich fand ihn eben so interessant. Seine Arbeit. Seine Tätigkeit. Und er hat so eine ganz liebe, fürsorgliche Art», schwärmt sie und schließt dabei hingebungsvoll die Augen.

Sibylle plant schon länger, ihr Hotel an ihren jüngsten Sohn weiterzugeben. Und sich selbst eine Wohnung zu suchen. Da sagt Walter prompt: «Was willste denn erst 'ne Wohnung? Ich hab ein ganzes Haus, das leer steht.» Sibylle ist stolz, dass er sie nach so kurzer Zeit schon fragt. «Das ist doch ein Vertrauensbeweis», und gleichzeitig denkt sie: Oh Gott, oh Gott, hoffentlich geht's gut mit ihm. So weit weg von zu Hause …

Walter ist durchaus partnerschaftserfahren. Nach zwei Scheidungen lebte er dreieinhalb Jahre alleine. Mit viel Arbeit und häufigen Terminen überlistet er die Einsamkeit. Das klappt ganz gut. Und dann sind da auch noch die Freunde und Clubkameraden. Mit ihnen trifft er sich zum Sport, zu kleinen und größeren Ausflügen und sogar zu Auslandsreisen. Zurück in seinem schönen großen Haus mit Garten, wird es zunehmend ungemütlich. «Mir fehlte einfach die Herzenswärme», bekennt er. «Auch wenn ich gewöhnt war, viel für mich zu sein, die Bindung zu einer Partnerin, die fehlte mir einfach.»

«Da bin ich leichtfertigerweise schon nach einem halben Jahr zu ihm gezogen», lacht Sibylle. «Einfach war es nicht. Jeder hat doch ein Leben gelebt, und wir sind beide über 60. Da bedarf es viel Einfühlungsvermögen.» Einige ihrer Kisten packt sie zuerst nicht aus. Vorsichtshalber. Wer weiß, ob alles klappt? Gleich zu Beginn wird ihre Liebe auf eine harte Probe gestellt.

Walter geht nach wie vor arbeiten. Und sie ist plötzlich den ganzen Tag alleine. «In einer neuen Umgebung, alles war fremd. Da war ich traurig und hatte solches Heimweh.» Sie kannte das nicht, weil sonst immer jemand um sie herum war. Im Hotel und in der Familie. Walter ist sehr betrübt, als er spürt, wie sehr sie leidet. Bis sie sich einen Ruck gibt und sagt: «So geht's nicht weiter. Ich mach mir und dir das Leben doch nur schwer.»

Sie meldet sich zum Sport an. Nimmt Kontakt zu den freundlichen Nachbarn auf, engagiert sich schnell in der ehrenamtlichen Altenarbeit. Und fährt häufig nach Hause zu ihren Kindern, zu ihrem Hotel, zu ihrer Schwiegermutter, um die sie sich kümmert.

Hat sie jemals darüber nachgedacht, wieder zurück in ihr altes Leben zu gehen? «Niemals», reagiert sie prompt. Dafür liebt sie ihren Walter viel zu sehr. «Er ist ein so toller, großer Mann und inzwischen ganz schön rund geworden», lacht sie. «Wahrscheinlich koche ich zu gut. Aber das find ich sooo herrlich. Da kann man sich drankuscheln, und das ist warm und weich.» Sie mag seine ganze Erscheinung. Sein Auftreten. «Er ist sehr korrekt, auch von der Kleidung her. Immer mit Schlips und Kragen. Das gefällt mir. Und er ist ruhig.»

Dieses Ruhige ist auch gewöhnungsbedürftig. «Er muss den ganzen Tag nicht reden. Und ich? Ich bin immer am Plappern.» Für sie ist es selbstverständlich, sich offen und ehrlich auszutauschen. Bei ihm hat das lange Alleinsein sicherlich auch dazu geführt, vieles mit sich alleine auszumachen. Mit Fingerspitzengefühl und ihrer locker-leichten Art schafft Sibylle es, ihn schließlich zu knacken. «Kannst du nicht so reden, wie du denkst?», geht sie ihn an. «Du musst doch nicht alles ins Protokoll schreiben.»

Am Anfang hat der Jurist Walter sich schwergetan, spontan zu sein. Inzwischen ist er offener geworden. «Jetzt ist er schon so auf meiner Wellenlänge. Das tut mir richtig gut, dass wir jetzt ganz locker miteinander umgehen. Vielleicht war er am Anfang auch gehemmt. Man ist halt doch fremd irgendwo.»

Liebe ist ein Prozess und heißt Lernen. Egal in welchem Alter. Beide gehen aufeinander zu und merken schnell, wo es hakt. Walter pflegt seine Männerfreundschaften wie vorher, als es Sibylle noch nicht gab. Er trifft sich mit ihnen, macht Ausflüge, Reisen. Alles ohne Frauen. Und Sibylle? Sie ist irritiert, fühlt sich ausgeschlossen. «Ich will ja gar nicht überall dabei sein. Aber es tut mir schon ein bisschen weh.»

Als er ihr erzählt, dass er mit seinem Club nach Vietnam fliegt, reagiert sie spontan: «Dann frage ich halt meine Söhne, ob sie mit mir in Urlaub fahren.» Jetzt reist sie mit ihnen auf die Malediven. Und Walter staunt. Jedes Mal, wenn er mit seinen Herren etwas unternimmt, ist auch Sibylle unterwegs. Oft fährt sie dann nach Hause in ihre Heimat und ist glücklich, wieder bei den Kindern und Enkeln zu sein. «So bin ich am besten drüber weggekommen. Ich bin ja auch nicht der Typ, der dann hier sitzt und vergrämt ist. Wenn er sich was vornimmt, dann suche ich eine Alternative.» Sie haben sich arrangiert.

Nach und nach hat sie in «seinem» Haus auch ihre Spuren hinterlassen. Beim Einzug konnte sie sich einen eigenen Raum einrichten. Es wurde ein gemütliches Wohn- und Schlafzimmer. Aber eigentlich braucht sie es nicht. Denn inzwischen haben sie gemeinsam nach und nach die meisten Möbel ausgetauscht. Zuerst das Schlafzimmer. Das war ihr das Wichtigste. Dann kamen der Esstisch und Stühle, die sie von zu Hause mitgebracht hatte. Zum Schluss waren die Polstermöbel im Wohnzimmer und die Teppiche dran.

Inzwischen hat sie auch ihre Kisten ausgepackt und mit ihrem Stil den Räumen einen eigenen Charakter gegeben. Jetzt ist es auch ihr Zuhause. «Er hat mir nie etwas abgeschlagen.» Darüber freut Sibylle sich sehr und erklärt, wie sie dabei vorgegangen ist. «In dieser Sache hab ich mir Glacéhandschuhe angezogen, was sonst nicht meine Art ist», gibt sie grinsend zu. «Und habe ganz vorsichtig immer wieder versucht, etwas zu ändern und zu sagen: Was sagst du denn dazu?»

Mit den Kindern musste sie auch erst warm werden. «Seine Jungs brauchen nix zu sagen», findet sie. «Denn schließlich haben sie ihrem Vater das ja eingebrockt.» Sibylle lacht, wenn sie sich daran erinnert, wie sie am Anfang mit seinen Söhnen und der Tochter umgegangen ist. «Ich hab sie zum Essen eingeladen und mich sehr zurückgehalten.» Sie hat nur die Rolle der Hausfrau gespielt und den Service gemacht. «Dann koch ich, bediene und hab ein großes ‹S› auf dem Rücken.»

Ihre eigenen Kinder haben unterschiedlich reagiert. Die Schwiegertochter war happy. Und der jüngste Sohn, der jetzt das Hotel führt, hat gesagt: «Okay. Wenn die Mutti jemanden hat, das ist doch gar nicht schlecht. Da muss ich mir um sie keine Sorgen machen.» Doch ihr älterer Sohn war anfangs etwas verschnupft. «Er hat wohl etwas Angst gehabt, dass ich irgendjemanden kennengelernt habe, der sich jetzt auf meinen Lorbeeren ausruhen will», vermutet sie. Doch dann hilft er seiner Mutter beim Umzug und lernt Walter kennen. «Und jetzt verstehen sich die beiden wunderbar.»

Sibylle lächelt zufrieden. «Wenn ich ganz ehrlich bin, bin ich richtig glücklich. Meine Kinder haben ihr eigenes Leben. Und ich sag mir immer wieder: Du hast jetzt noch mal so viel Glück. Sei dankbar. Das hat nicht jeder.»

Was glaubt sie, ist das Geheimnis ihrer Liebe, die in den letzten zwei Jahren alle Hürden überwunden hat? «Weil wir beide es gewollt haben und versuchen, uns auch Raum zu geben», überlegt Sibylle. Und dann lächelt sie plötzlich schelmisch. «Man muss viel Toleranz haben. Viele Streitpunkte sind doch Bagatellen. Wenn Walter auf dem neuen Teppich mit Straßenschuhen rumläuft, könnte ich ausrasten», erklärt sie temperamentvoll und hält sich lachend die Hand vor den Mund. «Da denk ich: Beiß dir lieber auf die Zunge und nimm dich zurück.» In Erinnerung daran nickt sie bestätigend. «Ja, das kann ich. Ich weiß nicht, ob ich das damals bei meinem Mann auch geschafft hätte. Da hätte ich wahrscheinlich gleich losgepulvert.»

Das Geräusch an der Haustür lässt Sibylle freudig aufspringen. Walter ist nach Hause gekommen. Sie führt ihn sofort ins gemütliche Wohnzimmer, nimmt ihn in den Arm und lächelt: «Das isser, mein Walter.»

## Du sollst so bleiben, wie du bist.
## Mit Toleranz und Respekt

Lucia ist eine bemerkenswerte Erscheinung. Wie sie da so in den Raum tritt: groß, blond, wohlproportioniert und hemmungslos lachend. Eine Frau, in deren Nähe Männer unruhig werden und Frauen ihre Ehepartner eifersüchtig im Blick haben. Lucia ist in letzter Zeit viel unterwegs. Sie sucht Kontakt. Dabei hat sie alles andere im Sinn, als sich möglichst schnell einen Mann an Land zu ziehen. Nein! Das ganz bestimmt nicht. Was sie sucht, sind Gleichgesinnte ihres Alters. Nette Bekanntschaften, aus denen vielleicht Freundschaften werden.

Lucia ist 73 und nach 30 Jahren wieder zurück in ihre Heimatstadt in Hessen gezogen. «Da kann ich doch nicht erwarten», schildert sie ihre Situation, «dass die Leute an meiner Tür Schlange stehen, um mich kennenzulernen.» Also wird sie aktiv. Drei Begegnungsstätten für Menschen ihres Alters wird sie testen.

Der erste ist ein Cafétreff mit Typberatung. Warum nicht? Obwohl sie natürlich weiß, wie sie ihren Typ richtig zur Geltung bringt: roséfarbener Rollkragenpulli, natürlich figurnah, üppige Silberkette, roséfarbener Lippenstift und dezentes Make-up. Sie sieht einfach blendend aus. «Man kann ja trotzdem immer noch etwas dazulernen», erklärt sie kokett.

Bei der nächsten Adresse ist ein Flirtkurs im Angebot. Das findet sie witzig und ist sofort dabei. «Wir haben so Erwachsenenspielchen gemacht», berichtet sie amüsiert. «Uns in zwei Kreisen aufgestellt, und jedem musste man dann ein Kompliment machen.» Das war gar nicht so einfach, wie sie erst dachte. Aber mit ihrem Charme und ihrer ansteckenden Fröhlichkeit erobert sie natürlich alle im Sturm. Auch einen Herrn, der sich unmittelbar in sie verguckt. «Der kommt da gleich auf allen vieren angaloppiert», regt sie sich auf und geht sofort auf Distanz. Doch er bedrängt sie weiter: «Da sagt er doch zu mir, er will wissen, wo er hingehört und so. Mein Gott. Das ist doch nicht mein Problem, wenn der nicht weiß, wo er hingehört.» Lucia ist eine Frau der klaren Worte.

Die letzte Adresse ist ein Stammtisch. Ihr gegenüber sitzt ein Mann, der ihr gleich auffällt. Sie findet lustig und sehr vertraut, dass er Hessisch spricht. Aber direkt gefallen tut er ihr eigentlich nicht. Mit seinem grauen Vollbart und dem lässigen Pferdeschwanz. Und dann fuchtelt er auch noch immer mit einer Kamera herum.

Joachim grübelt: «Wer ist diese selbstbewusste blonde Dame nur?» Sie gefällt ihm! Sie gefällt ihm sogar sehr. Dieses tolle Blond ihrer Haare, die aufregend weibliche Figur, diese Ausstrahlung. «Genau mein Typ», denkt er. Eine solche Frau hat er sich immer gewünscht und nie gefunden. Gebannt fixiert er ihr Foto auf dem Monitor. Mit ein paar Klicks versucht er, die schöne Blonde zu vergrößern. Ob er ihr beim nächsten Mal einfach einen Abzug mitbringt? Und was, wenn es gar kein nächstes Mal gibt? Er kennt sie nicht. Das Einzige, was er weiß: Sie heißt Lucia und ist neu beim Stammtisch im Begegnungszentrum.

Der ruhige, hilfsbereite Joachim ist begeisterter Hobbyfotograf und Computerfreak. Kein Fest, kein Stammtisch, bei dem der 70-jährige Witwer nicht die Kamera im Anschlag hat. Stunden verbringt er am Rechner, um auch für andere Fotomontagen, Einladungen und Glückwunschkarten zu basteln. Beim letzten Stammtisch hat er vor allem sie fotografiert. Ob sie es bemerkt hat?

Zwei Wochen später der nächste Termin. Er ist aufgeregt, zieht sein bestes Hemd an und packt das vergrößerte Foto von ihr ein. Ob sie noch einmal kommt? Zu Fuß macht er sich auf den Weg. Es ist ein wunderschöner Frühlingstag. Er ist zehn Minuten zu früh und sucht sich einen strategisch guten Platz mit Blick zur Tür. Gerade als er sich etwas zu trinken holt, hört er, wie sich die Tür öffnet. Hört ihr raumgreifendes Lachen. Und da steht sie – imposant wie eine Königin.


*Zwei Jahre später …*


Lucia und Joachim sitzen sich beim Stammtisch gegenüber, wie jedes Mal in den letzten zwei Jahren. «Ach Gott», erinnert sie sich leicht amüsiert an damals, als alles anfing. «Man ist ja schließlich kein Teenager mehr. Aber ich mein, er war mir schon sympathisch. Er kam mir halt irgendwie so vertraut vor. Als würde ich ihn schon ewig kennen.» Und dann schiebt sie noch mit einem stolzen Lächeln und einer entsprechenden Kopfbewegung hinterher: «Und es war leicht, festzustellen, dass er offensichtlich sehr an mir interessiert ist.»

Er schmunzelt verlegen. Und Lucia lacht ihn herausfordernd an: «Ist doch so gewesen, oder?» Joachim brummt zustimmend. «Oder warst du nur nett?», fragt sie ihn schelmisch und stupst ihn an. «Nur nett, oder?» Er wehrt ab: «Das hast du nur gedacht wegen der Fotos. Dabei fotografier ich doch immer.» Und dann grinst er in seinen Bart und gibt zu: «Aber sie hat mir auch gefallen. Sehr sogar.» Es freut sie offensichtlich, dass jemand die Geschichte ihres Kennenlernens hören will.

Es ist Ende März. Joachim will sich gerne mit ihr treffen. Doch Lucia, eine Heilpraktikerin, die nach 30 Jahren ihre eigene Praxis schließt, kann nicht so schnell auf Freizeit umschalten. Bis Ende Mai ist sie voll ausgebucht, allerdings mit kleinen Lücken. Joachim staunt. Wie kann jemand im Rentenalter noch so beschäftigt sein? «Eine kleine Lücke», schlägt er vor, «würde schon reichen für einen Besuch im Elfenbeinmuseum.»

Es wird ein schöner Tag. Sie fühlt sich gut mit ihm, auch ein bisschen geborgen, und könnte sich eine gewisse Nähe vorstellen. Aber Joachim reagiert einfach nicht, bleibt freundschaftlich distanziert. Okay, denkt sie, dann eben nicht. Vielleicht hat sie sich ja auch getäuscht, und er ist gar nicht an ihr interessiert.

Zwei Monate lang sehen sie sich kaum. Dann findet im Juni das große Lichterfest im Palmengarten statt. Er war noch nie da, und sie kennt jeden Quadratmeter dort. «Da konnte ich ihm alles zeigen», berichtet sie stolz. Gegen Abend wird es kühl, und ihr ist kuschelig zumute. Sie würde ihn so gerne berühren. «Ja, ich hab gemerkt, mir ist gleich so die Hand nach ihm ausgefahren.» Doch bei ihm null Reaktion. Allmählich ist sie genervt, dass er so gar keine Annäherungsversuche unternimmt. «Doch plötzlich hat er tatsächlich den Arm um mich gelegt. Das erste Mal.» Und dann lacht sie ihr mitreißendes Lachen und verrät: «Ich hab ja schon gedacht: *Mein Gott*, das wird nie mehr was. Den muss ich ja zum Jagen tragen.»

Joachim kann mit Lucias Vehemenz nicht mithalten. «Ich bin nicht so direkt», gibt er zu. «Ich bin kein Draufgänger in diesem Sinn.» «Das stimmt», fährt Lucia dazwischen. «Er ist halt typisch ostpreußisch. Die sind schon etwas schwerfällig, die Ostpreußen. Die werden mit Sicherheit nicht an ihrem Charme ersticken.»

Lucia hat sich trotzdem in ihn verliebt. «Ich hab mich von Anfang an zu ihm hingezogen gefühlt», erklärt sie, während sie mit ihren Händen dieses ziehende Gefühl nachdrücklich unterstreicht. Und er? Hat auch er sich verliebt? Joachim ist der Typ Mann, dem solcherlei Fragen ungemütlich sind. «Du musst doch fühlen, wie ich für dich empfinde», gibt er unwillig zurück. Doch das ist ihr nicht genug. «Ich will dir halt nicht immer nur dein Innenleben von den Augen ablesen.» Und dann wird sie etwas strenger. «Es tut der Liebe keinen Abbruch, wenn ich sage, ich habe dich lieb. Oder? Und umgekehrt hört man das ja auch mal ganz gerne.»

«Ich bin halt der große Schweiger, und sie, sie kann sehr gut so blumig reden.»

Wie zwei Planeten aus völlig unterschiedlichen Galaxien bewegen sich die beiden aufeinander zu. Kann das gutgehen? Lucia zweifelt. Seit 30 Jahren ist sie geschieden, kann tun und lassen, was sie will. Die lebhafte und kommunikative Frau ist gewöhnt, die Richtung anzugeben. Schon allein durch ihren Beruf. Ihr Bereich ist die Ganzheitlichkeit des Lebens. Das ist die Grundlage ihrer Patientenberatung und -behandlung. Und dann dieser wortkarge Joachim, der in vielen Bereichen eine ganz andere Vorstellung davon hat, was richtig und falsch im Leben ist.

Auch er staunt über diese außergewöhnliche Frau. So eine hat er ja noch nie getroffen. «Ich glaube», erklärt sie, «der wusste gar nicht, wie er mit mir umgehen soll. Und dann will er mich auch noch bevormunden, sagen, was ich zu tun habe. Da bin ich ja hochgegangen wie ein HB-Männchen und hab nur gefragt: Hallo? Auf welchem Stern sind wir denn hier gelandet?»

In den ersten Monaten jagt eine Krise die nächste. Zu groß sind die Gegensätze, zu oft kriegen sie sich in die Haare. Wenn sie es nicht mehr aushält, flüchtet sie in ihre Wohnung. Er bleibt in seinem Haus. Stundenlang führt sie Selbstgespräche, um sich auf die Schliche zu kommen. Und stellt fest: «In den letzten 30 Jahren hab ich mein Programm abgespult und bin unbemerkt in einer Einbahnstraße gelandet.» Und sie entscheidet, sich zu verändern und wirklich einzulassen. Das erste Mal in ihrem Leben. Diesen Mann will sie behalten.

Sein Verhalten während dieser Krise berührt sie zutiefst. «Er hat von seiner Seite immer wieder versucht, mich besser zu verstehen. Und ist auf mich zugegangen.» Und sie stellt beeindruckt fest, dass Joachim partnerschaftsfähiger ist als alle anderen Männer vor ihm. «Das ist eine Beziehung mit ihm», gesteht sie, «wie ich sie mir immer gewünscht habe. Er ist so fürsorglich.»

Dass Lucia um sein Verhalten so viel Aufhebens macht, überrascht ihn. Was hat er schon groß getan? Auf die Partnerin zugehen, das ist doch normal in einer Beziehung, empfindet er.

Joachims erste Ehe wird geschieden. Seine zweite Frau stirbt nach 15 gemeinsamen Jahren. Er hat sie bis zum Schluss gepflegt. «Man hat ja schon einen großen Teil des Lebens gelebt», erklärt er. «Und keinen Stress mehr. Da kann man sich doch besser aufeinander konzentrieren.» Und genau das tut er auch ohne viele Worte.

Für ihn ist diese neue Liebe eine Überraschung. «Ich hatte es eigentlich abgehakt», bekennt er. «Und finde es jetzt superschön. Allerdings wär ich auch alleine zurechtgekommen. Da bin ich nüchterner als sie.» Das kann Lucia natürlich nicht so stehenlassen: «Na, also hör mal. Das heißt ja nicht, dass wir nicht alleine zurechtkommen. Darum geht's ja nicht.» Joachim lenkt freundlich ein: «Ist ja klar. Ich sage ja nur, ich hab jetzt nicht gesucht.» Und dann kommen aus seinem Mund seltene Worte. Sie klingen umso ehrlicher: «Es ist schön mit ihr, ein tolles Gefühl halt. Und viel intensiver als früher in meiner Ehe.»

Joachim ist der vierte Mann in ihrem Leben. Die drei vor ihm hat sie auch alle sehr geliebt. Keine Frage. Doch ganz tief drinnen hat sie jedes Mal gewusst, das läuft nur für eine befristete Zeit. «Ich war immer auf der Durchreise», beschreibt sie ihre bisherigen Partnerschaften. «Aber bei Joachim spüre ich: Wir gehören zusammen. Und ich genieße richtig das Gefühl, endlich angekommen zu sein.» Da ist ihr auch egal, dass er in seinem Haus Hunderte alter Bücher hortet und noch andere Dinge vom Flohmarkt anschleppt. Und dass er morgens als Erstes aus dem Fenster guckt, ob die Mülleimer noch vor der Tür stehen. Inzwischen kann sie darüber lachen und sich ihren ironischen Kommentar verkneifen.

Für beide ist es eine Liebe mit allem, was dazugehört. «Ich hab ja die letzten Jahre wie eine Nonne gelebt», gesteht Lucia. «Also hab ich mich schon nach körperlicher Nähe gesehnt. Er war ja auch schon drei Jahre Witwer. Und er ist ja nicht ...» – und dann lacht sie plötzlich laut und hemmungslos –, «... er ist ja absolut kein Typ für einen One-Night-Stand, oder, Joachim?» Da muss allerdings auch er herzlich lachen.

Haben Zärtlichkeit, Berührung und Sexualität im höheren Lebensalter noch die gleiche Bedeutung wie früher? Lucia spricht darüber manchmal mit jungen Leuten und hat festgestellt: Die verstehen nicht und können auch gar nicht verstehen, was Liebe im Alter ausmacht. «Es ist diese Zärtlichkeit, diese Innigkeit», beschreibt sie ihre Erfahrungen mit weicher Stimme. «Es geht um dieses wirkliche Verbundensein und weniger um Sex.» Und nach kurzem Nachdenken und einem vielversprechenden Blick zu Joachim fügt sie noch hinzu: «Aber wenn man das bis ins hohe Alter haben kann und dabei glücklich ist, ist das doch wunderbar.»

Als er Lucia kennenlernt, schreibt sie gerade ihre Memoiren. Hilfsbereit unterstützt er sie bei der Arbeit am Computer. Und liest dabei ihre Geschichte. «So kenne ich jetzt ihr Leben viel besser, als wenn ich schon 50 Jahre mit ihr zusammengelebt hätte.» Und für Lucia war es praktisch: «Ich brauchte ihm gar nicht viel zu erklären von mir und meinem Leben. Er hatte es schwarz auf weiß.»

Ihr Wissen in der Naturheilkunde und überhaupt ihre Intelligenz beeindrucken ihn sehr. Und was sie in ihrem Beruf schon alles geleistet hat. Sie hat nicht nur Patienten behandelt, sondern auch Fortbildungsseminare gegeben. Umso schwieriger ist es für sie, auf Privatleben umzuswitchen und dann noch mit einem Mann wie Joachim zusammen zu sein. «Mit dir bin ich doch jetzt alltagstauglich geworden, oder hast du das noch nicht gemerkt?», wischt sie lachend seine Bewunderung vom Tisch.

Joachim war sein Beruf als Betriebsleiter ebenfalls wichtig. Er hatte aber auch ein ausgefülltes Privatleben. Ein Haus gebaut, geheiratet, wie es halt in seiner Welt normal ist. Sie spielt in seinen Augen, was das Intellektuelle betrifft, in einer ganz anderen Liga. Und dennoch hat's geklappt. «Wir haben uns beide so angenähert. Sie kam von oben runter und ich von unten hoch. Und ungefähr in der Mitte haben wir uns getroffen.» Das ist sein Bild für Toleranz und Respekt.

Werden die beiden das auf Dauer durchhalten? «Na, klar

schaffen wir das», erwidert Joachim, «weil wir beide wissbegierig sind und uns unsere Marotten lassen können ...» Und Lucia führt fort: «... und weil das Gefühl von Liebe da ist.»

«Ja, Liebe», bekräftigt Joachim, «und sich vertraut sein. Ich bin auch so, alles was vorher war, ist abgeschlossen, vorbei. Da ist nichts mehr im Weg aus meinen bisherigen Beziehungen.»

Und ohne Vorwarnung wird ihr Leben von einer Sekunde zur nächsten ein völlig anderes. An einem schönen Sommertag sitzen Lucia und Joachim im Garten und genießen die Sonne. Sie wird unvermittelt von «einem unbekannten Flugobjekt», wie sie es beschreibt, gestochen. Es juckt, schwillt an, dann folgt Schüttelfrost und schließlich der totale Zusammenbruch. Ein anaphylaktischer Schock.

Völlig unerwartet landet sie auf der Intensivstation, verkabelt mit unzähligen Schläuchen. Ihr Leben hängt an einem seidenen Faden. Lucia ist von diesem Unglück völlig traumatisiert und geschwächt. Sie braucht Wochen, um wieder auf die Beine zu kommen. Was sie nicht merken kann, ist, dass bei Joachim die Angst, der Schmerz von damals, als seine letzte Frau starb, wieder aufbricht.

Nachdem Lucia zumindest körperlich wieder fit ist, machen sie eine schöne Kreuzfahrt. «Doch in dieser Zeit ist Joachim irgendwie völlig abgeknickt», beschreibt sie seinen Zustand. Er hat die Angst, die er damals um seine Frau hatte, auf sie projiziert und sagt: «So etwas will ich nicht noch einmal erleben.» Sie kann ihm dabei nicht helfen, weil sie ihr eigenes Trauma noch nicht verarbeitet hat. Beide wissen nicht mehr weiter, bis er die Trennung vorschlägt. Sie stimmt zu. In seinem Haus packt sie ihre Sachen. Er hilft ihr beim Einladen ins Auto. Dann fährt sie in ihre Wohnung.

Eine Woche lang kümmert sie sich nur um sich. Mit Tropfen und Magnetfeldtherapie päppelt sie sich auf. Und merkt, sie kommt allmählich wieder zu sich. Für Weihnachten macht sie Pläne. Er fragt schüchtern an, ob sie nicht zu seiner Tochter und ihrer Familie mitkommen will. Sie sagt nein.

Der totale Rückzug ist heilsam. Er will es noch einmal versuchen, weiß aber nicht, ob sie zurückkommt. Lucia beschreibt diese Zeit des Unglücks und der Trennung als «absolut krass». Sie hält an bis Neujahr. «Da haben wir uns wieder zusammengetan», berichtet Lucia. «Es war wie ein Neuanfang nach diesem Befreiungsschlag, ein richtiger Wendepunkt in unserer Beziehung.» Beide sind glücklich, dass sie sich wiedergefunden haben. «Seitdem ist es super», strahlt sie. «Wir haben keine einzige Auseinandersetzung mehr gehabt. Es ist wirklich so, als ob sich damit alles geklärt hätte. Ich bin wirklich überzeugt, dass es für jeden so etwas wie einen Lebensplan gibt. Und das, was darin verankert ist, das wird auch geschehen. Man kann versuchen, es zu unterbinden. Das ist allerdings ziemlich dumm, weil's nicht funktioniert. Man kann aber auch bereit und offen sein und es auf sich zukommen lassen. Und dann ist natürlich noch der wichtige Moment, dass man auch kapiert, es ist auf mich zugekommen.» Bei Lucia und Joachim hat es nach ihrer Auffassung genau so funktioniert. «Wir haben uns nicht gesucht, aber doch gefunden.»

Sie ist sich sicher, dass so etwas auch übers Internet möglich ist. «Wenn dann jemand so schaut, wer könnte in Frage kommen, glaube ich schon, dass das Unterbewusstsein da auch klick macht. Und dann ist da schon eine Verbindung entstanden. Also man hilft sozusagen dem Schicksal ein bisschen auf die Sprünge.»

Vielleicht gehört zu ihrem Geheimrezept auch die Tatsache,

dass sie nach wie vor getrennt wohnen. Die meiste Zeit leben sie in seinem Haus. Doch Lucia besteht darauf, jede Woche ein bis zwei Tage in ihrer Wohnung zu sein, ihre Freundinnen zu treffen, alleine etwas zu unternehmen. Mit sich zu sein. Danach freut sie sich wieder auf ihren Joachim.

# Vier

## Lustvoll lieben —
## endlich frei von alten Fesseln

**Lieber spät als nie.**
**Aufbruch in ein Leben jenseits der Schranken**

Magda ist resolut und bodenständig. Ein bisschen rundlich um die Taille, aber flott auf den Beinen. Schließlich ist Magda Leistungssportlerin und auf dem Tennisplatz ein Crack in ihrer Altersklasse. Ihr Haar ist hellrot getönt, zur Jeans trägt sie ein lachsfarbenes Shirt. Der dunkle Nagellack passt fabelhaft zur Farbe des Brillengestells. Aber das kann Zufall sein. Kaum vorstellbar, dass sie sich mit ausgeklügelten Farbkonzepten aufhält. Magda redet Tacheles in rheinischem Singsang. Und wenn sie lacht, dann mit Schmackes. Und sie lacht gern. Drei Jahre lang hatte sie gar nichts zu lachen. So lange ist es her, dass ihr Mann im Schlafzimmer tot zusammenbrach. Und sie war nicht an seiner Seite. Er war damals 62, sie 60.

Sie hatte seinen Tod geahnt, aus der Ferne, im Trainingslager in Saarbrücken. Hatte vergeblich versucht, ihn telefonisch zu erreichen. Das passte so gar nicht zu ihm. Er rief sonst umgehend zurück, verlässlich wie ein Uhrwerk. Aber sein empfindliches Herz hatte von jetzt auf gleich aufgehört zu schlagen. Nun war geschehen, was vom ersten Tag ihrer Beziehung an als lauernde Gefahr über ihnen schwebte, jede Sekunde, jede Stunde, jeden Tag: Seit seiner Geburt war Hermann herzkrank, hatte inzwischen eine künstliche Herzklappe aus Metall, deutlich vernehmbar. «Wenn er dann neben mir gelegen hat nachts, dann ging das *tick, tack, tick, tack*. Aber wenn er sich mal umgedreht hat, hab ich sie nicht mehr gehört, hab gedacht, er ist tot, und hab ihn geschüttelt. Ich merk jetzt erst, wie belastend das war.»

Als sie ihn zum ersten Mal traf, war sie 13 und er 15. Eine Jugendliebe. Sie hatte danach noch einen anderen Freund. Aber Hermann blieb die «Nummer eins». Mit 19 war sie von ihm schwanger. Natürlich wurde geheiratet, gar keine Frage. Und dabei waren sie so grundverschieden: sie impulsiv, hektisch und unverblümt in der Wortwahl. Er introvertiert, gelassen und höflich. Sie studierte Chemie und arbeitete als Angestellte in verschiedenen Labors, mal hier, mal da. Er wurde Finanzmakler. Ein komfortables Leben nahm schwungvoll seinen Lauf, auch noch, als er seinen Job als Selbständiger aus Gesundheitsgründen herunterfuhr. Ein Leben ohne größere Sorgen – bis auf die Ehe selbst. Und die dauerte 40 Jahre. 40 lange Jahre, die Magda immer wieder auch als Gefängnis empfand.

«Eine Ehe schließt ein», sagt sie mit Nachdruck. «Eigentlich war ich mein Leben lang eingeschlossen.» Schon als Kind unter sechs Geschwistern hatte sie sich eingeengt gefühlt. Erst recht in der Ehe.

«Ich hab mit meinem Mann manchmal Streit angefangen, nur damit mal Action war. Hab ihm irgendwas an den Kopf geschmissen, ihn provoziert. Aber bis der mal aus sich herausgegangen ist … Er war einfach zu lieb. Und zu langweilig für mich.»

Zwei Tage unter einem Dach reichten schon – «und dann hat es nur geknallt». Zum Glück hatten sie ein Ferienhaus in der

Nähe. Mal war sie dort, mal er mit seinen Dackeln und Jagd-
freunden auf der Pirsch. Wie immer in dieser grundsoliden
Jägermontur, die sie so schrecklich konservativ fand.

Beide brauchten Freiraum. Und weil die angstbesetzte Herz-
krankheit auch die Lust lähmte, suchte sie nach der fehlenden
Dosis Herzflimmern ohne Risiko. Sie nahm sich die Freiheit
und würzte ihren Ehealltag mit kleinen Affären. Nichts Ernstes.
Bloß kam dummerweise eine ans Licht. Die Affäre mit Luigi,
dem Italiener mit den grünen Augen. Er war verheiratet, hatte
zwei Kinder und kam aus demselben Dorf. Ein Aufstand brach
los. Der italienische Clan stand Kopf. Und ihr Mann? «Der war
total entsetzt. Der konnte das gar nicht verstehen.» Und dabei
wollte sie ihn doch gar nicht aufgeben. «Das war doch nur 'ne
Sommerliebe.» Schlagartig war Schluss mit «amore mio». Sie
ging ihrem Lover aus dem Weg. Aber sieht man sich nicht immer zweimal im Leben?

Nach dem Tod ihres Mannes zog die Tochter ins Haus, oben
in den ersten Stock. Was als Entlastung gedacht war, entwickelte sich eher zum Gegenteil. Die Tochter war beruflich
viel unterwegs und überließ ihre Katze der Mutter. Und noch
allerlei andere Aufgaben. Eine Hilfe war sie jedenfalls nicht.
Überwiegend allein im großen Haus und bis zum Anschlag ge-
fordert vom riesigen Garten, der ja weiterhin makellos gepflegt
sein sollte, und kraftlos vom Schneeschippen auf dem schier
endlosen Bürgersteig, plagte sie zu der Trauer auch noch das
schlechte Gewissen. «Weil ich noch lebe und mein Mann tot ist.
Der hat ja auch immer gearbeitet und war sehr lieb zu mir, hat
mir alles gegeben. Das finde ich so ungerecht.»

Auch heute noch nagt dieses dumpfe Gefühl an ihr. Und ein
Gefühl der Verlassenheit bricht sich ab und zu Bahn. Aber seit

acht Monaten schimmert ein Silberstreif am Horizont. Und der zeigte sich zum ersten Mal über der Ostsee.

«Ich war total erschöpft. Und dann mein Asthma. Da hab ich gesagt, mach ich mir mal 'ne schöne Wellnesswoche auf Rügen.» Sie buchte ein Vier-Sterne-Hotel und packte in ihren Koffer nur praktische Sachen, Jeans, Pullover und Turnschuhe. Nichts Elegantes, weshalb sie sich in der Bar auch nur am frühen Abend sehen ließ. «Um mich herum waren so viele aufgemotzte Weiber, mit Klunkern und so.» Ihr war mulmig zumute. Da bestellte sie sich ein handfestes Bier und einen Klaren dazu. Und das so, wie ihr der Schnabel gewachsen war – auf Kölsch. Schon sagte jemand hinter ihr, ebenfalls auf Kölsch: «Was hast du bestellt? Ein Bier und 'nen Kurzen? Trink ich auch.»

Von da an trafen sich die beiden jeden Abend, der Zwei-Meter-Mann und Magda. «Und wir haben nur geschwätzt. Der hat mich nicht angebaggert, mich nicht berührt, war nicht aufdringlich, gar nix.» Adam, so hieß er, kam ihr uralt vor, obwohl er acht Jahre jünger war als sie. «Er sah so altmodisch aus. Altmodische Brille, altmodische Kleidung. Aber unheimlich wache Augen. Und so lieb. So richtig nett.» Sie hatten sich aber auch viel zu erzählen. Adam hatte 30 Jahre lang in einer festen Beziehung gelebt. Und als seine Lebensgefährtin an Krebs erkrankt war, stand er ihr zehn Jahre lang zur Seite. Verheiratet waren sie nie. Er wollte keine feste Bindung. «Kein Kind, kein Hund, keine Katze, nix», sagt Magda.

Erst knapp zwei Monate nach der Woche auf Rügen kramte sie seine Visitenkarte hervor und rief ihn an.

Und behutsam entwickelte sich während der folgenden acht Monate eine Nähe, wie sie sie nie zuvor gekannt hatte. Jetzt, mit inzwischen 64 Jahren. Mit einem Mann, der acht Jahre jünger ist als sie. Und ihr manchmal noch immer uralt vorkommt. Der ehemals so Bindungsscheue, der ohne sie gar nicht mehr sein kann und nun aushalten muss, dass er nicht der Einzige ist im Leben von Magda. Denn da ist auch noch Luigi.


## Knackpo, Minirock und unmögliche Unterhosen

Magda kann so herrlich lachen. Mal platzt sie wie ein Luftballon – paff! Mal gluckst sie, bis ihr die Tränen kommen. Dann presst sie die Hand vor den Mund, als wäre so viel Vergnügen unanständig. Aber ihre Augen! Zwei Leuchtfeuer sind nichts dagegen. Gerade hatte sie ernsthaft verkündet: «Ich brauch keinen Mann. Ich war 40 Jahre verheiratet. Ich will das nicht.»

«Nein?»

«Nö! Für die schönen Stunden – ja. Aber nicht, dass ich jemandem die Socken stopfe. Das mach ich nicht.»

Und schon triumphiert sie: «Er macht das jetzt genau umgekehrt.» Nicht dass *er* jetzt Socken stopfen würde. Aber Adam hofiert sie, umgarnt sie, bekocht sie. Er deckt den Tisch und lädt sie zum Champagner ein. Und weil sie so sportlich ist, geht er jetzt öfter mal schwimmen, um seinen Bauch abzutrainieren. Er hat sich sogar ein Fahrrad gekauft. Und geklammert hat er auch. Er, der acht Jahre jünger ist als sie, mit 56 noch mitten im Berufsleben steht und 30 Jahre lang mit einer Frau zusammenlebte, ohne sie zu heiraten, schickte Magda jeden Tag drei E-Mails. Das war ihr schon bald entschieden zu viel. «Da hab ich gesagt: Jetzt hörst du mal auf und schreibst mir nicht jeden Morgen um zehn vor sieben schon ‹meine Liebe› und den ganzen Schmalz. Das kannst du ab und zu mal machen, aber nicht jeden Tag. Ich muss nicht den ganzen Tag hören: ‹Ich lieb dich.›» Und dann

lacht sie wieder, und man fragt sich: Ist ihr das wirklich so unangenehm? «Und wenn er anruft, ist er immer nur lieb. Immer
nur nett. So wie mein verstorbener Mann. Und wenn ich ihn
gefragt habe: Sag mal, hast du nichts zu tun?, sagt er: ‹Ich hab
halt den ganzen Tag an dich gedacht.› In der Firma haben sie
schon zu ihm gesagt, seine Augen würden so blitzen. Das hat er
erzählt wie ein kleiner Junge.»

Drei Mal während der acht Monate, die sie sich jetzt kennen,
hatte sie Schluss machen wollen. Sie war nicht gerade begeistert
von ihm, fand ihn so altmodisch, fühlte sich eingeengt und angebunden. Zumal Luigi wieder da war, die stürmische Sommerliebe aus vergangenen Tagen. Damals war sie 40 und er 30.

Lange hatte Funkstille geherrscht. Und dann, auf dem Wo-
chenmarkt, stand er plötzlich vor ihr, aus heiterem Himmel,
mehr als 20 Jahre später. Und sie riskierte eine kesse Lippe und
lud ihn zum Espresso ein, so wie früher. «Der ist total heiß. Er
baggert laufend. Damals war er ja richtig knackig. Heute sieht
er auch noch gut aus. Aber halt schon ein bisschen dicker. Er
ist seit 16 Jahren geschieden und auch allein.» Seither kocht
sie für ihn Spaghetti, wenn er nicht gerade im weitverzweigten
Familienclan unterwegs ist. Dann droht sie ihm: «Nie wieder
Spaghetti!» Was auch bedeutet: Es gibt kein «Dessert». «Luigi ist
schnuckelig, charmant und lieb. Der ist was zum Vernaschen,
so für zwei Stunden. Aber den ganzen Tag möchte ich den nicht
um mich haben. Er sieht zwar besser aus als der Adam, aber ich
hab das Gefühl, das ist nicht das Gleiche. Ich liebe beide – auf
unterschiedliche Weise.»

Was Adam allerdings nur halbwegs tröstet. Denn natürlich
wollte er, dass sie sich für ihn entscheidet. Und zwar ausschließlich. Aber sie hatte ihm geradeheraus gesagt: «Ich bin ein freier
Mensch. Und wenn ich den will, dann will ich den auch. Ich

kann niemanden aus meiner Vergangenheit, den ich mal so gerngehabt hab, wegschicken, wenn er an meiner Tür steht.» Mittlerweile stehen beide an ihrer Tür, aber keiner darf über Nacht bleiben. Ihrer Tochter zuliebe. «Die hat so schrecklich reagiert. Die hat halt ihren Papa hier verloren. ‹Die Männer sind alle scheiße›, hat sie gesagt. ‹Und die sind alle Heiratsschwindler.›» Sie hat schlechte Erfahrungen gemacht. Und hat niemanden mit ihren 43 Jahren. Mittlerweile hat sie sich ein bisschen beruhigt. Aber ich will sie nicht provozieren.» Also verlagert Magda die «schönen Stunden» in den helllichten Tag – bis auf die Samstagabende bei Adam, bevor sie sonntags wieder geht. Und peu à peu beobachtet sie, wie die Zuneigung wächst zwischen ihr und Adam.

«Ich hatte ihm ja am Anfang dreimal die Freundschaft gekündigt, ihm gesagt, dass es mir zu eng wird. Und habe ihm dann einen Abschiedsbrief geschrieben. Und da hat er gesagt: Du stellst dir nicht vor, wie ich da geweint habe.» Magda lacht verlegen. Und ist gerührt von so viel entwaffnender Offenheit, von seinem Mut, sich so verletzlich zu zeigen. Auch vom Bekenntnis so starker Gefühle, die ihr gelten. «Der ist so ehrlich und offen raus. Der ist viel weicher als ich. Weich wie ein Baby und dabei zwei Meter groß. Er meint, er müsste mich beschützen. Das halte ich immer nur anderthalb Tage aus.»

Und doch genießt sie es. Seine Zärtlichkeiten, die kein Ende nehmen wollen. Die stundenlangen Gespräche. Miteinander scherzen und albern sein. Und weil sie jetzt schon so vertraut miteinander sind, wagt sie sich zurzeit einen Schritt vor. Es geht ums Styling. Um seine ausgeleierte Jeans zum Beispiel.

«Ich sage zu ihm: Dein Bauch hängt über der Jeans. Und die Jeans sitzt nicht am Po. Ich hab lieber einen Knackpo. Da müssen wir eine neue Jeans kaufen gehen. ‹Nee, nee›, sagt er da, ‹das mach ich selbst. Ich kauf schon jahrelang das gleiche Paar. Ich brauch sie nicht anzuprobieren. Ich kauf immer die gleiche Größe.›» Die Lachtränen kullern. «Aber wenn *ich* einen Minirock anhabe und Strümpfe mit Strapsen, dann rastet er aus. Das findet er total erotisch. Aber er selbst läuft rum wie ein Opa. Ich sage ihm: Mit dieser Unterhose gehst du nicht mehr mit mir ins Bett. Darauf sagt er nur: ‹Die zieh ich sowieso gleich aus.›»

### 1000-mal gesehn … 1000-mal ist nichts geschehn.
### Stilles Wasser und Powerfrau

Torsten platzt fast vor Neugier. Alles erzählt sie so freimütig. Nur das Wichtigste nicht. Schließlich hält er es nicht mehr aus. Nimmt die quirlige, kleine Frau liebevoll in den Arm, schaut ihr direkt in die Augen und stellt die Frage aller Fragen: «Sag mal, Oma, wie ist das denn mit dem Sex? Klappt das denn noch so richtig?» Schlagfertig kontert sie: «Das klappt sogar sehr gut. Es ist einfach wunderbar.» Torsten ist 22, seine Oma Irmgard 80.

«Ist das nicht unglaublich», amüsiert sie sich, «dass Enkel so etwas fragen? Das hätte es doch früher nicht gegeben.» Früher, da ist sie sich sicher, wäre auch das nicht möglich gewesen, was ihr Leben heute so viel reicher macht. Denn seit wenigen Monaten begleiten Irmgard Schmetterlinge bei Tag und bei Nacht.

Und das hat mit Heiner zu tun. Jede Woche kommt er zum Stammtisch in seine Lieblingskneipe. Schon seit Jahrzehnten. Früher war er Arzt in diesem Viertel. Direkt nach seinem Herrentreffen sind die Skatfrauen dran. Mit dabei Irmgard, die ehemalige Wirtin des Lokals, die herzerfrischend fröhlich in die Welt guckt. Eine energiegeladene Person, die von allen nur «Irmi» gerufen wird und bekannt ist wie ein bunter Hund.

Während also die Spiel-Damen darauf warten, dass die Männer endlich den Tisch räumen, erzählt Irmi stolz vom gebuchten Urlaub nach Spanien. Es ist Februar und entsetzlich kalt. Sie will in die Wärme. «Aber immer so alleine reisen», bedauert sie, «das ist irgendwie nicht lustig.» Heiner wird hellhörig und ruft: «Ohhh, ich bin schon so lange nicht mehr im Urlaub gewesen. Kann ich nicht mitkommen?» Schlagartig verstummen alle Gespräche. Die Gäste sind irritiert. War das eben Heiner? Der scheue, zurückhaltende Arzt? «Warum nicht», kichert Irmi und weiß: Heiner zieht sich sowieso gleich wieder in sein Schneckenhaus zurück. Außerdem kennt sie ihn ja nur flüchtig. Doch er meint es wirklich ernst. Irmi kann es nicht glauben.

Am nächsten Morgen wartet er tatsächlich vor dem Reisebüro. Es gibt sogar noch einen Platz im selben Flugzeug nach Mallorca, und er kriegt das letzte Zimmer in ihrem Hotel.

Nach der Ankunft sitzen beide gemütlich am Strand und reden. Zum ersten Mal, obwohl sie sich seit Jahrzehnten vom Sehen kennen. Sie reden über Bücher und stellen überrascht fest, dass sie den gleichen Geschmack haben. Jeden Titel, den sie nennt, hat er auch schon gelesen. Da ist plötzlich eine solche Vertrautheit, die beide völlig verzaubert.

Irmi wird müde und braucht ihren Mittagsschlaf. Sie will sich zurückziehen. Da fragt er sie ein zweites Mal: «Kann ich nicht mitkommen?» Und wie ferngesteuert hört sie sich antworten: «Ja, komm.» So hat sie angefangen, die Liebe zwischen Irmgard und Heiner.

«Das war so etwas von selbstverständlich», wundert er sich, «und das ist das Einzigartige daran.» Auch Irmi staunt. Vor allem über sich selbst. «Warum hab ich das gesagt?», fragt sie sich entsetzt. «Ich bin doch eine alte Frau.» Eigentlich hat sie schon früher daran gedacht, noch mal einen Mann kennenzulernen. Aber die Vorstellung, dass der sie dann nackt sehen würde, war unmöglich. «Aber mit ihm», stellt sie verblüfft fest, «war das überhaupt kein Problem. Ich weiß nicht, warum.» Ein bisschen ungewohnt fühlte es sich am Anfang schon an. «Denn ich hatte ja nun lange keinen Sex mehr gehabt», verrät sie. «Sehr, sehr lange. Da hatte ich nicht gedacht, dass das noch so funktionieren würde.» Und dabei lacht sie vergnügt darüber, dass sie heute so offen und frei über dieses Thema sprechen kann.

Für den fast 77-jährigen Heiner bedeutet die Begegnung mit Irmi die Erfüllung seiner Träume. «Das Sexuelle hat für mich schon einen hohen Stellenwert. Sie hat ja manchmal ein schlechtes Gewissen», amüsiert er sich, «weil sie mich verführt. Ich sag dann immer, ich bin stolz auf dich, dass ich verführt werde. So eine Frau hab ich mir doch immer gewünscht.»

Heiner ist seit 18 Jahren Witwer. Seine Frau starb an Krebs. Danach verlor er noch zwei Partnerinnen durch Tod. «Als ich dann mit 68 aufgehört habe zu arbeiten», erinnert er sich, «bin ich irgendwie abgeflacht.» Heiner, ein mittelgroßer, drahtiger Mann mit ernstem, fast schon misstrauischem Blick, zieht sich in die innere Emigration zurück. Er hat keine Erwartungen mehr ans Leben. Wie es ihm trotzdem gelingen konnte, dieser temperamentvollen Irmi nahezukommen, kann er sich selbst nicht erklären. «Dass ich mich nicht mehr zu verstellen brauchte, das hat mir bestimmt geholfen», glaubt er. «Gedacht hab ich dabei eigentlich nicht. Wir haben einfach nur geredet, gelacht und Spaß gehabt.» Und dabei schaut er so nachdenklich, als wäre das alles nur ein Traum.

Irmi, «die Betriebsnudel», wie er sie schelmisch bezeichnet, ist die Lebendigkeit pur. Und das absolute Kontrastprogramm zu Heiner. 35 Jahre waren sie und ihr Mann Gastwirte. Sie war der Mittelpunkt, das Herz des Traditionsunternehmens, das seit mehr als 100 Jahren in Familienbesitz ist. Sie schmeißt die Küche, er den Ausschank. Drei Kinder zieht sie dabei noch groß. «Es war ein hartes, aber ein schönes Leben», findet sie in der Rückschau. Im Rentenalter geben sie die Gastwirtschaft weiter an die nächste Generation.

Ihr Mann lässt Irmi an der langen Leine. Endlich kann sie sich ihre Träume erfüllen. Sie lernt segeln und überquert mit einem kleinen Boot zweimal den Atlantik. Nicht schlecht für eine Frau von über 60. Vor zehn Jahren stirbt ihr Mann nach langer Krankheit. Sie ist 70. Ihr großer Freundeskreis, ihre vielen Aktivitäten geben ihr Halt.

Immer noch lebt sie in der ersten Etage über ihrer geliebten Kneipe und bleibt selbstverständlich Stammgast. Irgendwann fehlt ihr trotzdem jemand fürs Herz. Internet- und Anzeigensuche bleiben erfolglos. Der Richtige ist nicht dabei. Vielleicht soll es nicht sein. Sie kann es ja nicht erzwingen. Dass sie jemals mit dem stillen, einsamen Stammtisch-Heiner zusammenkommen würde, daran war gar nicht zu denken.

Wenn sie es genau überlegt, hat sie sich direkt an diesem ersten Tag am Strand in ihn verliebt. Ein glückliches Lächeln huscht ihr bei dem Gedanken übers Gesicht. Ja, es waren diese intensiven Gespräche, die sie so viele Jahre vermisst hat.

Heiner hat sie schon früher wohlgefällig unter dem Gesichtspunkt beobachtet, ob sie eventuell für ihn in Frage kommen könnte. «Ein Mann guckt schon mal ganz anders», lächelt er fast entschuldigend. «Automatisch. Das hat nichts mit Liebe zu tun oder so. Aber sie hat mir immer schon gut gefallen. Sie lacht mit allen Leuten …» Doch richtig verliebt hat er sich auf dem Flughafen bei der Abreise. «Das war komisch», erklärt er, «da war gleich so ein Zusammengehörigkeitsgefühl ohne viele Worte. Das ist eben das Erstaunliche, dieses Gefühl: Die gehört direkt zu mir, und ich gehör zu ihr.» Ab diesem Moment fegt eine Emotionslawine über ihn hinweg und stürzt ihn in ungeahnte Turbulenzen. «Sie hat mich aufgeweckt», strahlt er glücklich. Daran gibt es für ihn keinen Zweifel. Von seiner Umgebung erntet er jetzt viele Komplimente. «Ich wär aufgeblüht, sagen die Leute vom Stammtisch. Und ich würde lustige Sachen erzählen, was ich früher nicht gemacht hätte. Ist mir nicht aufgefallen.»

Irmi und Heiner sitzen am Frühstückstisch. Er, ein Herr mit grauen Schläfen, lichtem Haar, korrekt bekleidet mit grauer Hose und grauem Hemd. Das farblich passende Sakko hängt über dem Stuhl. Sie lässig, mit blonder Strubbelfrisur in blütenweißer Jeans und blau-weißem Ringelshirt, sorgfältig geschminkt, mit hellrot lackierten Fingernägeln. Eine gepflegte Frau, die mitten im Leben steht.

Heute segelt sie nicht mehr. Aber sie setzt sich ein für Menschen in Not. Als ehrenamtliches Mitglied einer Hilfsorganisation macht sie Hausbesuche, um festzustellen, was in den jeweiligen Familien dringend gebraucht wird. Damit die Spenden sinnvoll verteilt werden. Langeweile kennt sie nicht. Denn da sind noch verschiedene Vereine, der Englischkurs, die Kinder und Enkel. Heiner verbringt jedes Wochenende mit ihr. Darauf wartet sie stets mit klopfendem Herzen. Um zu ihr zu kommen, muss er über die Gartenterrasse der Kneipe, an den Gästen vorbei. Am Anfang war es fast wie ein Spießrutenlaufen. Inzwischen ist er stolz darauf, dass es offensichtlich geworden ist: Er und Irmi gehören zusammen.

Liebe im Alter war für ihn als Arzt schon früher ein Thema. Seinen Patienten hat er oft Mut zugesprochen, keine Angst vor dem Altwerden zu haben. «Als mir mal eine 82-Jährige sagte, ich hab gar keine Lust mehr auf meinen Mann, da dachte ich: Hört das denn irgendwann mal auf im Leben? Von da an habe ich immer nachgefragt und herausgefunden, dass es keine Grenzen gibt. Biologisch schon bei vielen. Aber im Großen und Ganzen nicht. Und außerdem fand ich manche Frauen im Alter noch richtig attraktiv.»

Heiner hat seine Patienten natürlich auch mit modernen Potenzmitteln versorgt. Sie im Selbstversuch sogar getestet und herausgefunden: «Ich hab die absolut nicht nötig.» Und dabei lacht er stolz. «Absolut nicht. Und Irmi kriegt von ihrer Frauenärztin eine Gleitcreme. Die braucht sie auch nicht.» Irmi wundert sich selbst. «Manchmal fühl ich mich wie 20. Also wirklich. Das ist so schön. Das Sexuelle bei uns ist einfach phantastisch.» Sanft streichelt sie ihm über die Hand. «Ich hab ihr gesagt», erklärt er, «du bist nicht 80. In Wirklichkeit bist du viermal 20.»

Irmi, die ihr Herz auf der Zunge trägt, wie sie gerne sagt, befürchtet, dass sie ihm manchmal zu aufdringlich ist. «Ich ruf ihn dann schon mal an und frage: Wie lange dauert es denn noch, bis du da bist? Ich glaube, von meiner Seite ist es noch ein bisschen mehr vom Herzen aus», vermutet sie. «Er muss sich wohl erst daran gewöhnen.»

Auf die Frage, ob er Irmi liebt, muss Heiner lange nachdenken, bevor er ehrlich zugibt: «Ich habe verlernt, was Liebe ist. Was ist das?» Und nach einer Pause gibt er sich selbst die Antwort: «Tja, sie hat Kribbeln im Bauch. Und ich hab schöne Gefühle im Kopf und so …» – «Da sieht man's», lächelt sie zurückhaltend, «wer der Kopf- und wer der Bauchmensch ist.»

Irmi hat es geschafft, den nach außen oft kühl wirkenden Heiner aufzuweichen. Das hat sogar sein Sohn gespürt, der vor neun Jahren die Praxis vom Vater übernommen hat. Jeden Tag holt Heiner seinen Sohn dort ab und fährt ihn nach Hause. Diese wenigen Minuten Gesprächszeit haben den beiden Männern bisher gereicht. Doch neuerdings bleibt der Sohn oft im Wagen sitzen und bittet den Vater um Rat. Einmal hat er sogar darum gebeten, ihn zu einer Prüfung zu fahren. Manchmal kann Heiner es nicht fassen, welche Auswirkungen die Liebe haben kann, vor der er eigentlich bisher so große Angst hatte.

«Dass man sich im hohen Alter nicht mehr verstellen muss, das finde ich sehr gut. Viel Zeit haben wir ja nicht mehr», sagt Heiner. Doch Irmi hat weniger den Tod im Blick als vielmehr das Leben. Und das will sie in vollen Zügen genießen. Dabei schreckt sie auch nicht vor der modernsten Technik zurück. Gestern hat sie ihm mit ihrem Smartphone eine SMS geschrieben: «Hi, du Supertyp, nach der Nacht der Nächte bin ich soooo müde. Aber jetzt kommt erst mal der Englisch-Unterricht …» Und seine prompte Antwort: «Die Nächte sind toll. Aber die Tage mit dir sind auch nicht zu verachten …»

## «Oma, du bist ein flotter Feger.»
### Von der Anziehungskraft älterer Frauen

Zuhören können. Sich Pausen gönnen beim Nachdenken. Und wohlbedachte Antworten formulieren. Ist es das, was Christine diese intensive Ausstrahlung gibt? Man stellt sich mühelos vor, wie sie sich ohne Scheu ans Bett Schwerstkranker setzt, zwei Mal pro Woche auf der Palliativstation eines Krankenhauses, und herausspürt, was die, die dem Tod so nahe sind, in diesem Augenblick brauchen von ihr, der wildfremden Frau. So wie der Mann, der kürzlich unwirsch fragte, wer sie denn geschickt habe. «Ein Engel», sagte sie intuitiv. Und was wie purer Kitsch klang, fiel in diesem Augenblick auf fruchtbaren Boden. «Sonst hätte ich das nie gesagt», beteuert sie im Nachhinein. Auf dem Rolltisch neben seinem Bett lag das Buch von Robert Gernhardt: *Warum ich? Warum ich nicht?* Fragen schlossen sich an. Sehr direkte. Und dann suchte er nur noch ihre Hand.

Das ist die eine Christine. Und die andere? «Oma, du bist ein flotter Feger», hatte ihre Enkelin neulich verkündet. Gibt es ein schöneres Kompliment für eine 67-Jährige? Hübsch anzusehen ist sie, nicht sehr groß, aber wohlproportioniert und blond. Schicke Frisur im Pagenschnitt, roter Pullover und schwarzer, kurzer Rock. Ihr aufmerksamer Blick widmet sich ganz ihrem

Gegenüber. Alles, was sie sagt, wirkt sehr durchdacht, getragen von einer warmen Stimme, die mal zweifelt, mal grübelt, um gleich darauf ein entschiedenes Ausrufezeichen zu setzen. Und während sie Kräutertee eingießt in der Essecke ihrer schlicht möblierten Wohnung und der Herbstwind um die Hausecke pfeift, sagt Christine ohne eine Spur von Koketterie: «Die Dinge kommen einfach auf mich zu.» Und man zweifelt keine Sekunde. Das Glück folgt dem, der es begrüßt.

Es ist noch kein Jahr her, da traf Christine auf Hartmut. Er saß am Flussufer auf einem Klappstuhl und tat nichts. Oder beinahe nichts. Er beobachtete Vögel. Und wie er so dasaß mit seinem Fernglas in der Hand, in sich ruhend und doch hellwach, wusste sie: «Den will ich kennenlernen.» Und so sprach sie ihn an in ihrer unbefangenen, zugewandten Art und erfuhr: Er hält Vorträge, vorzugsweise über die Vogelwelt. Der nächste ließ eine Weile auf sich warten. Aber sie hatte diesen Mann nicht vergessen. Er sie schon. Doch als sie den Saal betrat, Wochen später, da durchzuckte es auch ihn. Seither sind sie ein Paar.

Und das ist nicht immer leicht.

Hartmut ist 70 und verwitwet. 50 Jahre lang hatte er Seite an Seite mit seiner Frau gelebt. Von morgens bis abends. Tag und Nacht. Es war das Selbstverständlichste auf der Welt.

Sie braucht so etwas nicht. Sie will das nicht. Sie will ihren Freiraum, ihre Autonomie, ein Refugium. Ihre Bücher, ihre Musik, ihre Ruhe. Kaum ist das Wochenende vorbei, muss er gehen. Die Rolle der «Glucke» spielt sie nur für ihre Kinder. Die Wand neben dem Esstisch ist tapeziert mit Fotos von Kindern und Enkeln. Heitere, gelöste Gesichter – mal an Weihnachten, mal an Silvester oder Karneval. Täglich angestrahlt von der Lebenslust ihrer Kinder und Enkel, fühlt sich Christine sicher und aufgehoben, wenn sie von ihrer Arbeit auf der Palliativstation nach Hause kommt. So viel Schmerz, so viele Tränen, so viele Abschiede Woche für Woche. Das schärft den Blick für das, was ist, nicht nur für das, was sein könnte, müsste, sollte. Was liegt näher, als der Eingebung zu folgen und den Augenblick zu leben, wenn man immerzu Menschen sterben sieht?

25 Jahre hatte sie mustergültig gelebt nach dem gängigen Modell der «liebenden Ehefrau und Mutter. Sie war gerade mal 18, als sie heiratete. Er war 25 und eben fertig geworden mit seinem Ingenieurstudium. Im Rückblick meint sie, er habe wohl gerade «so ein unverdorbenes Weibchen vom Land gebraucht. Ich hab ihn mir jedenfalls nicht ausgesucht.» Immerhin hatte sie endlich eine eigene Wohnung. Ein eigenes Leben. Ihr gemeinsames Leben. Es ließ sich gut an. Er machte Karriere. Und sie funktionierte fabelhaft an seiner Seite. Er führte die Geschäfte einer größeren Firma, sie das maßgeschneiderte Einfamilienhaus und managte den Alltag mit den drei Kindern. Nebenbei arbeitete sie noch als Bibliothekarin. Und dann bekam der Luxusdampfer Schlagseite und lief auf Grund.

Sie hat sich selbst gerettet. Aber geblieben ist natürlich die Erinnerung. Dass ihr Lebensstandard schrumpfte, von XL auf XS, das stört sie nicht. Sie trauert nicht um den goldenen Käfig. Sie braucht keine Statussymbole, keine Villa, keinen weißen Sechszylinder. Und dass in ihrem Haus laufend jüngere Frauen ein und aus gehen, berührt sie nicht mehr. In den vergangenen 20 Jahren ist ihr Leben so viel turbulenter, so viel reicher geworden. Und manchmal fragt sie sich, ob sie einfach nur nachgeholt hat, was sie in jungen Jahren nicht erlebte. Lieber spät als nie! Sie lernte zu flirten, verschwendete ihr warmherziges Lächeln und genoss die Zuwendung der Männer. Und das waren oft deutlich jüngere. Sie hat sie nicht gesucht. Sie kamen auf sie zu. Wohl, weil sie so frisch, so jugendlich und doch fürsorglich wirkt.

«Der letzte junge Liebhaber, mit dem ich über zehn Jahre zusammen war, der war 16 Jahre jünger. Und der kommt natürlich immer noch. Und das, obwohl ich nicht mehr mit ihm ins Bett gehe. Aber ich bin immer noch interessiert, wie es ihm geht. Er ist mir nicht gleichgültig. Und ich ihm auch nicht!» Sie kannte ihn über den Freundeskreis ihrer Tochter, und er kam oft bei ihnen zu Hause vorbei. Ein kluger und ungemein selbstbewusster junger Mann. Und als die Tochter nach dem Abitur wegzog, kam er immer noch. Er saß gerne mit am Tisch, redete und redete. Und dann blieb er einfach. «Ja, ich fand ihn auch interessant. Ich hab mir nie Gedanken darüber gemacht, dass ich seine Mutter sein könnte. Der Altersunterschied, auch körperlich, hat mir nie etwas ausgemacht.»

Und nach und nach ergab sich eine Liebe, von der sie wusste, dass sie endlich sein würde. Was ist schon für die Ewigkeit?

Er hatte sich längst beruflich etabliert, aber sie musste ihn regelrecht in ein eigenes Leben drängen, wie eine Hebamme. «Es ist Zeit, dass du jetzt eine Frau findest. Von deiner Mutter bist du schon losgekommen durch mich. Und jetzt musst du dich von mir abnabeln.» Er suchte bei Parship, verguckte sich ein, zwei Mal. Aber vergeblich. Er bekam nur Absagen. Als er schon aufgeben wollte, bat er sie um Unterstützung. Und sie nahm die Sache in die Hand und traf eine Wahl, eine adäquate. Zur Verabredung musste er allerdings schon selber gehen. Ein halbes Jahr später heiratete er die Frau, die sie aus dem Angebot gefischt hatte. «Eine Psychologin. Doktortitel hat sie auch. Er braucht kein Heimchen am Herd.» Die Ironie des Schicksals: Die junge Frau hatte lange einen älteren Herrn an ihrer Seite.

«Deshalb dachte ich auch», schmunzelt sie, «man hat vielleicht Verständnis füreinander.» Seither sind sie alle drei befreundet. Und sie ist nach wie vor seine Ratgeberin in kniffligen Lebenslagen.

«Es ist nicht so, dass ich diese jüngeren Männer anbaggere oder mich anbaggern lasse. Es entwickelt sich einfach so. Zum Beispiel habe ich jemanden in Bayern. Ich mag ihn. Wir sind sehr ehrlich zueinander. Und treffen uns gelegentlich für ein Wochenende auf halber Strecke. Gerade hat er mir wieder geschrieben: ‹Ich möchte dich ganz gern mal wieder spüren.› Wollen Sie's genau wissen, wie es anfing?» Sie lacht vergnügt auf.

«Ich habe Josef schon als Kind gekannt. Mittlerweile sind es schon 45 Jahre. Er ist jetzt 50. Damals, als ich zum ersten Mal kam mit meinem späteren Mann, da war er fünf. Und ich war 17.» Oft hatte sie mit ihren Kindern im Bayerischen Wald Ferien gemacht, während der Vater «unabkömmlich» war. Und aus alter Verbundenheit war sie immer mal wieder zurückgekommen in die Familienpension, als sie schon geschieden war. Hier fühlte sie sich zu Hause. Hier war ihr alles so vertraut. Die Wirtsfamilie und deren erwachsene Kinder. Auch der Josef. Ausgerechnet an diesem letzten Morgen ihrer Ferien stand er hinter dem Frühstücksbuffet und fragte teilnahmsvoll, wie es ihr gehe. Nein, sie hatte wirklich nicht gut geschlafen. «Ich habe immer gehorcht, ob du die Treppe hochkommst, vielleicht», sagte sie zu ihm. «Darauf er: ‹Ich hatte meine Tür offen gelassen.› Und da hörte ich mich sagen: ‹Mein Bett ist übrigens noch ganz warm.›»

«Christine», verkündete kürzlich ihre Enkelin, «ich bin dir dankbar.» – «Wofür?, hab ich sie gefragt. ‹Ich habe dieses Gen von dir, dieses Gen der Leichtigkeit›, sagte sie. Sie hat einen festen Freund. Aber trotzdem flirtet sie gerne, kocht für

Freunde, ist so locker. Und der Freund findet das manchmal nicht so toll, wenn sie zu viel lacht mit anderen Menschen. Und Hartmut auch nicht, wenn ich zu viel lache oder flirte. Ich habe versucht, es ihm zu erklären, dass ich einfach neugierig bin auf andere Menschen.» Hartmut kennt das nicht. Flirten? Was ist das? Wenn Christine ihren schwarzen Rock trägt, schwarze Strümpfe dazu, dann fragt er allen Ernstes, ob sie auf eine Beerdigung geht. «Wenn ich eines nicht will», stöhnt sie, «dann ist das Ver-beigen.» Wie bitte? «Ver-*beeschen*.» Man muss es schon laut aussprechen, das Verb «verbeigen», und zwar in der frankophonen Variante. Erst dann erkennt man darin die Farbe, die im Handumdrehen zwei bunte Individuen, Mann und Frau, zu einem farbneutralen Doppelpack verschmelzen lässt. Vom Blouson bis zu den Schuhen eine weithin sichtbare Demonstration von «Wir sind eins». Hartmut würde das gern sehen. So hat er es immer gehalten mit seiner Frau, 50 Jahre lang. Warum nicht auch mit Christine, seiner neuen Freundin seit einem knappen Jahr?

«Ich glaube, er ist mir einfach zu alt», flüstert sie über den Tisch hinweg. Das würde sie ihm nie und nimmer ins Gesicht sagen. «Ich denk das nur. Ich denke: Hartmut, da kommst du jetzt nicht mit. Oder: Du bist mir nicht flott genug.» Und das schlechte Gewissen erstickt ihre Stimme.

Und wenn nun der Josef aus dem Bayerischen Wald sein Motorrad aus dem Winterschlaf holen und wie angekündigt bei ihr vorfahren würde, wäre das für sie ein Problem?

«Nein, eigentlich nicht», flüstert sie wieder. «Vielleicht will ich es aber auch gar nicht, weil ich weiß, dass es den Hartmut verletzen würde. Sehr.»

**«Das Kapellchen mag noch so alt sein,
das Glöckchen kann immer noch läuten.»
Sex bis ins hohe Alter**

«Erst konnte er nicht. Aber ich konnte. Dann konnte ich nicht, aber er. Wir sind nur am Üben. Und lachen uns kaputt darüber.» Magda, 64, amüsiert sich noch jetzt, wenn sie an die erotischen Stehübungen mit Adam denkt. Adam, der immerhin erst 56 ist. Und der es fertigbrachte, ihre Lust wiederzuerwecken. Seit sie ein Paar in loser Verbindung sind, ist der Spaß am Sex auf ungeahnte Weise aufgeblüht. Früher, da war es «nicht so prickelnd, nicht so schön». Weder mit ihrem Mann noch mit ihren gelegentlichen Liebhabern. «Das mit der Liebe müssen wir beide wieder lernen. Hat nix mit Zärtlichkeit zu tun, die ist genügend da. Oder mit Lust. Nur die Funktion lässt zu wünschen übrig.»

Adam hatte lange seine krebskranke Frau gepflegt. «Aber vorher», meint Magda, «war wohl auch schon tote Hose. Und bei mir war es ja genauso. Mein Mann und ich, wir waren 40 Jahre lang verheiratet. Da hat man ja auch nicht mehr eine so enge Beziehung. Und er war auch schwer herzkrank und praktisch fast impotent. Und ich hab das auch nie so vermisst.»

Das Kapellchen mag noch so alt sein, das Glöckchen kann immer noch läuten, sagt der Volksmund.

Bloß wann? Und wie lange?

Männer sind stärker als Frauen von altersbedingten sexuellen Einschränkungen betroffen, schreibt Dr. Kirsten von Sydow, Professorin an der Psychologischen Hochschule Berlin und Therapeutin, in ihrem Buch *Die Lust auf Liebe bei älteren Menschen*. «Erektionen werden mit zunehmendem Alter seltener, sie bauen sich langsamer auf und sind störungsanfälliger. Der erigierte Penis ist im reifen Alter weniger steif, und gelegentliche Impotenz ist normal. Der Penis wird weniger sensitiv, das heißt, ältere Männer benötigen mehr Stimulation, um zum Orgasmus zu kommen, als jüngere Männer. Und im höheren Alter erleben Männer den Orgasmus zum Teil als weniger intensiv.»

Fatal ist nur, dass Erektionsprobleme häufig zu sexuellem Rückzug führen, weil die wenigsten so unbefangen und heiter damit umgehen können wie Magda und Adam.

«Bei Männern ist es häufig so», sagt der Paarberater Georg Krause aus Köln, «dass sie ihre sexuelle Kompetenz an der physiologischen Funktionsfähigkeit ihres Körpers festmachen. Sie glauben: Je stärker und präziser die Erektion und je länger sie den Geschlechtsverkehr durchhalten können, desto besser sind sie als Liebhaber. Für Männer bricht die Welt zusammen, wenn sie plötzlich merken: Nichts geht mehr.»

Und dennoch haben Untersuchungen gezeigt, dass Ältere tatsächlich mehr Sex haben als Junge, einfach weil die oft keinen festen Partner haben.


«Ist es normal, im Alter noch Lust zu haben?», fragt «pro familia» Kassel auf ihrer Homepage und liefert die Antwort gleich mit: «Pro familia möchte ältere Menschen ermutigen, ihrem Bedürfnis nach Zärtlichkeit und Lust Raum zu geben sowie Fragen zur Sexualität und zu körperlichen Veränderungen zu klären.»

Und damit die Hürde nicht so hoch ist, bleibt jeder Anruf in der Beratungsstelle anonym. Darum weiß Petra Zimmermann auch nicht, wer da kürzlich bei ihr anrief. «Er war fit, war lange verheiratet gewesen, hatte Kinder. Also das ganze Programm. Jetzt war er mit 88 Witwer geworden, lebte allein, versorgte sich gut und hätte gerne eine Partnerin – so zum Spaß.» Und was konnte sie ihm raten? Schließlich ist «pro familia» keine Partnerschaftsagentur. «Ich habe ihm einen Nachbarschaftstreff empfohlen, habe ihm gesagt: ‹Da sind Sie der Hahn im Korb, da gibt es Frauenüberschuss!›» Statistisch gesehen leben Frauen etwa sieben Jahre länger als Männer. Auf drei Frauen im Alter zwischen 70 und 79 kommen zwei Männer. Und weil Frauen sich größtenteils ältere Männer als Partner aussuchen, sind 75 Prozent der Männer über 65 verheiratet, aber nur 28 Prozent der Frauen. Die meisten von ihnen haben ihren Mann durch den Tod schon verloren. Darum ist es schwieriger für ältere Frauen, einen neuen Partner zu finden, als für ältere Männer.

Und noch etwas kommt dazu: Für Männer gelten zwei Schönheitsideale – das des jungen Mannes und das des älteren Herrn mit grauen Schläfen. Für Frauen dagegen gibt es nur eines – das des jungen Mädchens. Dieses Ungleichgewicht beschrieb die amerikanische Publizistin Susan Sontag 1977 mit dem Begriff des «double standard of aging» (Doppelstandard des Alterns), der offenbar bis heute gilt.

Oder bröckelt er schon? Wie stark müssen all die attraktiven Frauen jenseits der 60 wirken, wenn sogar die Werbung längst auf «graue Köpfe» setzt? Und Schauspielerinnen wie Gaby Dohm und Senta Berger auf Zeitschriftencovern verkünden: «Die beste Zeit kommt jetzt!»? Oder: «Heute sage ich offen meine Meinung.»? Vor 30 Jahren noch wurden Frauen jenseits der Wechseljahre als das «unsichtbare Geschlecht» bezeichnet.

Heute titelt die Zeitschrift *Meins*: «Generation Wow!» Und meint all die Powerfrauen wie Hannelore Elsner, Michaela May und Hannelore Hoger, Uschi Glas und Christiane Hörbiger, Catherine Deneuve und Hellen Mirren. Frauen zwischen 60 und 70, die noch immer im Rampenlicht stehen und als Leitbild dienen könnten für eine solvente und vor allem wachsende Käuferschicht.

Vordergründig suchte der Herr von 88 Jahren am Telefon von «pro familia» nur jemanden zum Ausgehen, fürs Theater oder Konzert, zum Plaudern und Spazierengehen. Oder auch für mehr? Ein wenig Zärtlichkeit vielleicht?

«Man bleibt ein Leben lang ein sexuelles Wesen», sagt der Paartherapeut Georg Krause. Er beobachtet seit Jahren eine deutliche Zunahme von Älteren unter seinen Klienten. Häufig sind es Paare, die sich erst in höherem Alter getroffen haben. «Ich weiß nicht, wie das nun wirklich ist, wenn man über 90 ist. Aber selbst da haben wir schon Sexualität in Pflegeheimen erlebt. Selbstberührung. Oder bei Paaren das Streicheln der Genitalien, Schmusen und so. Ich glaube, das hört ein Leben lang nicht auf.»

Dr. Kirsten von Sydow, Psychotherapeutin in Hamburg, hat sich intensiv mit diesen Fragen befasst. Neben eigenen Studien hat sie die Forschungsergebnisse anderer zur sexuellen Aktivität und zum Interesse älterer Menschen zusammengefasst.

«Zärtlichkeit ist lebenslang wichtig», sagt sie. «Geschlechtsverkehr wird von den meisten Paaren bis zum Alter von etwa Mitte/Ende 60 praktiziert, mit Anfang 70 noch von einem Drittel. 86 Prozent der Männer, aber nur 66 Prozent der 40- bis 80-jährigen Frauen in Deutschland berichten von Geschlechtsverkehr im Jahr vor der Befragung. Das erotische Kernproblem vieler älterer Frauen (und mancher Männer)», konstatiert sie, «ist ein Mangel an Zärtlichkeit und/oder sexueller Aktivität wegen eines fehlenden Partners oder aber in bestehender Paarbeziehung. Davon scheint mindestens ein Drittel aller älteren Frauen betroffen zu sein.»

Damit spricht sie Edith aus der Seele. Sie ist 69 und seit elf Jahren auf der Suche nach einem Partner. Natürlich unternimmt sie vieles mit ihren Freundinnen, aber ihr fehlt der männliche Gegenpart. Vor allem vermisst sie Körperkontakt, seit ihr Zahnarzt beiläufig und ohne jeden Hintergedanken ihre Schulter berührte. «Das ging mir durch und durch. Das ist es ja, was einem fehlt als Single, dass man überhaupt keinen Hautkontakt, keinen Körperkontakt hat. Mir tut es schon gut, wenn mein Bruder mich mal in den Arm nimmt. Oder mein Cousin oder mein Sohn. Aber das ist zu wenig. Man braucht das eigentlich täglich. Ein Baby geht ja ein, wenn es keinen Körperkontakt hat.»

«Die Mehrheit der Frauen und Männer scheint (mindestens) bis Ende 70 sexuell interessiert zu bleiben», meint von Sydow, «wobei das sexuelle Interesse im höheren Alter meist gering ausgeprägt ist. Erotische Phantasien werden häufiger von älteren Männern als von Frauen bejaht. Dagegen werden erotische Träume nachts im Schlaf noch von einem Drittel der über 80-jährigen Frauen angegeben.»

Und wenn sie Glück haben, können sie ihre Lust auch ausleben. Für viele Frauen ist das eine überwältigende Erfahrung, die sie erst im fortgeschrittenen Alter machen, wie auch Magda: «Also, ich hab das jetzt zum ersten Mal gespürt. Sag ich ganz ehrlich, dass ich richtige Lust habe. Das kannte ich vorher gar nicht. Ich weiß nicht, woran es liegt. Das hat erst letztes Jahr angefangen. Das ist toll. Und das hätte ich mich früher auch gar nicht getraut auszusprechen. Und heut sag ich immer zu meinem Partner: Meinste, es funktioniert heut? Ich hätte so 'ne Lust. Sagt er: ‹Wir können's probieren.› Wir üben halt noch. Er geht auch schon zum Arzt und fragt nach, was man so tun kann. Und da hab ich gesagt: Komm mir ja nicht mit Viagra! Das ist nicht die richtige Lösung, glaube ich. Und gesund ist es auch nicht.»

Und dabei hatte auch sie ihre Probleme. «Ich hab ja erst mal gedacht, ich bin wieder zugewachsen. Ich bin wieder Jungfrau. Ich bin zur Frauenärztin, weil ich Angst hatte. Ich dachte sogar, ich hab Krebs. Aber da hat sie gesagt, ach nein, das ist alles ganz normal. Sie müssen wieder üben. Das weiß man ja nicht, wenn man so lang ausgesetzt hat. Das merkt man ja erst, wenn man wieder einen Partner hat.»

«Bei Frauen», schreibt Kirsten von Sydow, «wird die Haut von Vulva und Scheide nach den Wechseljahren etwas dünner und empfindlicher. Das kann den Geschlechtsverkehr erschweren, ebenso wie auch das Schwächerwerden der Lubrikation (das Feuchtwerden der Scheide). Doch die sexuelle Erregbarkeit und Orgasmusreaktion bleibt Frauen im Wesentlichen unbeeinträchtigt bis ins hohe Alter erhalten.»

Allerdings brauchen Frauen einen Vorlauf, der auch mal länger dauern kann. Sonst kommt es zum «Kaltstart», wie Paartherapeut Georg Krause das nennt. Den Begriff hat er von einer Klientin übernommen, die das gelegentliche Zusammensein mit ihrem Mann genau so empfand. Und weil im Bett so oft geschwiegen wird über die wahren Bedürfnisse und geheimen Wünsche, wissen Georg Krauses Klienten oft auch gar nichts über die Sexualität des anderen. «Der Körper ist vertraut. Und eine gewisse Sexualität ist vertraut, die man gepflegt hat. Aber was im Kopf vorgeht oder wie der Partner auf dieses und jenes reagieren würde, das wissen die Leute gar nicht. Und das ist natürlich ein Prozess. Sexualität muss man lernen, und das haben viele nicht geschafft. Meine Oma hat gesagt: ‹Das einzig Schöne an der Sexualität war, dass ich drei Kinder bekommen habe. Den Rest hätte ich mir schenken können.› Ich hab oft mit ihr darüber gesprochen. Sie hat es nicht explizit gesagt, sie hat viel durch die Blume gesprochen, aber ich glaube, ihre Sexualität war schlichtweg katastrophal.»

Wenn dann noch Moral die Lust zensiert, kann es heiter werden. Magda sagt über ihren Adam: «Der ist ja total katholisch. Ich wollte ihn mal im Sessel verführen vor einiger Zeit. Ich hab richtig gemerkt, es hätte klappen können. Da sagt er zu mir: ‹Ich kann dich doch nicht im Sessel verführen. Das ist respektlos. Du bist doch meine Freundin.› Da hab ich zu ihm gesagt: Muss ich immer erst den gestrickten Schlafanzug anhaben, bevor da was geht? Oder das Licht ausmachen?»

In solchen Fällen tritt Georg Krause ohne Umschweife die Flucht nach vorn an, greift beherzt ins Regal und zieht Videos hervor: Liebesspiele für Silver-Ager. Eine US-Produktion von verblüffender Offenheit. Erst erläutert ein Psychologenpaar die körperliche Konstitution älterer Menschen. Und dann gibt ein attraktives und – wie es heißt – verheiratetes Paar um die 70 im betont heimeligen Ambiente Nachhilfeunterricht am lebenden Objekt. Und zwar in erstaunlich ungenierten Nahaufnahmen. Das klassische Liebesspiel, genital, oral und manuell, mit und ohne Hilfsmittel wie Vakuumpumpe als Erektionshilfe oder Dildos. Da wird auch schon mal gescherzt und gelacht und in Teamarbeit die Pumpe in Stellung gebracht. Eine keineswegs pornographische, aber bildstarke Entdeckungsreise durch die gängige Variationsbreite. Extremere Varianten wie SM kommen nicht vor, obgleich der Paartherapeut sicher ist:

«Wer einmal diese Vorliebe hat, behält sie bis ins hohe Alter. Warum auch nicht, wenn beide wollen?» Georg Krause leiht die Videos gerne aus. Nur nicht das Sexspielzeug aus der Vitrine. Das soll lediglich als Anschauungsobjekt dienen. Und dabei hat inzwischen sogar eine bundesweite Drogeriekette Dildos und künstliche Penisse auf Augenhöhe im Sortiment. Georg Krause hat oft erlebt, dass ältere Menschen ihren Körper kaum kennen. Und dass gerade Männer lernen müssen, dass Sex eben nicht bedeutet, «eine große Nummer abzuziehen». «Das hab ich häufig in meiner Beratung», sagt Krause, «und mit dem Viagra in der zweiten Lebenshälfte logischerweise viel stärker als in der ersten Lebenshälfte.»

Sexualität ist das Zwiegespräch der Körper. Aber den gemeinsamen Sprachmodus, den müssen beide Partner erst finden.

Christine, 67, und Hartmut, 70, testen nach einem knappen Jahr Zusammensein noch ihren gemeinsamen Wortschatz:

«Ich gebe zu, ich finde Sex mit ihm interessant. Aber ich will nicht so oft, wie er möchte. Das muss ich ihm dann auch sagen. Er mag mich sehr. Er braucht mich auch. Aber ich möchte nicht die Wünsche eines Herrn, der jetzt gerade 70 wurde, erfüllen, die er vielleicht in seiner Jugend nicht ausleben konnte. Zum Beispiel, wenn er sagt: ‹Weißt du, Sex auf dem Autorücksitz, das ist doch was.› Hoppla, denk ich, hast du das schon mal gemacht? Als junger Mensch hab ich das gemacht. Aber das brauch ich heute doch nicht mehr. Das will ich nicht mehr. Ich finde es aber auch gut, dass er das ansprechen kann. Dass er sagt: ‹Was hältst du denn von Sexspielzeugen? Oder Kondomen? Wir müssen jetzt keine Kondome nehmen, brauchen wir ja nicht, aber wir könnten das doch mal, just for fun, ausprobieren.› Das können wir. Aber Sexspielzeuge, Autorücksitze … solche Dinge. Da denke ich, okay, das sind Wünsche. Und nicht alle Wünsche werden erfüllt. Manchmal reicht ja die Phantasie. Sonst hätte ich ja Angst, er könnte einen Bandscheibenvorfall bekommen.»

Anders als Christine fehlt Frauen, die über Jahrzehnte nur die mehr oder weniger erfreulichen Liebesspiele mit ihrem Mann kennengelernt haben, die Erfahrung.

«Frauen kennen ihren Körper zwar besser, als Männer ihren Körper kennen», sagt Georg Krause. «Aber was ihre Lustzentren angeht und was wie wo gesteuert wird, das ist oft Brachland. Also die Kontraktion der Beckenbodenmuskulatur. Das ist auch eine Prophylaxe gegen spätere Inkontinenz. Viele Frauen fragen: ‹Ja, was soll ich denn tun? Ich lieg da und der macht.› Ja, mitmachen, sage ich dann. Und dann gibt's großes Gelächter! Es muss ja eine gemeinsame Sexualität sein. Sonst ist das nur ein ‹Akt›, der vollzogen wird. Und um auf meine Oma zurückzukommen: Das ist nämlich genau der Akt, der ihr keinen Spaß gemacht hat, und dem Mann vermutlich auch nicht.»

«Letztlich entscheidend ist für Menschen jeden Alters», schreibt Kirsten von Sydow, «der Mut, eigene Wünsche dem Partner gegenüber (oder einer Person gegenüber, die man gern kennenlernen möchte) zu zeigen. Ohne diesen Mut schläft die Sexualität ein.»

Und sie verweist auf den amerikanischen Paar- und Sexualtherapeuten David Schnarch, der die Bedeutung von Differenzierung betont. «Darunter versteht er den Mut, sich (sexuell und nicht sexuell) zu zeigen, wie man ist, und auszuhalten, dass der Partner oder die Partnerin nicht unbedingt positiv darauf reagiert.» Manche Menschen, meint sie, brauchen dazu Beratung. Aber andere finden durchaus ganz spontan nach Jahren einer «eingeschlafenen» Sexualität diesen Mut, sich zu zeigen.

## Ich hab's einfach gewusst.
## Wie ein Treffer im Lotto

Isabelle will einen jüngeren Mann, den sie hin und wieder trifft und mit dem sie reisen, ins Theater, in die Oper gehen kann. Aber zusammenleben? Nein! Das will sie nicht. Kurz überlegt sie, wie alt er sein darf, und beschließt: höchstens 60.

Isabelle ist Schweizerin. Eine zierliche Person mit sanfter Ausstrahlung. Die 66-Jährige achtet sehr auf ihren Körper. Sie hat sich fit machen lassen, wie sie es formuliert, weil sie noch einmal einen Mann lieben will. Mit allem, was dazugehört. Und dafür möchte sie schließlich attraktiv sein und sich wohl in ihrer Haut fühlen.

Vergnügt sitzen Tochter Lisa und sie mit einem Gläschen Sekt am Computer. Sie füllen Mamas Profil bei der Online-Partnervermittlung edarling aus. Beide geben sich Mühe, Isabelle für die Männersuche im Netz so attraktiv und so humorvoll wie möglich zu präsentieren. An Selbstbewusstsein mangelt es Isabelle nicht. Die ehemalige Sozialpädagogin weiß um die Wirkung ihrer attraktiven Erscheinung. Modisch lässig trägt sie zur schmalen, auffallend gemusterten Hose einen langen Pulli. Ihre grauen Haare sind zu einem schicken Kurzhaarschnitt gestylt, und die edle schwarze Brille unterstreicht ihr feines Gesicht.

Lisa findet ihre Mama ziemlich cool, wenn diese sich für die Oper schick macht und auf High Heels losstöckelt.

Die heute über 60-Jährigen sind schließlich keine alten Frauen. Sie sind attraktiv, unternehmungslustig und sexy und wollen ihr Leben nach Beruf, Kindererziehung und dem Ende einer Partnerschaft noch einmal so richtig genießen.

Isabelle hat nach dem Tod ihres Mannes zweieinhalb Jahre alleine gelebt. Jetzt ist sie ausgehungert nach Liebe, nach Nähe, nach Zärtlichkeit und gespannt auf ihre zukünftigen Männer-erfahrungen. Denn tief innen hat sie so ein ganz bestimmtes Gefühl, eine Gewissheit eher, dass sich ihr Wunsch erfüllt. Sie wird den Mann, den sie sucht, auch finden. Bei dem Gedanken muss sie lächeln. Es wird aufregend werden. Isabelle ist bereit.

Thomas hat eine gewisse Skepsis, ob eine gleichaltrige oder gar ältere Frau zu ihm passt: «Ich denke da immer an so Hausmüt-terchen mit Küchenschürze.» Er lächelt etwas verlegen, denn so was darf man ja eigentlich nicht sagen. Seine Befürchtung: Mit einer gleichaltrigen Partnerin ist vielleicht eine erotisch-leiden-schaftliche Beziehung nicht mehr möglich. Denn darauf will er trotz seines Alters nicht verzichten.

Thomas ist 70 und hat sein Leben lang mit bedeutend jün-geren Frauen gelebt. Bisher war das kein Problem, denn der In-genieur und Dozent für Informatik kann sich darauf verlassen, dass er mit seinem Wissen, seiner attraktiven Erscheinung und seiner Einfühlsamkeit gut bei Frauen ankommt. Die letzte Part-nerschaft beenden er und seine Frau eher aus Vernunftgründen in einer für ihn kritischen Phase. Sie ist 16 Jahre jünger, und er wird zum ersten Mal in seinem Leben ernsthaft krank. Eine heikle Gehirnoperation steht an.

Inzwischen hat er sich von diesem Eingriff verhältnismäßig

gut erholt. Es hätte schlimmer kommen können. Mit den bleibenden Einschränkungen kann er leben, und niemand merkt
sie ihm an. Thomas fühlt sich wieder fit und denkt an die Liebe.
Es scheint ihm klüger, sich in seiner Situation jetzt doch nach
einer gleichaltrigen Partnerin umzusehen.

Als Computerspezialist mit Wohnort auf dem Land kommt
für ihn nur die Suche per Internet in Frage. In sein Profil
schreibt er: «Ich suche eine gutaussehende, gebildete, intelligente Frau, die gerne reist, sportlich und taff ist und nicht zu groß.»
Zwischen 65 und 72 Jahren soll sie sein. Und er vermerkt noch,
dass er eigenständig bleiben will, also eher zu einer Beziehung
auf Distanz tendiert.

Nachdem er sich bei edarling eingeschrieben hat, kommen
ihm Zweifel: «Kann ich mich in meinem Zustand überhaupt
noch einer Frau zumuten?» Sicherheitshalber schaut er im Netz
zunächst nach den Kandidatinnen, die am weitesten entfernt
wohnen: in Island, in Österreich, in der Türkei.

Isabelle ist von der Auswahl der Männer, die ihr vorgeschlagen
werden, ziemlich enttäuscht. Da meldet sich doch tatsächlich
einer mit absolut gegensätzlichen Interessen bei ihr. Er hat zum
Beispiel einen Hund, was sie ausdrücklich nicht wollte. Er kann
mit Oper und Theater nichts anfangen und schreibt noch altklug, sie solle doch Stöckelschuhe tragen, wenn sie schon so
klein sei. Entsprechend ironisch antwortet sie und beendet danach den Kontakt.

Die Männer, denkt sie, könnten sich bei der Darstellung ihrer Person mehr Mühe geben. Die meisten schreiben als Beruf
einfach nur «Pensionär». Damit kann sie nichts anfangen. Sie
will doch wissen, was ihr zukünftiger Partner gelernt und gearbeitet hat. Denn eine gewisse Bildung ist ihr schon wichtig.

Isabelle findet die Suche etwas mühsam. Täglich durchforstet sie das aktuelle Männerangebot, klickt sich durch die Profile, die ihr freigeschaltet werden und die so gar nicht ihr Fall sind.

An einem Foto bleibt Isabelle spontan hängen. Der gefällt ihr, und sein Beruf ist auch gut. Irgendwie hat dieser Mann etwas, das sie berührt. Es ist sein männlicher, aber doch weicher Gesichtsausdruck. Er hat so etwas Feines, etwas Liebes. Ein Dozent für Informatik aus Deutschland. Warum nicht? Was er schreibt, passt alles. Nur das Alter nicht. Er ist schon 70.

Aber dann ist da noch dieser locker hingeworfene Satz in seinem Profil, der sie elektrisiert und ihr fast den Atem nimmt: «Wie ich meinen Tag verbringe? Wie wär's mit etwas Erotik?» Genau das will sie noch einmal erleben. Sein Alter ist plötzlich egal. Sie schickt ihm ein elektronisches Lächeln. Nur das. Mehr traut sie sich nicht im Moment. Ob er sich darüber ärgert? Ob er vielleicht so viele Anfragen von Frauen bekommt, dass ihr «Lächeln» ihm gar nicht auffällt? Ihr Magen zieht sich vor Aufregung zusammen. Urplötzlich ist sie schrecklich nervös. Immer wieder schaut sie sein Foto an und denkt: Das ist er! Sie kann nichts mehr essen.


Thomas erhält unendlich viele Anfragen von Frauen und zählt sie schon gar nicht mehr. Das stärkt sein angeschlagenes Selbstbewusstsein und lässt ihn hoffen.

Nach seiner Trennung und der schweren Operation hat er so etwas wie Bindungsangst entwickelt. Da geben ihm Frauen, die weit weg wohnen, eine gewisse Sicherheit. Denn er weiß nicht, wie viel Nähe für ihn noch möglich ist, obwohl er sich danach sehnt. So richtig traut er sich selbst nicht mehr über den Weg.

Bis zu seinem 70. Geburtstag fühlte er sich unsterblich und vor allem jung. Das ist vorbei. Er hat sozusagen dem Tod ins

Auge geblickt. Alles, was jetzt noch kommt, ist ein Geschenk. Thomas spürt einen großen Lebenshunger und will jeden Tag genießen. Und dazu gehört für ihn auch das Zusammensein mit einer Frau.

Auf seinem Account der Partnerschaftsvermittlung hat er sich eine Liste mit Favoritinnen angelegt. Es sind Frauen, mit denen er sich per Mail schon mehrmals ausgetauscht hat, die ihm gut gefallen und die er gerne treffen möchte. Und plötzlich kommt da noch so ein Lächeln. Was soll er damit? Und wer ist diese Frau?

Er ruft ihr Profil auf. Eine Schweizerin, Witwe, drei erwachsene Kinder, Sozialpädagogin, 66 Jahre. Ihr Steckbrief gefällt ihm. Das Foto zeigt eine hübsche, jugendliche Frau. Und die Schweiz ist auch weit genug entfernt. Aber erst einmal will er die anderen Kandidatinnen gewissermaßen abarbeiten, mit ihnen telefonieren, sich mit ihnen treffen.


Isabelle wartet. Sie will keinem anderen Mann mehr schreiben oder auf Anfragen antworten. Immer wieder geht sie ins Netz und schaut sein Foto an. Das Leben in diesen heißen Sommertagen ist plötzlich einfach nur noch aufregend und beschwingt. Manchmal erscheint es ihr fast, als würde sie abheben. Irgendwie ist alles so irreal.

Fünf Tage sind schon vergangen und noch immer keine Reaktion. Mehrmals täglich schaut sie nach. Ihrer Tochter verheimlicht sie ihre Gefühle, denn sie kommt sich ein bisschen verrückt vor, dass sie so auf ein Foto abfährt.

Nach zehn Tagen erwartet sie fast schon keine Antwort mehr. Sie bemüht sich um Ablenkung, trifft sich mit ihren Freundinnen, versucht zu lesen, schmust mit ihren beiden Katzen. Doch immer wieder kreist alles um diesen Mann aus Deutschland.

Eigentlich ist sie schon verliebt, obwohl sie nichts von ihm weiß. Nur das, was er in seinem Profil geschrieben hat und was sein Bild ihr sagt. Sie kann immer noch kaum etwas essen und nimmt ab. Eine Liebesdiät.

Thomas kann die «kleine» Schweizerin, die nur 1,55 m groß ist, nicht vergessen. Aber zunächst einmal korrespondiert er weiter mit der interessanten Deutschen aus Island, mit der Österreicherin und der aus der Türkei. Er telefoniert mit anderen, trifft auch mal eine und überlegt, vielleicht zu einem Rendezvous nach Island zu fliegen. Dort war er noch nie. Doch diese Schweizerin, die könnte schon auch passen. Er nimmt sie jedenfalls mal in seine Favoritinnenliste auf und antwortet ihr endlich, aber auch nur mit einem Lächeln.

Es ist ein lauer Sommerabend. Thomas spaziert durch seinen gepflegten Garten, alles blüht, alles wächst. Ein Paradies, das er sich geschaffen hat und das ihm viel bedeutet. Hier auf der Bank mit einer Frau zu sitzen, das wär schon schön. Mit einer, die er lieben kann und die ihn liebt. Ob er dieses Glück noch einmal erleben wird?

Zwei Wochen des Wartens sind vorbei. Isabelle öffnet zum hundertsten Mal ihren Laptop und kann es nicht fassen. Diesmal hat sie Post – von ihm. Allerdings auch nur ein elektronisches Lächeln. Sie hat es gewusst, ganz tief innen hat sie gespürt: «Das wird noch was», erzählt sie lachend. Jetzt ist Isabelle nicht mehr zu bremsen. Sie kommentiert seinen Profiltext. Besonders zum Thema Erotik. Und sie erkennt sich selbst nicht mehr, wie kess und direkt sie damit umgeht. «Früher», gibt sie verlegen lächelnd zu, «wäre das nicht möglich gewesen. Ich war irgendwie so verklemmt.»

Ihr feiner Schweizer Zungenschlag gibt ihren Worten einen humorvollen Touch. Und sie lacht auch viel, während sie von ihrer Männersuche berichtet. So offen und ehrlich hat sie noch nie im Leben über ihr Bedürfnis nach Liebe und Nähe gesprochen. Die anonyme Möglichkeit der Internetsuche hilft ihr bei dieser Ehrlichkeit. Sie kann sich so lange dahinter verstecken, bis sie den Mut hat, dem Mann, der sie wirklich interessiert, gegenüberzutreten.

Später trifft sie ihre Tochter. Die staunt und sagt: «Mama, die Männersuche ist für dich eine Verjüngungskur. Du strahlst wie ein Teenie.» Und dann fügt sie noch warnend hinzu: «Aber du gibst keinem Geld, das musst du mir versprechen!»

Thomas ist erstaunt, wie direkt die Schweizerin, die den schönen Namen Isabelle hat, auf ihn zugeht. Er merkt, sie fährt völlig auf ihn ab, und das mit einem unglaublichen Tempo. Einerseits freut es ihn und schmeichelt ihm auch, andererseits macht es ihm Angst. Nach einigen Mails wird ihm ungemütlich. Vollkommen ungebremst schreibt sie ihm von ihrer Verliebtheit und dass sie mehrere Kilos abgenommen hat. Irgendwie findet er sie schon auch prickelnd, aber dennoch kann er ihre Gefühle in dieser Heftigkeit nicht erwidern und denkt: «Nee, eine verliebte Frau, die ich noch nie gesehen habe, das ist nichts mehr für einen 70-Jährigen wie mich.» Er will lieber mit mehr Bedacht vorgehen und die anderen Kontakte nicht vorschnell beenden.

Er schreibt Isabelle: «Ich möchte dir nicht wehtun, aber das geht mir alles zu schnell. Ich kann auf deine Gefühle nicht eingehen. Das mag auch an einer gewissen Bindungsangst liegen. Sei mir nicht böse.» Und er beendet den Kontakt. Aber er denkt weiter über sie nach und fragt sich: «Was ist so schlimm daran, dass sie sich in mich verliebt hat? Etwas Besseres kann mir doch mit meinen 70 gar nicht mehr passieren!» Nachdenken ist gut, Verdrängen scheint in diesem Fall besser. Er wendet sich wieder den anderen Möglichkeiten zu. Das ist die komfortable Seite der Internetsuche. Besonders Männer haben eine reiche Auswahl an potenziellen Partnerinnen, denen sie sonst nie begegnen würden.

Isabelle liest Thomas' Mail mehrmals. Ist sie enttäuscht? Fühlt sie sich verletzt? Nein! Sie sagt sich: «Okay, ich bin das Risiko eingegangen. Wenn es jetzt nichts wird, dann hab ich immerhin das Gefühl gehabt, ich bin noch nicht zu alt zum Verlieben.» Lisa staunt, dass ihre Mutter so relaxed mit ihren Gefühlen und der Zurückweisung umgeht. Ob das alles so stimmt, was sie da sagt?

Isabelle antwortet Thomas, ohne viel nachzudenken, und schreibt, was ihr in den Sinn kommt: «Du hast mir nicht wehgetan. Das Verliebtsein habe ich in vollen Zügen genossen. Das allein war's mir schon wert.» Und zum Abschluss fügt sie noch neckisch hinzu: «Jetzt wirst du meinen schönen, knackigen Körper nicht mehr kennenlernen. Schade für dich.» Soll er doch mit dieser Mail machen, was er will. Was kann schon passieren?

Bisher ist der Schriftwechsel noch relativ anonym. Beide kennen nur ihre Vornamen und ihren Wohnort. Jetzt braucht sie erst einmal eine Männerpause. Auch wenn sie sich vorstellen kann, dass dies noch nicht das Ende der Geschichte ist. Denn auch jetzt hat sie immer noch das sichere Gefühl: «Er ist es.»

Als Thomas Isabelles Mail öffnet, lacht er schallend. Er liest sie immer und immer wieder durch und denkt: Eine, die so cool reagiert, die ist was für mich. Gleichzeitig ist er auch irritiert und fragt sich: Was in aller Welt ist an mir so liebenswert, dass diese Frau mich will? Was Isabelle so anziehend macht, ist ihre Klarheit, dass sie zu ihren Gefühlen steht, ohne etwas von Thomas zu fordern. Das macht es ihm leicht zu reagieren. Postwendend antwortet er, schickt seine private E-Mail-Adresse und seine Telefonnummer.


*Zwei Monate später …*

«Gleich beim ersten Telefonat hat er mich richtig eingewickelt. Bis wir uns das erste Mal gesehen haben, war ich sechs Kilo leichter.» Sie kichert vergnügt, und er fügt grinsend hinzu: «Ja, das kann ich gut, jemanden mit Worten einwickeln und charmant sein. Es hat geklappt, du hast dich immer mehr in mich verliebt», berichtet er nicht ohne Stolz, «aber ich mich auch in dich.» Er streichelt ihr zart über die Hand und lässt sie nicht aus den Augen.

Beide erinnern sich an die erste Begegnung. Sie treffen sich zwischen ihren beiden Wohnorten in einer mittelalterlichen Stadt. Er hat ein Wochenende mit viel Kultur und ein schönes Hotel gebucht.

Der Zug aus der Schweiz kommt wenige Minuten früher an. Sie wartet auf ihn. «Ich bin aus dem Zug gestiegen, und dann stand sie da. Ich sag mal, für mich wie eine kleine Elfe.» Er schmilzt immer noch dahin, wenn er nur daran denkt. «Es war Sommer, und sie hatte so ein lockeres Kleidchen an.» Dabei versucht er mit den Händen nachzuzeichnen, wie dieses Kleidchen Isabelles zarten Körper umspielt.

«Da stand dann dieses Persönchen mit einem schicken Köfferchen da. Es hat mich getroffen wie ein Blitz. Das ist eine Frau, auf die man als Mann ein Leben lang wartet.» Isabelle kämpft bei dieser impulsiven Erinnerung ein wenig mit der Fassung.

Und dann sagt sie: «Mich hat es nicht so getroffen. Ich war ja schon vorher … also so … verliebt …» Er beobachtet sie mit zärtlichem Blick.

«Du hast doch die Nächte gezählt, bis wir uns endlich sehen», hilft er ihr auf die Sprünge. «Das hast du nicht mehr in Erinnerung, weil du doch völlig neben der Spur warst, als ich ausgestiegen bin.» Isabelle genießt offensichtlich, wie begeistert Thomas von diesem hollywoodreifen Kennenlernen schwärmt. Für beide ist es fast wie ein Traum. Die erste Nacht verbringen sie schon gemeinsam. «Ja, selbstverständlich», grinst Thomas, und Isabelle ist dankbar. «Jetzt habe ich wirklich die Chance, all das noch zu erleben, was ich früher nicht erleben konnte.»

Von der kulturell interessanten Stadt sehen sie in diesen Tagen nichts. Sie erleben Glück pur und können nur staunen, dass so tiefe Gefühle in ihrem Alter noch möglich sind: «… und zwar viel heftiger als als junge Frau.» Isabelle kann es kaum fassen, was mit ihr geschieht.

Und auch Thomas weiß, er hat seine Traumfrau gefunden. «Ich habe allen anderen Damen sofort abgesagt. Da waren tolle Frauen dabei, aber nicht so toll wie meine Isabelle.»

Kann das gutgehen? Ist eine Liebe, die so stürmisch beginnt, auch alltagstauglich? Zumal in dem Alter und mit mehr als 300 Kilometer Distanz?

Keine Frage für das Liebespaar. Das nächste halbe Jahr ist schon verplant mit Tanzkurs, Reisen und beruflichem Engagement. Sie hat gerade mit seiner Hilfe einen kleinen Internet-Shop in ihrer Heimatstadt eröffnet. «Der Laden heißt Pupule», berichtet sie stolz, «das ist Hawaiianisch und bedeutet: verrückt.» So schön verrückt, wie sie ihr Leben momentan empfindet. Thomas ist immer noch freiberuflich als beratender Ingenieur aktiv.

Kurz vor Weihnachten. Inzwischen sind sie seit vier Monaten ein Paar. Beide sitzen in seiner Küche. Sie hat kleine Blätterteighäppchen vorbereitet. Er bedient die Hightech-Espressomaschine. Seinen Haushalt hat Thomas perfekt im Griff. Dafür braucht er keine Frau. Schließlich hat er seine beiden Töchter lange Zeit alleine versorgt. Wenn Isabelle bei ihm ist, dann bietet er ihr das komplette Verwöhnprogramm.

Schon allein wegen seiner Töchter kann er sich nicht vorstellen, sein Zuhause in Deutschland aufzugeben. Und auch Isabelle ist in der Schweiz sehr verwurzelt, ihre drei Kinder leben dort, ihre Freundinnen. Sie ist dort zu Hause. Und das soll auch so bleiben.

Beide schätzen ihre Unabhängigkeit und dann auch wieder diese intensive Nähe. «Sie hat mir den schönsten Liebesbrief meines Lebens geschrieben», gesteht er, und dabei wird seine Stimme ganz weich. «Sie hat geschrieben: Du bringst mich zum Lachen, das tut mir gut. Du bringst mich zum ...» Thomas muss schlucken und liest mit tränenerstickter Stimme weiter: «... du bringst mich zum Weinen vor Glück. Entschuldigung, Entschuldigung ...» Er ist völlig aufgelöst, und auch Isabelle hat feuchte Augen.

Dann steht Thomas plötzlich auf, stellt sich hinter Isabelles Stuhl, massiert ihr zärtlich den Rücken. «Sie hat so ein hübsches Lachen, noch so eine junge Haut, so eine Spannkraft, im Wesen, im Körper. Sie ist ein absoluter Traum, von Kopf bis Fuß.» Sie lächelt ihn verlegen und glücklich an. «Wer weiß, wie lange man dieses Glück noch haben kann», gibt Thomas zu bedenken. «Man kann es sich nicht leisten, mal gleichgültig nebeneinanderher zu leben. Dafür ist das Leben zu schade.»

# Fünf

## Das Beste kommt zum Schluss – Varianten des Glücks

### Kein Gestern, nur heute und morgen.
### Wie das neue Glück gelingen kann

«Was waren eigentlich die glücklichsten Momente in deinem Leben?» Das hatte sie ihn ganz harmlos gefragt, als sie nach dem Abendessen den Tag Revue passieren ließen und schließlich von früher sprachen. Ihrer und seiner Vergangenheit. Er hatte ihr nach und nach von seiner Kindheit erzählt, vom wohlsituierten, gutbürgerlichen Elternhaus, das so arm war an Zärtlichkeit und Wärme für die vier Söhne, von damals üblichen Disziplinarstrafen wie Einsperren in den Keller und Peitschenhieben auf die Rückseite der Oberschenkel. Solche Lederpeitschen hingen damals in den Fünfzigern in vielen Haushalten gleich hinter der Tür.

Jetzt lächelte er in sich hinein. Und sagte endlich: «Das erzähl ich dir später.» Ein Stich, ganz kurz nur, traf ihr Herz. Da gab es etwas, was sie nicht gemeinsam hatten. Ein langes Kapitel des Lebens, das sie nicht teilen konnten. Wie auch? Sie kannten sich gerade drei Monate, drei glückliche Monate. Beide waren Anfang 60 und schmiedeten Pläne für ihre gemeinsame Zukunft – bis dass der Tod sie scheiden würde. In dieser Sekunde aber wurde ihr bewusst, dass sie nur Gegenwart und Zukunft hatten. Keine Vergangenheit. Kein «Weißt du noch?». Keine heitere, tröstliche, dramatische Erinnerung, die selbst eingerostete Paare unter der Kruste unsichtbar zusammenschweißt. Sechs Jahrzehnte unbekanntes, geheimnisvolles Terrain – auf beiden Seiten. Welche Erlebnisse, Enttäuschungen, Glücksgefühle da wohl vergraben sind? Und wie sie wohl unterschwellig mitmischen im neuen Spiel, die Erfahrungen im Umgang mit Konflikten oder innigen Momenten? Was fängt man also an mit zwei Vergangenheiten auf der Schwelle zur Zukunft? Mit all dem, was man im Tornister ein Leben lang mit sich herumträgt?

Zwei Tornister, ein blauer und ein roter, stehen tatsächlich im Regal des Paarberaters Georg Krause in Köln. Blau für den Mann, Rot für die Frau. «Lebenskonzepte Köln» heißt seine Beratungsstelle. Georg Krause, Jahrgang 1957, ist Pädagoge und erfahren in Sozialarbeit, auch in Altenheimen. Die Art, wie er spricht, bildhaft und punktgenau, baut keine Hürden auf. Er ist nah am Menschen.

Und wenn ältere Paare zu ihm kommen, weil sich die Stolpersteine ihrer frischen oder auch schon älteren Beziehung einfach nicht aus dem Weg schaffen lassen, dann fordert er sie auf, zunächst einen Blick in ihre Tornister zu werfen. Und sie entdecken ihre jeweiligen «Werkzeuge», die dort seit Kindertagen verstaut sind. Sie stehen für die Methodik, mit der sie im bisherigen Leben agiert haben.

«Und wenn ich in eine Situation gerate im Leben mit meinem Partner, zum Beispiel Eifersucht oder Misstrauen oder Kontrollsucht, egal, was es für unangenehme oder auch angenehme Dinge sind, da werde ich in meinem Tornister nachschauen, ob ich ein geeignetes Werkzeug finde. Das macht das Gehirn ganz automatisch. Ohne große Überlegung. Ich suche immer etwas Vergleichbares, was ich schon mal erlebt habe, was ich schon mal gemacht habe. Und das ist bei Menschen in der zweiten Lebenshälfte stärker ausgeprägt, weil ein viel, viel größeres Sammelsurium an Werkzeugen vorhanden ist.»

Und wenn das Werkzeug längst stumpf ist? Untauglich für die neue Aufgabe?

«Darum muss man», sagt Krause, «sich immer fragen: Wozu ist es da? Ich hab es schon lange nicht mehr benutzt. Brauche ich es überhaupt noch? Ein Beispiel aus dem realen Leben: Ich hab ein Werkzeug, das ich einmal benutzt habe, und zwar bei der Renovierung meines Hauses. Jetzt wohne ich aber in einer Wohnung und verlege keine Fliesen mehr. Also ist der Fliesen-schneider überflüssig.»

Übertragen auf Konflikte im Zusammenleben mit einer neu-en Partnerin oder einem neuen Partner, heißt das:

Eine neue Partnerschaft verlangt nach einer Inventur des eigenen Handwerkskastens, des eigenen Tornisters, erfordert neue Methoden im Umgang miteinander.


Und da ist Georg Krause wieder ganz Praktiker. Er gibt den älteren Paaren, und davon kommen deutlich mehr als noch vor Jahren in seine Praxis, eine Aufgabe:

«Stellen Sie sich vor, Sie möchten in Ihrem Garten ein Bio-top anlegen.» Mit diesem Bild arbeitet er fast täglich. «Von der Planung her ist alles klar. Sie wissen, wo es hinsoll. Und nun überlegen Sie sich, welche Dinge Sie in dieses Biotop hinein-geben wollen, die ihm guttun. Sie möchten es sich eines Tages zufrieden anschauen und sagen können: Es funktioniert. Es ist harmonisch. Wenn Sie allerdings etwas hineintragen, was dort nicht hingehört, dann belastet das das Biotop. Ein Kaffeelöffel Salz wird das Biotop noch nicht schädigen. Aber wenn Sie das jeden Tag machen, dann geht es langsam zugrunde. Und die ersten Pflanzen verabschieden sich. Oder wenn Sie nur ein winziges Tröpfchen Altöl reingießen, dann ist die ganze Mühe umsonst gewesen. Das Biotop kippt um.»

Und dann zieht Georg Krause sich zurück und überlässt dem Paar die gärtnerische Arbeit, die Landschaftsgestaltung. Nur wenn flankierende Maßnahmen notwendig sind, dann klinkt er sich wieder ein und gibt als «Chef-Gärtner» Tipps, rät hier zu mehr Schatten, dort zu mehr Licht – im übertragenen Sinn.

Wer Liebesbeziehungen als Biotop begreift, darf vor Arbeit nicht zurückschrecken. Denn so ein fragiler Kosmos verlangt viel Aufmerksamkeit. Manche scheuen den Aufwand und begnügen sich mit «Blumenkästen», einer bei ihr, einer bei ihm.

Den Alltag teilen? Nein, danke.

Berta, 64, aus Köln ist da ganz entschieden: «Ich finde das viel schöner, wenn ich nur am Wochenende bei ihm bin. Wenn ich samstagsvormittags komme und wir gehen sonntags Fahrrad fahren oder noch schwimmen, essen zusammen, dann sag ich: So, jetzt will ich heim. Dann brauch ich schon wieder Distanz, obwohl ich ihn mag. Das hat nichts damit zu tun.»

Auch Edith, 69 Jahre alt und seit elf Jahren auf der Suche nach dem Richtigen, meint:

«So eng, so nah muss das nicht sein. Denn Männer wollen versorgt werden. Und Witwer möchten, dass man zu ihnen zieht und ihnen den Haushalt macht. Ich habe das 32 Jahre lang gemacht und hab erst spät gemerkt, dass das überhaupt nicht mein Ding ist. Ich möchte andere Dinge machen. Ich bin kreativ und möchte was erleben. Ich hab so viel Zeit zu Hause verbracht. Am liebsten wäre es mir mit getrennten Wohnungen, sodass man sich gegenseitig besucht und beieinander übernachtet. Aber auch nicht jeden Tag. Wenn man älter ist, finde ich das nicht toll. Ich will mich auch nicht in jeder Situation ansehen lassen von einem Mann. Als mein Mann starb, da war er 60. Einen älteren Mann habe ich noch nicht nackt gesehen.»

Zweifellos lässt es sich nach dem Prinzip «Blumenkasten» leben. Aber wer sich für ein «Biotop» entscheidet, also gemeinsam mit seinem Partner eine neue Gemeinschaft bilden will, der muss sich Herausforderungen stellen – mit ungeahnten Chancen. Jede einzelne Erfahrung mit anderen Menschen in der Vergangenheit fließt ein in die Gemeinschaft. Auch der Partner partizipiert, entdeckt neue Sichtweisen, revidiert Meinungen oder Verhaltensweisen. «Aber ich *muss* nicht alles wissen vom anderen», meint Georg Krause. «Und vor allem habe ich kein Recht auf Offenbarung. Ich werde dazu eingeladen, mehr zu erfahren. Und wenn nicht, dann kann ich fragen: ‹Warum lädst du mich nicht ein?›» Je offener beide miteinander umgehen, sich austauschen und mitteilen, umso leichter lässt sich der vermeintliche Mangel, keine gemeinsame Vergangenheit zu haben, ausgleichen. «Ich kompensiere den Mangel», sagt Krause, «indem ich jetzt erfahre, was du als junger Mensch gemacht hast. Woher die Narbe kommt an deinem Knie, zum Beispiel. Oder die Narbe auf der Seele.»

Hundemüde standen sie am Fenster, er und sie, und betrachteten das Werk ihres Wochenendes. Dieser kleine Stich, das musste sie zugeben, war wider alle Vernunft noch nicht ganz verklungen. Aber lag da unten zu ihren Füßen nicht schon ihre Zukunft? Der Garten war ihr erstes gemeinsames Abenteuer. Sie waren entschlossen, die Wildnis rund ums Haus, das sie bald miteinander bewohnen wollten, in ein kleines Paradies zu verwandeln. Sie hatten die knorrigen Obstbäume inspiziert, Pläne gezeichnet und Gartengeräte gekauft. Und geschuftet. Er mit der Sense, sie mit der Heugabel. Und beim Aperitif unterm Apfelbaum, klebrig vom Schweiß und von oben bis unten grün besprenkelt, beglückwünschten sie sich zum gelungenen Werk, auch wenn die Wiese jetzt ziemlich gerupft aussah. Auf dieser struppigen Plattform wollten sie aufbauen, Schritt für Schritt und Stein für Stein. Das Gestern gestern sein lassen, im Heute leben und den Blick nach vorn richten. Kann es schließlich nicht auch befreiend sein, ganz neu, ganz anders gesehen zu werden, ohne den Ballast der Vergangenheit? Was für ein Glück, überhaupt diese Chance zu haben. Und sie versprechen sich, aufmerksam füreinander zu sein und bereit, sich zu lösen von überkommenen Mustern und Ansprüchen, die in der Vergangenheit oft genug in Sackgassen geführt haben. «Ich will es schaffen», sagt sie. «Wir werden es schaffen», antwortet er.

## Mit dem Segen der Kinder.
## Das Dreigenerationenhaus

Es ist eine dieser schwülen Augustnächte, die Andreas und Nicole so genießen. Wenn die laue Luft über die Haut streicht, Millionen Sterne leuchten und es nach unendlichem Sommer riecht. Die Kinder sind längst im Bett. Alles ist ruhig. Jetzt noch ein Gläschen Prosecco, und die Welt könnte in Ordnung sein. Wenn nicht ... Ja, wenn nicht diese Sache mit Papa wäre. Bei Andreas stehen alle Warnsignale auf Sturm: Es ist schon ein Uhr nachts, und der alte Herr ist immer noch nicht zu Hause. Andreas kann es nicht fassen.

Am späten Nachmittag hatte Papa sich noch vergnügt bei ihm gemeldet – von einem lärmenden Ausflugsdampfer – und lachend verkündet: «Ich hab sehr viel Spaß. Es wird wohl etwas später. Nur dass du's weißt.» Aber so spät ist es noch nie geworden. Und sein Handy? Einfach abgestellt. Mindestens zehn Mal hat Andreas in den letzten beiden Stunden durchklingeln lassen. Immer nur diese nervtötende Stimme mit der monotonen Ansage: «Der Teilnehmer ist vorübergehend nicht erreichbar.»

Unzählige Male stapft er zur Haustür, starrt auf die leere Straße. Kein Auto. Kein Papa. Ob ihm etwas zugestoßen ist? Ein Unfall vielleicht? Soll er die Krankenhäuser in der Umgebung anrufen? «Mach dir doch nicht so viele Sorgen», tröstet ihn Nicole. «Wenn was wäre, hätten wir doch schon längst Bescheid.» Beide überlegen: War er in den letzten Tagen nicht irgendwie anders als sonst? So geheimnisvoll? Nach dem Tod seiner Frau vor zwei Jahren war er doch nie so oft weg und vor allem nicht so lange …

Um zwei Uhr nachts startet er den letzten vergeblichen Kontrollanruf. Dann geht das junge Paar ins Bett. Doch an Schlaf ist für beide nicht zu denken. Als Andreas am nächsten Morgen völlig übermüdet zur Arbeit fährt, sagt er noch zu Nicole: «Bitte melde dich, wenn Papa da ist.» Um zehn Uhr endlich der erlösende Anruf.

«Ich bin dann abends von der Arbeit gekommen», erinnert sich Andreas, «und hab gleich gefragt: Sag mal, wo hast du dich denn gestern Nacht rumgetrieben?»

Verlegene Röte schießt Papa Simon ins Gesicht, bevor er stottert: «Ja, also … ich muss dir was sagen. Ich hab da jemanden kennengelernt.»

Erleichtert nimmt Andreas seinen Vater in den Arm. «Papa, wenn du nur glücklich bist. Denkst du, ich verlange, dass du alleine bleibst? Es ist doch schön, wenn du eine Freundin hast.» Simon schießen die Tränen in die Augen. Er ist gerührt über das Verständnis seines Sohnes, gerührt, dass er sich solche Sorgen um ihn macht. Fast kommt er sich vor, als wären die Rollen vertauscht.

Dieses Verliebtsein ist wie ein Weichmacher fürs Herz. Simon ist baff, was er plötzlich so alles fühlt. Das hatte er früher nicht. Diese heftige Nähe zu seinem Sohn, die ihm durch und durch geht. Seit Tagen schwebt er wie auf Wolken und könnte die ganze Welt umarmen. Simon, der pensionierte Bankangestellte mit dem freundlichen, runden Gesicht ist eher der gesellige, der gemütliche Typ. Doch in der Liebe und beim Flirten bleibt er lieber zurückhaltend. Bisher war eine neue Partnerschaft kein Thema für ihn. Jetzt staunen seine Freunde im Dorf, mit denen er ab und zu in der Kneipe sitzt. Sie haben ihn sofort durchschaut. So aufgekratzt, so lustig war er schon lange nicht mehr. «Du bist verliebt», ist ihre spontane Diagnose.

Claudia heißt die neue Frau, die seine Gefühlswelt so durcheinanderwirbelt. Am Abend nach der Liebesbeichte stellt Simon sie seiner «Hausgemeinschaft» vor. Seit Sohn Andreas vor mehr als zehn Jahren geheiratet hat, leben zwei, mit den Enkelkindern inzwischen drei Generationen unter einem Dach. In Simons Traumhaus, das er einst mit seiner Frau gebaut hatte. 40 Jahre war er verheiratet, bis sie an Krebs starb. Andreas und seine Mutter hatten eine enge Bindung. Deshalb war Simon ängstlich, wie sein Sohn auf eine neue Partnerin reagieren würde. Auf alles hat der Vater sich eingestellt. «Im Fall der Ablehnung», so erklärt er ganz offen, «wäre ich ausgezogen. Sonst gibt das doch nur böses Blut. Und jetzt im Alter will ich Ruhe haben.»

Als Claudia abends spät Simons Familienhaus betritt, hört sie quengelnde Kinderstimmen im ersten Stock: «Wir wollen auch die neue Freundin von Opa sehen!» Schon im Nachthemd und mit wehenden blonden Haaren stürmen die Zwillingsmädchen die Treppe runter und bleiben abrupt stehen. Da ist sie ja schon, die Freundin. Neugierig wird Claudia beäugt und artig begrüßt. Schon hüpfen sie kichernd wieder nach oben und flüstern ihrer Mutter zu: «Zu der sagen wir aber nicht Oma. Die ist nämlich nicht unsere Oma.» Nicole lacht und schickt die 12-Jährigen sofort ins Bett.

Auf der Terrasse sitzen sich nun zwei Paare gegenüber. Sohn Andreas erlebt seinen Vater von einer Seite, die er schon lange nicht mehr gesehen hat. So unbeschwert, so glücklich. Claudia passt irgendwie. Zum Vater und zum Rest der Familie. Und Simon genießt das Gefühl, mit ihr wieder ein Paar zu sein. Das verändert einiges in der Beziehung zu seinem Sohn. Bis vor kurzem war er noch der Vater, um den sich der Rest der Familie kümmerte. Jeden Abend nach der Arbeit hat Andreas gefragt: «Na, Papa, wie geht's denn heute?» Immer mit der Sorge im Hinterkopf: Vereinsamt er vielleicht? Jetzt ist dieses Thema schlagartig vom Tisch.

Vor Monaten, als Simon zufällig auf der Homepage einer Online-Partnerbörse landet, nimmt er es als Wink des Schicksals. Nach zwei Jahren Alleinsein hat er den Eindruck, langsam ein Eigenbrötler zu werden. Ob er stundenlang fernsieht, zum Abendessen die Wurst einfach aus dem Papier isst – wen kümmert's schon? In den Sommermonaten kommt er besser zurecht. Aber im Winter sitzt ihm die Einsamkeit in den Knochen. Also meldet er sich bei einem Internetportal an und übt flirten. Zunächst nur schriftlich. Die späteren Begegnungen mit unterschiedlichen Frauen zeigen ihm, selbst mit 63 hat er noch Chancen.

Was er sucht, ist kurz zusammengefasst: «Einen duften Kumpel, mit dem man durchs Leben gehen und seine Sorgen bereden kann. Also, ich erwarte kein Philosophiestudium. Aber eine gewisse Allgemeinbildung wär schon schön – eben einen adäquaten Partner.» Als dann die ersten Mails von Claudia eintreffen, denkt er spontan: «Sie ist ein Feingeist.»

Claudia ist seit zehn Jahren getrennt und beruflich oft unterwegs. Am Wochenende unternimmt sie viel mit ihrem jüngsten Sohn. Wegen eines Handicaps lebt der 32-jährige Marco noch bei seiner Mutter. Also bleibt wenig Platz für die Liebe. Doch mit Hinblick auf das Rentenalter in zwei Jahren denkt sie: «Guck doch mal, was noch möglich ist.» Sie schreibt sich bei edarling ein und stellt fest: Es ist noch einiges möglich. Die 63-jährige Ingenieurin sucht etwas ganz Ähnliches wie Simon. Einen Liebsten, der gleichzeitig ihr bester Freund ist. Schon das erste Telefonat mit Simon erlebt Claudia als freudige Überraschung. «Donnerwetter, das ist jemand, der ist schnell im Kopf, intelligent und hat auch noch Humor. Im Gespräch kamen zwischendurch so Dinger, wo ich gelacht und ihm gesagt hab: Bitte mach so weiter. Das brauch ich.»

Zum ersten Date treffen sie sich in der Kreisstadt. Für beide etwas mehr als eine halbe Stunde Fahrt. Er wartet schon im Café. Als sie aus dem Auto steigt und über die Straße kommt, erkennt er sie sofort. Ihre halblangen blonden Haare, der forsche Schritt, das fröhliche Lächeln. Schon nach wenigen Minuten ist alles klar. «Sie ist intelligent, sie ist redegewandt und hat Humor. Ich war vollkommen begeistert», schwärmt Simon. Und auch sie merkt, er ist ein Mann, der sie unruhig macht.

Dennoch fährt er mit dem quälenden Gefühl nach Hause: «Sie ist wohl eine Hutnummer zu groß für mich. Die kannst du nicht umgarnen.» Das Schlimme ist, er kann mit niemandem darüber sprechen. Denn seine Kinder ahnen nicht, dass der Vater hinter verschlossenen Türen auf dem virtuellen Partnermarkt mitmischt.

Schon am nächsten Tag ruft Claudia an. Sie will hören, wie er das erste Treffen fand. Ehrlich, wie er ist, spricht er von seiner Skepsis. Doch sie lacht seine Unsicherheiten einfach weg. «Beim zweiten Treffen hat's dann endgültig gefunkt», erinnert er sich. «Spätestens als sie mich gefragt hat: ‹Sag mal, würdest du meine Hand nehmen?› Da ist der alte Esel in Flammen aufgegangen.» Simon lacht schallend. «Und zum Abschied haben wir uns dann lieb gedrückt.» Mit Stolz in der Stimme fügt er hinzu: «Jetzt kann ich sagen, wir sind ein Paar.»

Was sie verbindet, beschreibt Claudia heute so: «Es ist eine liebevolle Vertrautheit. Wir sind auch immer offen zueinander. Wir können uns einschätzen. Das war von Anfang an da.» Einmal hat sie ihn gefragt: «Sag mal, muss ich eigentlich jetzt einem ständigen Vergleich mit deiner verstorbenen Frau standhalten?» Da hat er nur geantwortet: «Nein, du bist ein ganz anderer Typ. Ich vergleiche nicht.» Und dann strahlt er über sein rundes Gesicht: «Sie ist sehr angenehm. Ich lieb sie einfach.»

Sohn und Schwiegertochter amüsieren sich, wenn sie den Vater mit Claudia telefonieren hören. Andreas versucht seinen Vater mit zuckersüßer Säuselstimme zu imitieren: «Ach, mein Schatz, wie geht's dir denn heute?»

Schon nach drei Monaten werden die Kinder von Simons neuen Plänen überrascht: Claudia soll mit Sohn Marco ins Mehrgenerationenhaus einziehen. Ob das gutgeht?

Simons Freunde sind eher skeptisch und sagen: «Mach lieber mal langsam.» Nachdem die Männerrunde Claudia einmal gesehen und kritisch beäugt hat, warnen sie: «Die ist Sternzeichen Löwe. Sei vorsichtig. Irgendwann wird sie dich mal beherrschen.» Simon lacht. Doch Claudia ist getroffen. «Es ist so, dass ich oft den Eindruck mache, sehr dominant zu sein. Meine Stärke, mein Job, mein ganzes Leben hat mich dahin gebracht. Aber er wird sich nicht die Butter vom Brot nehmen lassen. Nein. Wir sind auf Augenhöhe.» Sohn und Schwiegertochter haben keine Bedenken. Im Gegenteil. «Seit Papa mit Claudia zusammen ist, hat er sich positiv verändert», findet Nicole. Und dann wäre auch immer jemand im Haus. «Sie ist halt nicht meine Mutter, aber trotzdem mag ich sie», erklärt Andreas.

Ein halbes Jahr später. Familientreffen im Garten der Hausgemeinschaft. Noch eine Woche, dann werden Claudia und ihr Sohn endgültig hier wohnen. Bisher sind sie immer nur am Wochenende da gewesen. Claudia und Nicole haben es sich auf der Bank bequem gemacht und albern miteinander herum. Andreas, Marco und Simon sitzen auf der anderen Seite am Tisch. Wenn man von der Art, wie alle fünf hier miteinander umgehen, auf ein Gelingen ihres geplanten Experiments schließen kann, dann sieht es sehr gut aus.

«Man muss sich halt arrangieren und Kompromisse machen», findet Simon. Und Andreas, der ausgleichende Faktor innerhalb der Gemeinschaft, plädiert für offene Aussprache und klare Regeln: «Es ist sicherlich nicht einfach. Aber es funktioniert schon. Es hat ja jeder sein eigenes Reich. Wir oben, Papa und Claudia unten. Früher, als meine Mutter noch lebte, bin ich einfach mal runtergegangen. Jetzt geh ich natürlich nicht mehr so einfach in die Wohnung rein. Da klingel ich lieber.»

Draußen kündet ein nagelneuer grüner Briefkasten vom künftigen Zusammenleben. Claudias und Marcos Namen stehen schon drauf. In Goldbuchstaben. Seit Wochen werden Möbel geschleppt, immer wieder Kleinigkeiten aus ihrer Wohnung gebracht. Andreas hat zusammen mit Papa fast alle Räume renoviert und teilweise umgebaut. Die meisten von Claudias Möbeln müssen eingelagert werden.

Marco, der sehr viel jünger wirkt als 32, eher wie ein Teenager, führt durch die Wohnung. Im Keller ist sein Zimmer, von Andreas inzwischen renoviert. Daneben ein eigenes Bad. Alles neu gestrichen, neuer Fußboden und komplett neu eingerichtet. «Er soll ja einen schönen Platz haben, wo er sich wohlfühlt», findet Andreas. Claudias Sohn hat ihm erzählt, dass er gerne im Garten arbeitet. In Zukunft werden die beiden jungen Männer das zusammen tun.

Wie findet eigentlich Marco den Umzug zu Simon? «Ziemlich okay», sagt er und lächelt sanft. «Der Simon ist nett, und sein Sohn auch. Ich geh überall hin, wo die Mama hingeht.» Marco hat sich die Räume im Keller selbst ausgesucht. Hier kann er laut Musik hören, ohne die anderen zu stören, und sich zurückziehen, wann immer er will. Und von Simon gab es ein besonderes Willkommensgeschenk: ein riesiges Elchgeweih, das schon an der Wand hängt. Marco findet es großartig. Diese riesigen Elche, die würde er so gerne mal leibhaftig sehen. In Kanada. Vorerst hat er schon mal eine kanadische Flagge über seinem Bett. Er will sparen, um vielleicht einmal hinzufliegen.

Vor kurzem hat Andreas zu seinem Vater gesagt: «Also, eines will ich mal klarstellen: Wenn es mit Claudia nicht klappen sollte, will ich nicht, dass da ständig andere Frauen aus und ein gehen.» Das ist für Simon gar kein Thema. «Am Anfang, als die Gefühle noch hin- und hergegangen sind, da hab ich gedacht: Wenn das mit ihr nichts wird – da steh ich heute noch dazu –, dann ist Schluss. Dann fang ich nichts mehr an.»

Für Claudia ist das sowieso keine Frage. «Die Überlegung stell ich gar nicht an, weil es funktioniert. Ich bin mir absolut sicher.» Denn sonst würde sie auch nicht einziehen. Sie hat ohnehin den Termin noch ein wenig nach hinten verschoben, solange sie noch unsicher war, ob es mit ihm gehen würde.

«Papa ist anders geworden. Er hat sich verändert», freut sich Nicole. Und auch Andreas ist sich sicher, dass der Vater die Beziehung nicht aufs Spiel setzen wird.

## Liebe auf den ersten Blick.
## Der gemeinsame Tanz durchs Leben

Übers Internet nimmt Elke Kontakt zu Konrad auf (siehe «Fünf Worte» in Kapitel 2). Doch er antwortet nicht.

Denn Konrad ist inzwischen längst auf einem anderen Portal unterwegs, einer Singlebörse. Darüber lernt er kurz vor Weihnachten eine wirklich sehr nette Frau kennen. Sie heißt Marlene. Stören tut ihn nur ihr ewig kläffender kleiner Hund. Doch er ist gewillt, darüber hinwegzusehen. Konrad ist 64, pensionierter Steuerberater und nach der Trennung von seiner zweiten Frau ziemlich alleine. Aus dem gemeinsamen Haus ist er in eine kleine Zweizimmerwohnung gezogen. Die Decke fällt ihm auf den Kopf. Sozusagen Elend pur.

Normalerweise ist Konrad eine richtige rheinische Frohnatur. Aber dazu braucht er ein Gegenüber, und so träumt er davon, sich noch einmal so richtig zu verlieben. Das sollte doch nicht so schwer sein für einen Mann wie ihn, denkt er. Schließlich ist er doch eine attraktive Erscheinung: 1,87 groß, sportlich-schlank, mit lässig kurz gestutztem Bart.

Auf der Suche nach der Frau des Lebens lässt er nichts unversucht. Er gibt Anzeigen auf, bemüht eine klassische Partnervermittlung und loggt sich ein in einer Online-Singlebörse. Alles enttäuschend. Welche Frau er auch immer trifft, es passt einfach nicht. Und dann die Begegnung mit Marlene, fast wie ein Weihnachtsgeschenk. Konrad kann sich sogar vorstellen, dass daraus eine Liebe wird – trotz kläffendem Hund.

Er will Silvester mit ihr verbringen und besorgt Karten für eine Abendgala mit großem Programm und Feuerwerk. Doch drei Tage davor sagt Marlene etwas, was sie lieber nicht hätte tun sollen. Sie gesteht Konrad, dass sie hin und wieder einen Joint raucht. Damit ist für ihn alles beendet.

In seiner Enttäuschung fällt ihm ein, dass er sich kurz vor Weihnachten probeweise bei einer Online-Partnervermittlung eingeloggt hat, allerdings ohne Mitglied zu werden. So kann er zwar Profile von Frauen lesen und sehen, wer ihn anschreibt, aber nicht antworten. Schon hat er seinen Rechner hochgefahren und schaut gespannt nach. In seinem Postfach tummeln sich mehrere Briefsymbole, die schon seit einiger Zeit auf ihn warten. Elke, eine 62-jährige Deutschlehrerin, will ihn unbedingt kennenlernen und am liebsten gleich mit ihm tanzen. Das hört sich doch wunderbar an.

Das Foto einer hübschen Brünetten mit langem Haar und auffallend blauen Augen bezaubert ihn auf Anhieb. Ihr Profil, in dem sie angibt, mindestens zehn Jahre jünger auszusehen und sich auch so zu fühlen, fasziniert ihn. Ihre Interessen und ihre Wünsche an die Liebe stimmen hundertprozentig mit seinen überein.

Es passt einfach alles, auch die hohe Zahl der gemeinsamen Matching-Punkte. Konrad hat das starke Gefühl, Elke könnte die Frau sein, die er sucht. Doch er kann ihr ja nicht schreiben, weil er noch kein Mitglied ist. Entschlossen greift er beim verbilligten Silvestertarif zu. Doch seine begeisterte Antwort an

Elke findet tagelang kein Echo. Er schreibt ihr noch einmal. Wieder nichts!

Konrad besucht die Silvesterparty alleine und verkauft die zweite Karte. Mehrere Live-Bands heizen ein. Er tanzt und tanzt und tanzt. Mit geschlossenen Augen lässt er sich vom Rhythmus tragen und träumt von Elke. Um Mitternacht stößt er mit fröhlichen Menschen an, bemüht sich um gute Laune. Doch es will nicht so richtig klappen. Was wird das neue Jahr für ihn bringen?

*Zwei Jahre später ...*

«Als er mir geschrieben hat: Ja, ich tanze auch so gerne, habe ich gejubelt.» Dabei wirbelt Elke im Tanzschritt übermütig durchs Zimmer und lässt sich auf ihren Stuhl am Kaffeetisch fallen. Neben ihr sitzt Konrad, der sie mit seinen sanften, dunklen Augen stolz beobachtet. Gerne erzählen die beiden, wie alles angefangen hat mit ihrer außergewöhnlichen Liebe vor zwei Jahren.

Als Elke damals im Januar aus dem Urlaub kommt, ist sie überglücklich. Endlich hat sie Antwort vom Steuerberater: «Liebe Elke, das Jahr fängt ja gut an! Genau wie du finde ich es außergewöhnlich, wie hoch der Grad der Übereinstimmung ist bei unseren Interessen und dem, was wir uns wünschen. Ich bin ein gefühlsbetonter Mensch und glaube an ein harmonisches Zusammenleben mit einer lieben Partnerin. Nun bin ich gespannt, ob ich noch einschlafen kann! Herzliche Grüße, Konrad». Elke ist hin und weg. Sie findet einfach alles toll, was er schreibt, und antwortet: «Ich bin sehr gespannt auf den Mann, der so wunderbar emphatisch schreiben kann. Ich bin nämlich auch sehr gefühlvoll und emotional.» Konrad ist verwirrt, wie nah ihm plötzlich diese fremde Frau kommt. Ohne lange nachzudenken, schickt er seine Telefonnummer mit der Bitte: «Ruf mich an!»

Sofort greift Elke zum Hörer und wählt. Ihr Herz klopft bis zum Hals. Als er sich meldet, denkt sie nur: «Wow, was für eine sympathische Stimme!» Und auf Anhieb kommt es ihr vor, als würde sie ihn schon ewig kennen. Diese Fröhlichkeit, diese Offenheit, diese liebevolle Art – wie lange hatte sie das vermisst? Und dann gibt er auch noch ehrlich zu, dass er immer wieder die schönen Fotos auf ihrer Profilseite ansieht. Könnte es sein, dass sie sich schon am Telefon ein ganz klein wenig verliebt hat? Wann hatte sie sich das letzte Mal so jung gefühlt? Mit 17?

Zwei Tage später wird sie ihn endlich treffen. «Ich wartete im Café, und auf einmal kam sie. Ich war total …» Konrad bleibt vor Begeisterung noch immer fast die Luft weg, wenn er sich an dieses erste Treffen erinnert. «Ich wusste sofort: Das ist *sie*!»

Liebevoll strahlt er sie an. Und Elke mit ihren wunderschönen blauen Augen lacht: «Das erzählt er mir immer wieder, wie ich dagestanden habe, da wär für ihn schon alles klar gewesen.»

Ein unvergessliches Erlebnis für die beiden. Elke, eine schlanke Frau in tomatenrotem Rollkragenpulli und dunklem Faltenrock, und Konrad. Ein großer, schlaksiger Mann mit diesem herzlich-charmanten Lächeln.

«Ich war natürlich ein bisschen zurückhaltender», gesteht sie, «und dachte, stürz dich mal nicht gleich mit so einer Begeisterung rein.» Aber dieser Vorsatz hält nicht lange an. Kaum sitzt sie mit Konrad im Café, sprudelt er schon los mit feinem rheinischen Humor, wie sie es liebt. Plötzlich fühlt sie etwas, was sie seit ihrer Jugend nicht mehr kannte: «So ein Kribbeln im Bauch.» Es gibt kein Zurück mehr. «Da dachte ich, dass kann doch nicht wahr sein, dass mir so etwas noch passiert.»

Dieser unvergessliche 8. Januar, der Beginn ihres gemeinsamen Lebens, ist ein besonders frostiger Tag. Elke ist dafür nicht richtig angezogen. Sie trägt elegante Stiefeletten, einen leichten Seidenschal, einen schicken Mantel. Sie bleiben, bis das Café schließt. Aber wollen sie sich jetzt schon trennen? Nein, das geht irgendwie nicht. Tapfer stöckelt sie mit ihm durch Schnee und Eis, und er sagt ganz mutig: «So, jetzt nehme ich einfach mal deine Hand.» Sie ist völlig perplex, während die Schmetterlinge in ihrem Bauch Purzelbäume schlagen.

Und dann landen sie in einem Lokal, das ausgerechnet «Heimliche Liebe» heißt. Ganz nah sitzen sie beieinander und halten sich an den Händen. Keiner sagt mehr was.

Elkes Stimme ist die Ergriffenheit von damals noch anzumerken: «Wir haben uns nur noch angeschaut, sonst nichts. Das war so …» Und Konrad ergänzt: «Ja, das war irre. Das ist wirklich groß, wenn man jemanden trifft und es direkt klingelt.»

Als Elke an diesem Abend nach Hause kommt, wartet schon eine Mail von Konrad: «Du hast mich total verzaubert.»

So etwas hat ihr noch nie jemand gesagt. Auch ihr geliebter Mann nicht. Diese überschäumende Euphorie – davon hat sie geträumt. Sie weiß, eigentlich ist schon alles klar. Es kann nichts mehr schiefgehen. Beruhigt schläft sie ein.


Ein halbes Jahr später zieht Konrad bei Elke ein. Sie lebt seit 30 Jahren in einem Reihenhaus. Mit feinem Blick fürs Detail hat sie es eingerichtet, viel Holz, viele geschmackvolle Kleinigkeiten.

Auch die heutige Kaffeetafel ist liebevoll gedeckt. Auf den Kuchentellern liegen gefaltete Servietten mit Keksgarnitur. Elke hat eine Torte gebacken. Ein Kunstwerk aus dunklem Teig mit

Marzipanverzierung und gehackten Pistazien. Vom gemütlichen Wohnzimmer fällt der Blick auf einen gepflegten Garten und auf einen entspannt sitzenden Buddha im Winterschlaf.

Elke bildhauert seit einiger Zeit und hat wunderbare Kunstwerke geschaffen. Zum Beispiel diesen Buddha aus Ton. Oder einen Vogel mit Obstschale, der dekorativ auf der Fensterbank thront. Konrad bewundert die künstlerischen Fähigkeiten «seiner Frau», wie er sie nennt, obwohl sie nicht verheiratet sind. Beide tragen den gleichen Ring. Es ist ein Freundschaftsring, den sie sich gegenseitig angesteckt haben. Ein Symbol, das sagt: Wir gehören zusammen.

Konrad will so gerne noch von ihrer zweiten Begegnung damals im Museum erzählen. Da ist nämlich etwas sehr Wichtiges passiert. Seine Idee war, sich im Römisch-Germanischen Museum zu treffen, weil es da immer so leer ist. «Nee, nee», wirft Elke lachend ein, «er wollte mir nur seine Bildung beweisen.»

Verlegen wehrt er ab. Darum ging es ihm gar nicht. Er suchte nur eine Situation, mit ihr alleine zu sein. Und in der ersten Etage war niemand. Das war die Gelegenheit, sie heftig zu umarmen und: «… da hab ich sie einfach geküsst. So richtig! Und alles andere war ganz egal.» Da ist er wieder, dieser rheinische Singsang, der sofort gute Laune verbreitet.

Genau das ist es, was Elke an Konrad so gefällt. «Ich hab noch nie in meinem Leben so viel gelacht wie mit ihm.» Er einfach ein positiver Mensch, der es immer wieder schafft, ihre Stimmung auch an grauen Tagen aus dem Keller zu holen.

Elke und Konrad. Sie bringen ihre Vergangenheit, ihr gelebtes Leben mit. Und dazu gehören die jeweiligen Kinder, die Familie, die Freunde. Kurz nachdem die beiden sich kennengelernt haben, fährt sie zum Babysitten ihres Enkels nach Süddeutschland. Das ist lange verabredet. Konrad will aber auf seine Elke nicht gleich nach dem Kennenlernen wieder verzichten und fragt kurzerhand: «Kann ich nicht mitfahren?» Etwas unsicher ruft sie den Sohn an. Der findet die Idee prima, und die kleine Enkelin ist vom neuen Opa ganz begeistert. Er darf ihr sogar die Flasche geben, und sie zieht ihn am Bart. Auch ihr zweiter Sohn und Konrads erwachsene Töchter sind mit der Wahl der Eltern einverstanden.

Und selbst die alte Mutter freut sich mit ihrer Tochter: «Welch ein Glück, Elke, dass du noch mal einen so netten Mann gefunden hast. Du machst das richtig, Kind.» Sie selbst wurde mit 59 Jahren Witwe und ist alleine geblieben. Mit über 90 sagt sie: «Vielleicht hätte ich es machen sollen wie du.»

Elke stammt aus einer großen Familie. Und ist damals sozusagen vom Kinderzimmer direkt in die eheliche Wohnung gezogen. Mit 19 heiratet sie ihre große Liebe und gründet eine eigene Familie. Zwei Kinder werden geboren. Sie beendet ihr Studium und strebt eine Anstellung als Lehrerin an. Elke ist glücklich. Mehr als 30 Jahre läuft alles so, wie es sein soll. Als die Kinder längst ausgezogen sind, kommt der Einbruch.

Ihr Mann wird krank, braucht zunehmend ihre Unterstützung. Alles dreht sich um ihn. Mit 58 gibt sie ihre Stelle als Studienrätin auf. Zum Schluss wird bei ihm auch noch Krebs festgestellt. Das Paar ist zu dem Zeitpunkt seit fast 40 Jahren verheiratet. Elke pflegt ihren Mann bis zu seinem Tod und braucht dafür ihre ganze Kraft. Rückblickend sagt sie: «Es waren fünf dramatische Jahre, und der Traum vom gemeinsamen Leben im Alter war hinfällig.»

Nach anderthalb Jahren weiß sie, sie braucht wieder einen Mann an ihrer Seite, mit der ganzen Gefühlspalette. «Auf Liebe und Sexualität wollte ich einfach nicht verzichten.» Schließlich ist sie ja erst 60 und hat gute Chancen, noch ein Drittel des Lebens vor sich zu haben.

Konrad, Mitte 60, der zwei Ehescheidungen im Gepäck hat, ist bereit für eine Liebe, die bis zum Ende trägt. Für ihn ist klar: Wenn nicht jetzt, wann dann?

Das Risiko hat sich gelohnt. Er hat genau die Frau gefunden, die er gesucht hat, und auch er entspricht voll und ganz ihren Vorstellungen. «Die Chemie stimmt einfach», findet sie und erinnert sich, dass sie ganz am Anfang ihrer Suche überlegt hat: «Bin ich noch schön genug für die Liebe?» Kritisch hat sie sich im Spiegel beäugt und gedacht: Sei mal ganz zufrieden. Die Männer in dem Alter sind ja auch nicht mehr taufrisch. Als sie Konrad trifft, spielen solche Gedanken keine Rolle mehr. Alle Schranken fallen.

«Ich habe die Sexualität», gesteht Elke begeistert, «wieder so erleben können wie in meiner Jugend. Mit der gleichen Leidenschaft, mit allen Gefühlen, die dazugehören. Das war ganz, ganz faszinierend.» Seine Körperlichkeit, so sportlich schlank. Genau das wollte sie. Für Konrad hat die Liebe mit Elke eine völlig neue Dimension. «Eine solche Erfüllung in dieser Wucht und dieser Vielfalt und Gefühlstiefe hatte ich noch nie in meinem Leben.»

Elke wundert sich, auf so unterschiedliche Weise die große Liebe zu erleben. Die zu ihrem Ehemann war die erste und prägende über 40 Jahre lang. Aber es war eine völlig andere Partnerschaft im Vergleich zu jetzt. Das Leben mit Konrad ist für sie die «Leichtigkeit des Seins» ohne die eheüblichen Belastungen wie Karriere, Familie, Kinder, Haus. Jetzt erlebt sie eine Liebe in Freiheit, ohne Sorgen, ohne Probleme.

Es ist wie ein Wunder, was ihnen da widerfahren ist. Wie ein Stück geschenkte Lebenszeit. Wer sich verliebt, fühlt sich jung und lebendig. Elke möchte tanzen mit Konrad. Doch hier beginnen die ersten Missverständnisse. Sie denkt an klassischen Paartanz, er an «so ein Rumzappeln wie in der Disco», beschreibt sie seine Tanzkünste und verzieht ein wenig das Gesicht. Konrad ist kompromissbereit und lässt sich zu einem Tanzkurs überreden. «Ich kann es nicht so gut wie sie», gibt er bedauernd zu. Doch sie ist eigentlich ganz zufrieden mit ihm. «Tanzen geht wunderbar. Er muss nur die Schrittfolgen behalten können.» Grinsend stupst sie ihn an. «Wenn ich dann frag», erzählt Konrad, «mit welchem Fuß muss ich jetzt anfangen, dann kriegt sie …» Beide lachen schallend. Doch Elke gibt die Hoffnung nicht auf. Sie träumt davon, einmal in seinen Armen die Ballsäle zu erobern.

Mit Konrad erlebt Elke einen ganz anderen Typ Mann, als sie ihn bisher kannte. In ihrem neuen gemeinsamen Zuhause packt er selbstverständlich mit an und hält den Garten in Ordnung.

Natürlich haben beide auch ihre Eigenheiten. Wenn Elke zum Beispiel das Temperament durchgeht und sie ihre wütenden fünf Minuten hat. Beim ersten Mal, als sie wegen einer Nichtigkeit ausrastet, ist er sprachlos. Was ist so Schreckliches passiert? Es sind doch nur Lappalien. Und wieso soll er alles genau so machen, wie sie es sich vorstellt? Er lässt sie doch auch, wie sie ist.

«Das stimmt», antwortet sie kleinlaut und gelobt Besserung. In Zukunft wird sie sich zusammenreißen. «Aber er hat auch seine Macken», beharrt sie. «Manchmal ist er einfach zu langsam!» Konrad lacht über Elkes Temperament. Und sie ergänzt: «Okay, so ist er halt. Wir müssen lernen, uns so sein zu lassen, wie wir sind.»

Und dann geschieht etwas, worauf sie nicht vorbereitet waren. Sie hat eine komplizierte Gefäßerkrankung und muss bald operiert werden. Solche Querschläger machen Angst. Gemeinsam konsultieren sie verschiedene Fachärzte und entscheiden, in welche Klinik sie gehen wird. Die altersbedingten Einschränkungen nehmen zu. Auch Konrad muss feststellen, dass es mit dem Rudern und Fahrradfahren nicht mehr so geht wie früher. «Da beginnt das Herzchen schon mal zu galoppieren», lächelt er verunsichert. Und eigentlich kränkt es ihn, zu akzeptieren, dass er älter und schwächer geworden ist.

Kein Tag vergeht, ohne dass Konrad ihr eine Liebeserklärung macht. «Ich muss wirklich sagen, ich finde es nach zwei Jahren mit ihr immer noch so toll», gesteht er und legt den Arm etwas fester um ihre Schultern. Ihre blauen Augen blitzen ihn an. «Ich sag ihm auch, dass ich ihn liebe, dass alles wunderschön ist mit uns zusammen. Aber er, er toppt alles immer noch.»

## Eine solche Beziehung hatte ich noch nie.
### Die Ruhe nach dem Sturm

Eine SMS hat sie ihm geschrieben, dann ist sie losgefahren. An einem verregneten Sonntag im August. Ganz spontan. Sozusagen ein Speed-Date. Wer sie auf der zweistündigen Zugfahrt beobachtet, sieht eine sportlich-schlanke Frau in Jeans und weißer Bluse. Um ihr feines Gesicht mit den klaren, blauen Augen kräuseln sich zarte Löckchen. Die grauen Strähnen sind nicht mehr zu übersehen. Und wenn sie lächelt, auch nicht die feinen Fältchen um Mund und Augen.

Pünktlich um 13:57 Uhr kommt sie an. Doch er ist nicht da. Das passt gar nicht zu ihm, denkt sie. Am Telefon wirkte er so zuverlässig, so seriös. Hatte sie in der Hektik seine Nummer falsch eingetippt? Ein Zahlendreher vielleicht? Das passierte ihr schon mal. Die einzige Rettung: Sie muss ins Internet. Sofort. Die wenigen Geschäfte in der übersichtlichen Bahnhofshalle sind geschlossen. Bis auf einen kleinen Andenkenladen. Sie stürmt hinein, beschwört die junge Frau an der Kasse: «Sie müssen mir helfen. Es könnte sein, dass ich sonst die Liebe meines Lebens verpasse.» Die Verkäuferin ist sofort überzeugt und gibt lachend den Platz am Rechner frei: «Nee, nee, das geht gar nicht. Dafür will ich nicht verantwortlich sein.» Und tatsächlich: Dorothee hatte die Nummern verdreht. Gott sei Dank ist er zu Hause und läuft sofort los.

«Oje, was hab ich da nur angezettelt?» Sie fühlt sich plötzlich so zittrig und muss sich setzen. Die Gedanken überschlagen sich. «Wer kommt da jetzt bloß? Wie wird er sein?» Irgendwie hat sie schon im Gefühl, es könnte passen. Aber wie oft hat sie sich damit schon vertan. Und dann sieht sie ihn. Diesen Mann im wehenden Trenchcoat. «Und ich dachte nur: Ohhh! Das ist aber schön, dass er so ist, wie er ist.»

Bisher ist Dorothee immer auf andere Männertypen regelrecht geflogen. Sie ist nie lange alleine. Nach jeder Trennung taucht schon der nächste Traummann auf. Darauf kann sie sich verlassen. Und immer wieder hat sie dieses umwerfende Glücksgefühl, diese emotionalen Achterbahnfahrten, die ihr sagen: Ja! Das ist sie jetzt, die ganz große Liebe. So muss es sein!

Nach den Höhen folgen dann leider auch die Tiefen, der Schmerz, die Trennung. Und dann wieder ab in den nächsten Glückstaumel. Am längsten dauerte der Rausch mit dem Ehemann, dem Vater ihres Sohnes. «Das war so ein totaler Hype», erinnert sie sich mit Schaudern, «eine totale Leidenschaft und dann wieder der Absturz, bis ich mit Tellern geschmissen habe. Grauenhaft.» 20 Jahre bleiben sie zusammen, 20 lange Jahre ein ewiges Auf und Ab der Gefühle.

Danach kommt Roger. Sie ist seine Prinzessin. Er richtet sein Leben nach ihr aus. Tut alles für sie. Dorothee genießt das Dauerverwöhnprogramm. Aber es macht sie auch aggressiv und oft genug ungerecht. Sie arbeitet viel und verdient das Geld. Liebevoll umsorgt von Roger. Dann, wie so häufig, das Ende mit Schrecken und die lauter werdende Frage in ihrem Kopf: Ist das wirklich Liebe? Muss das eigentlich immer so anstrengend, so kräftezehrend und schließlich so schmerzhaft sein?

Dorothee ist ein Nachkriegskind. Sie wächst hinein in die Zeit des Wirtschaftswunders und der linken politischen Proteste. Als sie ihrem ersten Traummann begegnet, weiß sie eines ganz genau: So leben und lieben wie ihre Eltern? Niemals! So spießig, so langweilig, so wenig aufregend! Sie will Glück pur, und das am liebsten sofort. Anfang der Siebziger ist sie eine von denen, die öffentlich für politische und gesellschaftliche Gerechtigkeit demonstrieren, und für die Emanzipation der Frau. Partnerschaft bedeutet selbstverständlich Gleichberechtigung. Für Mann und Familie die Hausarbeit erledigen, kochen, waschen, bügeln? Das war gestern. Dorothee studiert, wird Ärztin und geht in den Entwicklungsdienst. Asien ist ihr Kontinent. Dort wird sie später mit ihrem Mann und ihrem Sohn leben.

Sie gehört zu der Frauengeneration, die finanziell unabhängig ist, Karriere macht, keinen Versorger mehr braucht. Das gibt ihr Stärke und Selbstbewusstsein. Und Freiheit in der Partnerschaft. Doch gleichzeitig – so scheint es – läuft sie noch einer Mädchenphantasie hinterher. Immer wieder sucht sie die große, die alles erfüllende Liebe. Irgendwo muss es sie doch geben. Oder ist das nur ein unerfüllbarer Traum?

Einige Jahrzehnte später kehrt Dorothee aus Asien zurück nach Deutschland. Sie ist Ende 50 und zum ersten Mal alleine. Es ist die Zeit der vielen Fragen. Was war das eigentlich all die Jahre mit diesen Männern? Wieso war keine Liebe von Bestand? Und weshalb gab es immer wieder diese emotionalen Verstrickungen, die ihre destruktiven Seiten zutage förderten?

«Wenn ich manchmal denke, was ich meinem Mann, mit dem ich über 20 Jahre zusammen war, zugemutet habe», überlegt Dorothee heute. «Er hat mir zwar auch einiges zugemutet, aber ich ihm eben auch. Das war nicht gut. Immer dieses Ausagieren am anderen, das ständige gegenseitige Anklagen.»

Dorothee fühlt sich zum ersten Mal zutiefst verlassen und übt tapfer, mit sich alleine klarzukommen. Bemüht sich, ihr wenig erfolgreiches Liebesschema zu entschlüsseln. Das ist kein leichter Prozess, der sie lange Zeit umtreibt. Allmählich gewinnt sie eine innere Zuversicht, die sie genießt, die schön ist. Eigentlich, findet sie, geht es ihr alleine doch auch sehr gut. Brauchst du jetzt wirklich noch jemanden?, fragt sie sich kritisch. «Ich kann mich selber ernähren, ich kann für mich selber sorgen. Aber ohne einen Partner fehlt mir eine Intensität von Erleben. Die habe ich nicht mehr. Und auch nicht das Teilen von schönen Erfahrungen.» Also wird Dorothee aktiv. Zuerst versucht sie es anonym im Internet. Doch sie ist ratlos; was oder wen sucht sie eigentlich?

«Ich hatte damals überhaupt kein Gefühl, nach welchem Kriterium ich überhaupt auswählen soll. Ich klickte die Profile durch und dachte: Wer ist denn das? Ist das richtig oder falsch? Es war einfach so, ich wollte meinen Zustand ändern und wollte unbedingt jemanden finden. Aber es klappte nicht.» Wen auch immer sie trifft, es ist verkehrt. Nur nicht mit Gewalt weitersuchen, denkt sie. Wenn es sein soll, wird es auch sein.

Sie vertraut sich dem Schicksal an und genießt das Leben. Mit und ohne Freundinnen besucht sie Theater, Konzerte, Ausstellungen und hat viel Spaß. Aber einem passenden Partner begegnet sie dabei nicht. «Weil Männer das nicht tun», stellt sie fest. «Die gehen selten alleine irgendwohin. Und schon gar nicht in dem Alter.» Sie sieht nur Single-Frauen und Paare. «Das hat für mich den positiven Effekt», erkennt sie mit Erstaunen, «dass ich dann unbeschwert überall hingehen kann. Es macht mir nichts aus, wenn ich in der Pause alleine mit meinem Glas herumlaufe und mir die Leute angucke. Ich komme mir nicht vor wie jemand, dem was fehlt.»

Dorothee ist inzwischen 61 und reist in die Provence. Alleine. Sie fängt an, Französisch zu lernen. Sie genießt die schöne Landschaft, das gute Essen. «Ich fand das wunderbar. Aber ich hatte 14 Tage niemanden zum Sprechen. Es gab so vieles, was mich so berührt hat. Aber ich konnte mich mit niemandem austauschen. Und da dachte ich: Wie schön wäre es jetzt, dies alles mit einem Mann zu teilen.» In diesem Urlaub begreift sie: «Beim ersten Anlauf war es noch zu früh, und ich war nicht bereit für eine neue Partnerschaft.» Und sie spürt: Jetzt bin ich auch mit mir alleine froh. Vielleicht geht's ja jetzt. Möglicherweise, so überlegt sie, musste sie erst über 60 werden, um herauszufinden, was sie wirklich braucht.

«Ein gemeinsames Erleben, und einfach auch den Alltag teilen. Zu wissen, dass jemand da ist und zuhört, mich versteht. Zärtlichkeit und Sexualität wollte ich gerne haben. Und ich hatte die Vorstellung, eine Beziehung würde mich rausholen aus diesem ewigen Gleichmaß. Und mich wieder auf irgendwelche Höhen und Freuden bringen, die ich so nicht mehr erlebt habe. Und so ist es auch gekommen.»

Mit Roland fängt alles ganz ruhig an. Völlig unspektakulär und anders, als sie es bisher gewöhnt war. Nach ihrem Anruf eilt er zu ihr in den kleinen Bahnhof. Er erkennt sie sofort. Eine unendlich lange Sekunde bleiben sie voreinander stehen. Blicken sich an. Zum ersten Mal. Sie sieht einen gepflegten, älteren Herrn von 65 Jahren. Gelichtetes graues Haar, grauer Schnurrbart. Ein freundliches Gesicht mit liebevollen Augen. Er strahlt sie an. Sie lächelt. Zur Begrüßung eine scheue Umarmung.

«Ja, und dann habe ich mich plötzlich mit einem Mann im Gespräch gefunden, der auf eine angenehme Weise ganz ruhig war», erzählt sie und ist immer noch verblüfft. «Eine solche

Beziehung, einen solchen Mann hatte ich bisher noch nie. Er strahlt eine große Ruhe aus, die mir auch selbst Ruhe gibt.» Zuerst gehen sie ins Museum, in eine Gemäldeausstellung. Es tut gut, an seiner Seite zu laufen, seine Aufmerksamkeit und Fürsorge zu spüren. Manchmal, wenn sie glaubt, er merkt es nicht, beobachtet sie ihn von der Seite. Wie er konzentriert die Bilder anschaut. Wie er sich bewegt. Sich ihr immer wieder zuwendet. Könnte das der Mann werden, auf den sie gewartet hat?

Nach dem Museum, bevor sie wieder nach Hause fährt, will er für sie kochen. In seiner Wohnung. Einen kurzen Moment zögert sie. Ist das nicht zu gewagt? Beim ersten Mal gleich zu ihm nach Hause? Doch sie hört auf ihr Gefühl, das ihr sagt: Du kannst ihm vertrauen. Sie essen Gambas mit Weißbrot und trinken Weißwein. Immer wieder schauen sie sich etwas verlegen an, ohne etwas zu sagen. Einmal legt er sogar kurz seine Hand auf ihre.

Später wird er ihr eine SMS schicken: «So wie du mich beim Abschied angeblickt hast, wusste ich, wir werden uns wiedersehen und es wird gut werden.» Ja, es fühlt sich wirklich richtig an. Wenngleich sie nach dem ersten Treffen noch nicht so ganz verliebt ist. «Es war schön, und es war ein positives Gefühl», erklärt sie ihre anfängliche Zurückhaltung. «Doch dieses Verliebtsein, das kam dann erst so mit der Zeit. Und ich habe diesem Gefühl eine Chance gegeben», lacht sie stolz.

Ist das vielleicht das wahre Liebesglück, wenn es so ruhig, so zart und vorsichtig beginnt? Dorothee kommt es so vor. Nach dem ersten Treffen lädt Roland sie zu einem Wochenende an den Starnberger See ein. Diese drei Tage haben alles besiegelt. Mit einem Mann, der so gar nicht ihrem bisherigen Beuteschema entspricht. «Körperlich kann ich ihn akzeptieren, auch mit dem bisschen Bauch», gesteht sie. «Er ist halt inzwischen 66, und das sieht man ihm auch an. Aber das stört mich nicht.»

Im entscheidenden Moment spielen für sie die Zeichen der Zeit ohnehin keine Rolle mehr. «Ich musste mich erst wieder daran gewöhnen, denn ich hatte lange keine kontinuierliche Sexualität mehr», erklärt sie. «Zärtlichkeit kann für mich auch da sein, ohne miteinander zu schlafen. Das finde ich in unserem Alter auch entlastend und sehr schön.»

Jedenfalls braucht Dorothee das große Theater nicht mehr, bei dem die Liebe mit einem lauten Knall ihren Anfang nimmt. Sie genießt einfach nach dem Motto: Lass uns mal gucken, was das mit uns wird. So fing es jedenfalls an. «Und nicht, dass man dann wer weiß wie in einen Rausch verfällt. Dann wäre es jetzt nicht mehr, glaube ich. Das ist das Besondere daran, was die jetzige Liebe von der früheren unterscheidet.»

Roland ist für sie ein ebenbürtiger Partner, der sich gegen sie abgrenzen kann. Also keine Gefahr mehr, wieder in ihre alte Rolle zu verfallen. «Vor zehn Jahren hätte ich diesen Mann bestimmt nicht getroffen.» Da ist sie sich sicher. «Ich ruhe jetzt mehr in mir selber. Es gibt nicht mehr diese Erwartungen, wie er sein soll, und dann die abgrundtiefe Enttäuschung. Sondern ich freue mich, was kommt, und kann mich anders einlassen.»

Das ist vielleicht der Vorteil einer Liebe in späten Jahren. Diese Bereitschaft, alte, schmerzhafte Fehler möglichst nicht noch einmal zu wiederholen. Zu spüren, wie begrenzt die Zeit des Lebens und damit auch die Zeit der Liebe geworden ist. Weshalb also diese Zeit verschwenden mit überholten Mustern, die keinem guttun?

Für Dorothee hat die Liebe zu Roland vor diesem Hintergrund eine ganz neue Qualität. «Ich konnte mich bisher nie richtig einlassen, sondern musste mich immer schützen. Deshalb konnte ich bei den anderen Männern auch diese Nähe nicht empfinden, die ich jetzt habe. Das hat bestimmt damit zu tun, dass ich mich selbst sicherer fühle. Denn ich bin weicher geworden durch die Beziehung, ruhiger und gelassener. Und muss nicht mehr so viel kämpfen.»

Wenn sie anderen von ihrem «Freund» erzählt, kommt sie sich vor wie damals als junges Mädchen. Manchmal gelingt es im Vorbeigehen, sich und Roland im Schaufenster zu beobachten. Wie sie wohl zusammen aussehen? Ganz offensichtlich sind sie ein älteres Paar. Und wie immer kann sie es gar nicht glauben. Denn als Seniorin, als ältere Frau empfindet sie sich noch lange nicht. Innen drin ist sie noch ganz jung. Kein Unterschied zu früher. «Wir sind eben nicht so alt, wie unsere Mütter, unsere Eltern im gleichen Alter waren. Es ist noch mal ein völlig neuer Lebensabschnitt. Das ist das Schöne, dass wir das noch einmal erleben dürfen. Diese späte Liebe. Ich habe es halt früher nicht gekonnt.»

Zwei Jahre pendeln sie hin und her. Er ist pensionierter Pädagoge, sie arbeitet freiberuflich für eine Organisation im Entwicklungsdienst. Am Anfang sehen sie sich nicht so oft, mal für ein längeres Wochenende. Maximal eine Woche. Inzwischen zieht es sie häufiger zueinander. Bis sie sich gestehen: Ich möchte mit dir leben. Für immer. Und sie beschließen seinen Umzug in ihre Stadt. Prima!, denkt sie euphorisch. Das ist noch mal die Chance zu einem richtigen Neuanfang in meinem Leben.

Und dann überfällt sie die Schlaflosigkeit. Nächtelang liegt sie wach, überlegt: Kann ich verantworten, dass er sein Zuhause aufgibt? Alles, was ihm vertraut ist? Was ist, wenn er sich hier nicht wohlfühlt? «Ich empfinde das schon als eine Verpflichtung. So als kleine Last.» Aber andererseits stellt sie es sich auch schön vor. Direkt in der Innenstadt zu wohnen. Abends noch auszugehen, ins Theater oder ins Konzert.

Doch wie wird es mit ihren Freundinnen sein? Wird sie sich noch alleine mit ihnen treffen können? Sie schwankt zwischen freudiger Erwartung und Angst. Doch vorerst stehen die Besichtigungstermine für ihre gemeinsame Wohnung im Vordergrund.

Ihr 35-jähriger Sohn David gibt seiner Mutter grünes Licht und sagt: «Mama, das tut dir gut. Mach das nur mit Roland.» Und dann fällt ihr ein, wie schön es wäre, von einer Dienstreise aus Asien zurückzukommen und abgeholt zu werden. Und zu Hause ist alles vorbereitet. Es ist warm. Und es gibt etwas zu essen.

Einen kleinen Vorgeschmack auf das gemeinsame Leben mit Roland kann sie schon jetzt genießen: morgens mit ihm im Bett Kaffee zu trinken. Obwohl er lieber Tee mag, lässt er sich darauf ein. Dann sitzen sie nebeneinander, jeder mit einer Tasse in der Hand, und reden. Erzählen sich alles, was sie beschäftigt.

## Worauf sollen wir noch warten?
## Hanne und Jonas, Teil 3

*Lieber Jonas,*

*vor ungefähr 30 Jahren war ich bei einer Astrologin, die mich damals ziemlich geschockt hat. Als ich sie traf, wusste sie nur das Datum und die Uhrzeit meiner Geburt. Mehr nicht. Diese Begegnung und vor allem die wichtigste Aussage von ihr habe ich nie vergessen.*

*Es war eine imposante, kräftige Erscheinung, die mir da gegenübersaß. Eine Frau mit einer intensiven Aura. So feingeistig und dabei herzlich. Vor ihr auf dem Tisch das handgezeichnete Abbild meiner Sternenkonstellation. So filigran. Fast wie ein Kunstwerk sah es aus. Völlig konzentriert blickte sie auf die Zeichnung, schüttelte immer wieder den Kopf, ohne ein Wort zu sprechen. Sie fuhr die einzelnen Linien mehrmals mit dem Finger nach, sah mich schließlich mitfühlend an und sagte diesen unvergesslichen Satz: «Das siebte Haus, das Haus für Partnerschaft ist bei Ihnen leer.» Es dauerte eine Weile, bis ich verstanden habe, was sie mir damit sagen wollte.*

*«Werde ich also nie wieder eine Partnerschaft haben?», platz-*

*te es aus mir heraus. «Das kann doch nicht wahr sein. Es gab
doch schon längere Beziehungen. Nur halt nicht im Moment.»
«Genau das ist der Punkt», ging sie behutsam auf mich ein.
«Ihre Beziehungen werden nicht von Dauer sein. Erst im
Alter werden Sie Ihre Liebe, Ihren wirklichen Lebenspartner
finden.»
Das hat mich umgehauen, weil sie dabei so sicher, so wissend
wirkte. Deshalb war diese Aussage nicht so einfach vom
Tisch zu wischen. Aber ich wollte und konnte es damals nicht
glauben. Rückblickend muss ich sagen, sie hat recht behalten.*

*Als ich jung war, tröstete ich mich bei jeder Trennung mit der
Hoffnung, es wird ganz sicher was Besseres nachkommen.
Das klappte über viele Jahre auch sehr gut. Doch irgendwann
war es vorbei. Da kam nicht mehr viel oder gar nichts mehr
nach. Und nach meiner Scheidung war ich plötzlich
im Rentenalter mit dem Gefühl: Das war's also gewesen.
Bis ich mich eines Tages auf den Weg machte mit der sicheren
Gewissheit: «Nein, das war es nicht gewesen. Ich werde meine
Liebe noch finden.»
So bin ich dir begegnet. Vor einem Jahr. Und du hast mich
verzaubert. Dieses Verliebtsein, es war wieder genauso
aufregend wie früher als junges Mädchen. Nur mit dem
Unterschied, dass die Schmetterlinge nicht davonflogen. Sie
sind geblieben. Das Zusammensein mit dir fühlt sich ein-
fach richtig an. Immer noch. Mit dir bin ich jung, leicht und
genieße unser kreatives Pingpong-Spiel, das bis jetzt anhält.
Seit unserem ersten Telefonat hast du mir jeden Tag, an dem
wir nicht zusammen sind, geschrieben.
Jetzt sitzen wir wieder am Rechner und suchen im Internet.
Diesmal nach einer Wohnung für uns beide. Und wieder*

klopft mein Herz vor Aufregung. Und in meinem Kopf tummeln sich hundert Fragen. Ist es richtig, mein schönes Zuhause aufzugeben? In eine andere Stadt zu ziehen? Meine Familie, meine über viele Jahre gewachsenen Freundschaften zurückzulassen? Wird es gutgehen?

Immer wenn mich diese Unsicherheit überfällt, brauche ich nur deine Stimme zu hören, dich anzuschauen, um zu wissen: Ja, es ist richtig. Mit diesem Mann will ich zusammen sein, bis ans Ende meiner Tage.

«Warte erst mal ab. Du musst doch nicht gleich mit ihm leben», raten mir meine jüngeren Freundinnen besorgt. Aber worauf sollen wir warten? Bis wir 70 sind? Wie viel Zeit werden wir noch haben, in der wir einigermaßen aktiv und mobil sind?

Manchmal, wenn ich an dir die Spuren des Älterwerdens entdecke, die grauen Schläfen, die Falten, bin ich traurig. Traurig darüber, dich nicht schon früher getroffen zu haben, als wir beide noch jung und unversehrt waren. Du als taffer Boss einer Werbeagentur, der mit seinem Charme, seinem Lächeln bei den Frauen gut ankam. Und mit seiner Kreativität große Aufträge an Land gezogen hat. Ich hätte so gerne erlebt, wie du damals ausgesehen, wie du agiert, wie du dich bewegt hast. Und wenn du mich erst gesehen hättest als junge, knackige Frau. Du hättest gestaunt. Aber sind wir nicht auch heute noch ein attraktives Paar? Nur ein älteres eben. Wir haben schon oft darüber gesprochen, ob wir früher die Chance gehabt hätten, zusammenzukommen und zu bleiben. Wahrscheinlich nicht. Wahrscheinlich mussten wir erst die werden, die wir heute sind, um uns überhaupt wahrzunehmen, uns zu erkennen und um uns lieben zu können. Das weiß ich seit dem Besuch bei dieser Astrologin. Und ich *hoffe, sie kann von ihrem Stern, von dem sie jetzt auf die Welt blickt, die Erfüllung ihrer Prophezeiung verfolgen.*

*Du bist der Mann, auf den ich lange gewartet habe. Der mir begegnet ist mit Liebe und Respekt, mit Offenheit und unschlagbarem Humor. Ich bewundere dich dafür, wie du die leiseste Unstimmigkeit, meine Ungeduld und manchmal vielleicht auch Selbstgerechtigkeit mit Charme und Witz in nichts auflösen kannst. Mit dir hat Leichtigkeit und Ent-schleunigung Einzug in mein Leben gehalten.*
*Vielleicht könnte man sagen, vielleicht ist das nur so, weil wir uns noch nicht lange genug kennen. Aber immerhin schon ein Jahr. Seitdem fahren wir 300 Kilometer hin und her, um uns zu sehen. Wenn ich auf dem Weg zu dir bin, klopft mein Herz immer noch wie wild vor Freude auf dich. Wenn wir uns nach drei, manchmal auch vier Wochen wieder trennen, ist das wie ein Schmerz. Ich sehe deine Augen, die ganz weich werden, ich spüre, wie sich mein Herz zusammenkrampft. Und alles in mir sagt, ich möchte dableiben. Irgendwann wird es so weit sein.*

*Ich danke dir für dieses Jahr, für deine Liebe und dafür, dass du mich zum Lachen gebracht hast. Jeden Tag aufs Neue.*
*Ich umarme dich*
*Hanne*

*Liebe Hanne,*

*danke für Deinen Brief. Sehen wir zum Himmel. Scheint die Sonne, schenkt sie uns meist ein sonniges Gemüt. Leuchten bei Nacht unzählige Sterne, suchen wir unseren Glücksstern. Wir sind randvoll mit Gefühlen, Hoffnungen, Sehnsüchten, und wenn wir lieben, verabschiedet sich der Alltag und schließt dezent die Tür. Welch ein Glück!*

*Vor einem Jahr hast Du mir «Du fehlst mir» geschrieben. Dieses Geständnis hat mich berührt, achtsam gemacht, und heute, ein Jahr danach, kann ich Dir gestehen – auch Du hast mir in dieser Zeit oft gefehlt.*

*Du bist mir nähergekommen, lebst nicht nur in meinem Kopf, sondern auch – das lässt es höherschlagen – in meinem Herzen! Wir haben uns 4 Jahre jünger gemacht und erkannt, es hätten auch 10 oder 20 Jahre sein können. Wir denken und leben jung und freuen uns darüber.*

*«Zeit für Wünsche» war der Betreff Deiner ersten Mail an mich. Dir sagt die Astrologin ein spätes Glück voraus, da wird im 7. Haus der Partnerschaft getanzt und gelacht. Mir sagte ein Astrologe, ich sei ein erfolgreicher Spätentwickler. Auch das kann noch kommen, meine engsten Verwandten leben noch oder wurden meist 90+. Das Beste kommt zum Schluss.*

*Ja! Wenn wir unsere Lebenserfahrung bemühen, an die in unseren Partnerschaften gemachten Fehler denken, die Schlaglöcher auf unserem Lebensweg beseitigen … und dabei locker bleiben.*

*Und heute, ein Jahr nach Siegburg, wünsche ich uns all das,
was unser Leben erfüllt und reich macht. Wenn Ping & Pong
lachen, sich ganz doll lieb haben, achten und nicht aufhören,
sichere Brücken zu ihrem Glück zu bauen!*

*... ZEIT LOS*

*Ich danke Dir, ich liebe Dich und wünsche Dir von Herzen
alles Gute!*

*Dein Jonas «Pong»*

## Herzklopfen im Doppelpack.
## Wie Zwillingsschwestern einen neuen Partner fanden

Sie ist eine «Mamma», so eine runde, impulsive, wie man sie aus turbulenten italienischen Filmen kennt. Herzlich und zupackend. Eine, der man sich bei Liebesschmerz und anderen Kümmernissen schluchzend an den mächtigen Busen werfen möchte. Und dann würde sie im kernigen, warmen Timbre tröstende Worte finden und beruhigend über den Scheitel streichen. Dazu müsste man allerdings ins Hinterland von Frankfurt fahren.

Birgit wohnt in einem Ort, der sich in den Siebzigern von einem ländlichen Flecken in ein unförmiges Etwas aufblähte, weder Dorf noch Stadt. Ein Ort im Speckgürtel der Wirtschaftsmetropole. Darum die vielen Einfamilienhäuser, die links und rechts der Durchgangsstraße in die Landschaft wabern. Damals war das ideal für eine Familie mit zwei kleinen Kindern, zumal nebenan, im spiegelgleichen Haus, ihre Zwillingsschwester Heide wohnte, ebenfalls mit Mann und zwei kleinen Kindern.

Und es scheint, als hätten sich beide Schwestern schon im Mutterleib versprochen: «Was dir geschieht, soll auch mir geschehen.» So kam es dann auch.

Beide Ehemänner fuhren morgens zur Arbeit in dieselbe Firma. Heides Mann arbeitete im Außendienst, Birgits im Innendienst. Und beide Frauen blieben zu Hause. Herrliche Zeiten für Birgit. Sie war für die Kinder da, fuhr sie zum Judo und zum Ballett, machte mit ihnen Hausaufgaben, betreute ein Pflegekind. Außerdem arbeitete sie 20 Jahre lang stundenweise in der Firma, in der die Ehemänner angestellt waren. Vor allem aber kochte sie. Und brutzelte. Und buk. Im Laufe der Jahre Stapel von Pfannkuchen, Blechkuchen am Meter, Frankfurter Kranz und knusprige Sonntagsbraten. Selbstbewusst verkündet sie noch heute, was später mal auf ihrem Grabstein stehen soll: «Die Hälfte ihres Lebens verbrachte sie in der Küche.» Und weil Leckereien in Gestalt von Kalorien so anhänglich sind, haben sie sich im Laufe von Jahrzehnten um Hüfte und Taille geschmiegt. Birgit repräsentiert das, was die Modebranche eine «starke Figur» nennt. Da kann sie froh sein. Denn es gab Zeiten, da war sie – gefühlt – das Gegenteil.

Beinah von einem Tag auf den anderen litt ihr Mann unter starken Schmerzen. Zunächst fand niemand die Ursache. Und dann doch: Bauchspeicheldrüsenkrebs. Ein halbes Jahr später war er tot. Mit vier knappen Worten beschreibt Birgit ihre damalige Situation: «Einsamkeit. Angst. Verzweiflung. Traurigkeit.» Wenn jemand diesen Zustand der Reglosigkeit, dieses Gefühl absoluter Taubheit gegenüber der Welt da draußen verstand, dann ihre Zwillingsschwester Heide. Genau das Gleiche hatte sie selbst ein halbes Jahr zuvor erlitten. Ihr Mann war einem Herzschlag erlegen. Unfassbar, diese Duplizität der Ereignisse. Und es war nicht die einzige.

In den ersten Jahren als junge Familien lebten die Schwestern noch Tür an Tür. Dann zog Heide mit ihrer Familie nach Bad Nauheim in eine Villa. Benno, ihr Mann, machte Karriere, war ständig unterwegs im In- und Ausland. Als die Kinder aus dem Haus waren, fuhr Heide mit. Nicht etwa als Anhängsel, als «die Frau von», sondern als Partnerin. Sie übersetzte und organisierte. Zu zweit unternahmen sie weite Reisen. Aber plötzlich schlug sein Herz Alarm. Infarkt mit 53. Er gab die Arbeit auf. Es folgten 20 schöne, komfortable Jahre, ohne dass je der Kontakt zur Zwillingsschwester abgebrochen wäre. Den ganzen Sommer verbrachten Heide und Benno jetzt in ihrem Haus in Griechenland, genossen ihr finanziell wohlgepolstertes Leben, die Fahrten im Oldtimer durch ihre Heimatstadt. Bis seinem Herzen auch das zu viel war. Wenige Tage nach einer solchen Fahrt von Griechenland nach Hause starb er.

Heide findet kaum Worte für dieses Gefühl der Taubheit, das sie damals gefangen hielt. Sie sah die ganze Welt wie durch eine Milchglasscheibe. Wattig und unwirklich. Mit ihrem Benno war jeder Funke an Lebensmut verflogen. Gut, da waren noch ihre beiden Kinder, die zwei Enkel … Für sie hielt sie sich mühsam aufrecht. Ein lähmender Zustand.

Beide Schwestern – gefangen in ihrem Elend. Jede viel zu hilflos, um der anderen eine Stütze zu sein. Der Gedanke an Selbstmord drehte Runde um Runde in beiden Köpfen.

Birgit schaffte den Weg zurück ins aktive Leben mit Hilfe eines Psychotherapeuten. «Mit dem konnte ich über alles reden. Das hat mir unendlich gutgetan und wieder Lebensmut gegeben.»

Heide, die schmale, zerbrechlich wirkende Heide, bekam Krebs. Lymphdrüsenkrebs. Sie war nur noch ein Schatten ihrer selbst. Erst eine OP. Dann noch eine. Und dann eine Kur. Aber die brach sie ab. Wer ihr wieder Kraft gab, davon ist sie überzeugt, das waren «meine Schutzengel». Vom Balkon ihrer Wohnung aus appellierte sie mit Inbrunst an ihre Hilfe.

Das liegt jetzt vier Jahre zurück. Eine neue Innigkeit wuchs zwischen den Schwestern. Sie riefen sich täglich an, manchmal sogar mehrmals, rätselten sonntagsabends gemeinsam per Telefon, wer wohl der Mörder war im «Tatort». «Wir kannten immer nur ein ‹wir›», beteuert Birgit. Ein anderer Mann? «Zuerst hab ich gedacht: Niemals», sagt Heide. «Niemals ein anderer Mann außer meinem Benno.» Und auch für Birgit war der Gedanke an eine neue Liebe unvorstellbar.

Anderthalb Jahre nach dem Tod ihres Mannes, sie war inzwischen 69, rückte Birgit der Idee schon näher, riskierte mal einen Blick in den Anzeigenteil der Regionalzeitung. Sie kontaktierte auch Agenturen. Und schließlich schrieb sie selbst eine Annonce. Es meldete sich ein Hans. «Das war ein sehr netter Kerl.» Aber leider starb er, kaum dass sie sich kennengelernt hatten. Das ist die Tragik der späten Liebe. «Aus Siegen kam auch einer. Der Berthold. Der war 74 und sogar fünf Tage hier. Wir haben eine schöne Bootstour über den Rhein gemacht. Und dann sagte er doch, ich müsste am Bauch zehn Pfund abnehmen. Und hat nur von seiner verstorbenen Frau erzählt. Da hab ich die Krise gekriegt. Und er wollte mich auch nicht mehr sehen. Die Entfernung war ihm zu weit.»

Kränkt es sie, nicht mehr den männlichen Ansprüchen an wohlgeformte Weiblichkeit zu genügen? Birgit schmettert ein resolutes «Nein» heraus. «Denn ich stehe zu dem, was ich habe. Ich hab den Männern gesagt: ‹Sie werden keine Dame vorfinden. Ich habe keine rot lackierten Fingernägel. Das liegt mir nicht. Ich stehe auf dem Standpunkt: Wenn mich jemand nicht so möchte, wie ich bin, dann kann er es vergessen. Ich verändere mich nicht. Ich verstell mich auch nicht. Für mich ist das Wichtigste: Offenheit und Ehrlichkeit.»

Etwa zur gleichen Zeit blätterte Heide einer Partneragentur 2000 Euro auf den Tisch. Ihre Kinder hätten sie für verrückt erklärt, wenn sie das nur geahnt hätten. 500 Euro Erfolgsprämie verlangte die Agentur außerdem im Falle eines Falles. Und die zahlte Heide gern. Denn der Erfolg traf erstaunlicherweise postwendend ein, und zwar in Gestalt von Martin. Schon am Telefon sprang der Funke über, als Martin anrief. Das war an einem Freitag, dem 13.

Martin ist 70 und Witwer, ein Mann mit dem Herzen auf dem rechten Fleck, leutselig und munter. Ungeniert redet er im Dialekt, wie ihm der Schnabel gewachsen ist. In die Kartei der Agentur geriet er durch pure Ahnungslosigkeit. Im kostenlosen Anzeigenblättchen hatte er «Hilde, 70» entdeckt, aber nie mit dem Anruf einer professionellen Vermittlung gerechnet. Immerhin gelang es ihm, die fällige Erfolgsprämie aus dem Vertrag zu streichen.

Schon einen Tag nach dem ersten Telefonat, das so lang gewesen sei wie kein zweites privates in seinem Leben, sagt er, besuchte er Hilde in Bad Nauheim. «Ich hab unten an der Straße gehalten. Und da steht da oben an der Treppe so ein schmales Frauchen mit ganz traurigen Augen. Und hat gelächelt.» Da war's um ihn geschehen. Und was gefiel ihr an Martin? «Oh, er hatte so schönes, weißes Haar, volles Haar. Und dann pfiff er so fröhlich. Ich hab ihn hochgebeten und gedacht: Hallooo! Da war sofort eine Harmonie spürbar.» Martin staunt noch heute: «Es ging unwahrscheinlich flott.» Und Heide ergänzt: «Unvorstellbar schön, wie wir ohne Scham im Bett gelegen und uns geküsst haben. Nach 'ner Woche!» Und genau das hatte sich Martin nie träumen lassen. Nach einer Prostataoperation, als er sich fühlte wie ein «kleiner, zurückgefahrener Mann», war er überzeugt: «Mich fasst keine Frau mehr an.» Sich ausziehen vor einer Frau? «Unmöglich!» Von wegen. Gerade haben sie sich in seinem Campingwagen an der Lahn ein «Lotterbett» angeschafft.

Faszinierend, wie sich die Liebe ihren manchmal arg verschlungenen Weg bahnt und dann tatsächlich ins Ziel einläuft. «Bruder sucht für Bruder» hatte Birgit in der Tageszeitung gelesen und sie dann in den Papiermüll geworfen. Aber der Text blieb haften. Drei Wochen später, just nach dem unerfreulichen Erlebnis mit Berthold, gab sie sich einen Ruck und rief in der Anzeigenabteilung an. Man fand die Annonce mühelos, und Birgit schrieb dem Inserenten. «Ich hab da meinen Standardtext, dass ich Hausfrau und Mutter bin beziehungsweise gerne koche. Gärtnerin aus Liebe. Laufe nicht gern, lass mich lieber mal durch die Lande fahren. Zwei Kinder und drei Enkelkinder, für die ich halt auch gerne koche. So hab ich das ungefähr geschrieben. Und dann kam sein Anruf.»

Er hieß Heinz, wohnte in Wiesbaden und war zehn Jahre älter als sie, nämlich 79. Tatsächlich hatte sein Bruder die Anzeige heimlich aufgegeben. Er konnte wohl nicht mehr mit ansehen, wie Heinz ein Jahr nach dem Tod seiner Frau und nach 55 Ehejahren immer mehr versackte. Groß war die Resonanz auf die Annonce allerdings nicht. Zwei hatten ihm geantwortet. Die eine passte nicht. Und den Ansprüchen der anderen fühlte er sich nicht gewachsen. «Champagner am Vormittag?» Für exquisite Wünsche reichte seine Rente einfach nicht. Seit dem Krebstod seiner Frau lebte er in einer kleinen Zweizimmerwohnung.

Schon das erste Telefonat löste in Birgit eine Woge von Wohlgefühl aus. «So eine Harmonie auf beiden Seiten. Aber ihm ist es genauso gegangen.»

Kurz danach trafen sie sich. Er hatte schon vor langer Zeit sein Auto abgeschafft, fuhr nur noch Bus mit seiner Monatskarte. Sie holte ihn mit ihrem Cabrio am Busbahnhof ab.

Und wie war der erste Eindruck? «Gott, hab ich gedacht, was kommt denn da für ein Typ angetappt? Mit einer Tüte in der Hand. Anstelle von Blumen hatte er mir eine Flasche Wein mitgebracht. Weil er doch so gern abends Wein trinkt, was ja auch in der Annonce stand.» War sie irritiert? Ernüchtert? «Nein, denn der Mensch muss mir gefallen. Und nicht, wie er läuft. Es muss gegenseitiges Vertrauen da sein, damit man Liebe aufbauen kann.»

Schon vier Monate später zog er bei ihr ein, mit Sack und Pack ins Souterrain. Platz genug hatte sie ja. Und so konnte in ihrem eigenen Haus im Parterre und im ersten Stock alles an seinem angestammten Platz bleiben, genau so, wie es immer war.

Der Einzug war ein mutiger Schritt. Manch einen würde schon der Gedanke daran schwindelig machen. Warum waren sich die beiden so sicher? Heinz ist kein Mann großer Worte. Ihm ist unbehaglich. «Ich hätte nie geglaubt, dass es so was noch mal geben könnte.» Und dann flüchtet er sich wieder hinter seinen Computer im Souterrain.

Birgit, ein Stockwerk höher, sprudelt umso mehr. «Also, es ist wunderschön. Er ist so verständnisvoll. Ich fühl mich bei ihm geborgen. Was mir sehr imponiert, ist, dass alles, was der Heinz anfasst, auch klappt. Der kennt sich in allem aus. Er war Architekt früher. Ich kann hundertprozentig auf ihn zählen. Und das ist wichtig.»

Und so genießen sie gemeinsam den Tag, fahren einkaufen, gucken fern. Nichts Spektakuläres. Auch nicht im Bett. «Ich möchte jetzt nicht so in Einzelheiten gehen», sagt Birgit, «aber wenn es klappen soll, dann klappt es schon. Im Übrigen gibt's ja auch noch Handbetrieb.»

In der Küche führt nach wie vor sie das Zepter. Und er assistiert ihr. Gelegentlich auch umgekehrt. Und sie weiß: Wenn wieder mal die Heizung streikt, dann ist er zur Stelle. Dann kümmert er sich gewissenhaft. Und sie? Sie bietet ihm Geborgenheit im Familienleben, ein Zuhause. Denn zum Glück sind auch die Kinder einverstanden mit der neuen Liaison. «Meine Tochter hat gesagt: ‹Och, Mutti, der ist aber nett.› Die waren auch von Anfang an begeistert.» Ums Erbe, das Haus, müssen sie ohnehin nicht bangen. Denn das ist längst auf die Kinder überschrieben. Nur was mit Heinz wird, falls Heide vor ihm sterben würde, diesen Gedanken schieben sie erst mal weit von sich.

Heide und Martin dagegen haben jeweils ihre eigene Wohnung behalten, obgleich sie die meiste Zeit in Heides Wohnung verbringen. Seine kleine Wohnung ist eher Ausweichquartier, wenn er alte Freunde trifft. Aber dann drängt es ihn bald wieder zu ihr. Was nicht heißt, dass sie niemals Streit haben. Wenn Heide Vergleiche zieht zwischen Martin und ihrem verstorbenen Mann, der handwerklich offenbar geschickter war, dann hängt der Haussegen schief. Aber als die Enkelin der Oma schrieb: «Ich seh doch in seinen Augen, wie lieb er dich hat», da wusste Heide, dass sie sich hüten muss. Denn mit Martin, sagt sie und imitiert einen knallenden Sektkorken, «geht's steil bergauf». Seither sind auch ihre Krebsgeschwulste kleiner geworden.

Heinz hat gerade seinen 80. Geburtstag gefeiert. Über 20 Gäste waren da, die ganze Familie, auch seine Kinder aus Hamburg und Rosenheim. Eine so große Runde ihm zu Ehren, das hat er schon lange nicht mehr erlebt. Den Frankfurter Kranz hat übrigens diesmal er gebacken. Aber das Wichtigste, sagt Birgit mit Nachdruck, das Allerwichtigste für sie beide sei, morgens aufzuwachen und nach der Hand des anderen zu greifen. Sich gegenseitig Halt zu geben, Hand in Hand. Das sei für sie der Inbegriff des Glücks. Denn als ihr Sohn noch in den Kindergarten ging – und zwar höchst ungern –, da lockte sie ihn mit dem Versprechen, sich nach einem mutig überstandenen Tag irgendetwas im Laden an der Ecke aussuchen zu dürfen. Einmal war dann sein größter Wunsch am Morgen: «Mama, ich möchte deine Hand mitnehmen.» Jetzt ist der Sohn lange groß, lebt sein eigenes Leben. Aber wenn sie aufwacht, ist da nun eine Hand, die sie hält. Die Hand von Heinz.

**Nie mehr ohne dich.**
**Liebe im Heim**

Roswitha ist eine Frau, die erobert werden will. Sonst läuft gar nichts. Da muss sich ein Mann schon etwas einfallen lassen, bevor sie in Erwägung zieht, ihn überhaupt wahrzunehmen. Mit schnellem Schritt durchquert die energische kleine Person das Foyer und kommt direkt auf ihn zu. Harald ist hingerissen. Sie lächelt ihn an. Ihre gutproportionierte, schlanke Figur, ihre rundum bezaubernde Erscheinung verwirrt ihn.

Harald hat Rezeptionsdienst, und sie ist die neue Bewohnerin. Roswitha braucht seine Hilfe. Sie plant ihre Geburtstagsfeier und sucht das passende Ambiente. Sofort zeigt und erklärt ihr Harald den schönen Gemeinschaftsraum. Aber sie hört gar nicht zu. Ganz schön arrogant, findet er. Aber gerade das macht sie noch reizvoller. Ob sie merkt, dass sie ihm gefällt? Offensichtlich nicht. Wie nebenbei bemerkt sie: «Es ist übrigens mein 75. Geburtstag.» Na und, denkt er. Ich bin zwar erst 62, aber was bedeuten schon die paar Jahre Unterschied? Diese Frau will ich trotzdem kennenlernen.

Harald ist ein gutaussehender, sportlich aktiver Mann, der seinen Job mit Humor nimmt und auch in der Cafeteria für die alten Damen und Herren sorgt. Mit seiner charmanten Art wickelt er sie um den Finger. Doch bei Roswitha funktioniert das irgendwie nicht. Tut sie nur so, oder nimmt sie ihn wirklich nicht wahr? Fieberhaft denkt er sich Annäherungsversuche aus. Da kommt ihm der Zufall zu Hilfe.

Wenige Tage später fährt Roswitha mit dem Bus von der Stadt zurück nach Hause. Während der ganzen Strecke fühlt sie sich beobachtet. Schließlich dreht sie sich um und denkt: Das ist doch der Mann von der Rezeption. Gemeinsam steigen sie aus. Er spricht sie an. Sie schwärmt von ihrer neu eingerichteten Wohnung im Seniorenzentrum. Eine Besichtigung wäre doch die Gelegenheit, denkt er. Also begleitet er sie nach Hause. Doch Roswitha lässt ihn brüsk im Treppenhaus stehen, mit der Begründung: «Sie können doch nicht einfach mit reinkommen. Ich bin verheiratet.»

Da rutscht ihm etwas raus, was er eigentlich gar nicht hätte wissen dürfen: «Aber Sie leben doch schon lange getrennt!» Er hatte sich längst über sie informiert. Erstaunt dreht sie sich um. In dem Moment hätte er sie am liebsten geküsst. Sie spürt es und wendet sich schnell ab. Da schnappt er sich ihre Hand und küsst die. Roswitha ist verblüfft. Vor lauter Schreck rennt sie rasch in ihre Wohnung.

Dann feiert sie ihren Geburtstag mit vielen Gästen. Am nächsten Tag bringt er ihr eine selbstgebastelte Glückwunschkarte und eine schöne Schokolade. Wie sie wohl reagiert? Sie bedankt sich freundlich lächelnd, bleibt aber reserviert. Da nimmt er allen Mut zusammen und lädt sie zu einem Ausflug ins Sauerland ein. Sie stimmt zu, und Harald ist im siebten Himmel.

Am Sonntag wartet er wie verabredet an seinem Wagen. Plötzlich steht sie vor ihm und faucht ihn an: «Wenn ich gewusst hätte, dass Sie so ein Auto fahren, hätte ich mich nie mit

Ihnen getroffen.» Harald ist fassungslos. Dieses schicke Cabrio-Coupé in Weinrot ist sein ganzer Stolz. Es ist ein Peugeot 307. Wie kann jemand sein Traumauto nicht schön finden? Doch dann lacht er die schlechte Stimmung einfach weg und verspricht ihr eine Fahrt durch den Schnee mit offenem Verdeck.

Es wird ein wunderschöner Tag. Er fährt Ski. Sie wartet bei einem Cappuccino auf der Sonnenterrasse und beobachtet ihn aus der Ferne. Was ihr an ihm gefällt? Er ist so schön schlank und drahtig. Nicht einer von den alten Männern mit Wabbelbauch. Auf der Rückfahrt sind sie schon beim «Du». Zum Abschied nimmt er sie zum ersten Mal in den Arm und küsst sie leidenschaftlich. Welch ein Glück. Er möchte ewig so mit ihr stehen bleiben.

Roswithas Bedarf an Männern ist eigentlich gedeckt. Zweimal war sie verheiratet. Zweimal hat sie sich getrennt. Es war nie das große Glück. Ihre Kindheitserfahrungen, ihre Beziehungen haben sie misstrauisch werden lassen. Sie will nicht noch einmal unglücklich werden. Deshalb hat sie sich eine Art freundliche Reserviertheit angewöhnt. Noch kann Roswitha gut für sich alleine sorgen. Trotzdem hat sie beschlossen, als alleinstehende Dame schon mal in ein Apartment des Seniorenzentrums zu ziehen. So kann sie unabhängig bleiben, aber, wenn nötig, alle Hilfen in Anspruch nehmen und bei Bedarf in die Pflegeabteilung wechseln.

Und nun ist da plötzlich dieser Mann. Die ganze Sache kommt ihr ein bisschen suspekt vor. Meint er es wirklich ernst? Er ist doch so viel jünger. Was werden die anderen denken? Und ihre Kinder erst? Sie ist verwirrt. Der will doch bestimmt nur eine Affäre.

Harald spürt ihre Skepsis, doch er brennt schon lichterloh. Roswitha ist für ihn einfach nur wunderschön. Ihre gepflegten

Haare, die tollen Klamotten, das strahlende Lächeln. Und er ist beeindruckt von ihrer Art, von ihrer Bildung. Wenn sie mit dem Leiter der Einrichtung spricht. Wie sie sich da ausdrücken kann.

Haralds Komplimente, seine Liebeserklärung, sie kann es nicht glauben. Schließlich war sie doch nur Hausfrau und hat nicht einmal eine Ausbildung. Doch insgeheim genießt sie es, so verehrt zu werden. Und das mit 75!

Am Abend nach der Arbeit besucht er sie nun oft in ihrer kleinen Seniorenwohnung mit zwei Zimmern, Küche, Bad und Balkon. Er hat ein Apartment außerhalb der Einrichtung. Inzwischen sind sie ein Paar. Er übernachtet bei ihr in ihrem schmalen Einzelbett. Manchmal weicht er nachts auf die Couch aus.

Auch wenn sie ihre Gefühle gut zu verstecken weiß, spürt er, wie gut ihr die Nähe tut. Und sie freut sich über seine Bewunderung für ihren Körper und ihren schönen Busen. «Ohne Sex», gesteht Harald, «wär das alles nicht so schön.» Ziemlich schnell planen sie den ersten Urlaub. Doch völlig unerwartet hat Roswitha einen Schlaganfall. Er erkennt es sofort und alarmiert den Notarzt. Jeden Tag sitzt er an ihrem Bett. Da spürt er: Ohne sie will ich nicht mehr leben.

Roswitha und Harald sind nicht die Einzigen, die sich in dem Seniorenzentrum gefunden haben. Hier herrscht ein Klima, das es Paaren leichtmacht, zu ihrer neuen Liebe zu stehen. Und die Mitarbeiter tun alles, um das Zusammensein zu erleichtern und die Intimität zu schützen. «Das entspricht unserem christlichen Menschenbild», erklärt der Leiter der Einrichtung, Helmut Scheuer.

«Ich begegne den Menschen hier mit der Haltung: ‹Dein Leben ist mir nicht egal. Ich unterstütze dich, wo du mich brauchst, damit es dir gutgeht.› Denn wir sind als Einrichtung schließlich auch Dienstleister. Wo Leben gelingt und wo es Menschen gut-geht, freue ich mich doch.»

Und dabei denkt Scheuer an ein Paar, über das er sich be-sonders freut: Ilse und Hermann von der Pflegestation.

Es ist 12 Uhr mittags. Im Foyer des Haupthauses öffnet sich der Fahrstuhl. Heraus kommt Rollator Nummer 1 mit Ilse, ge-folgt von Rollator Nummer zwei mit Hermann. Weiter geht's im Gänsemarsch Richtung Speisesaal. Am Tisch sitzen sie neben-einander und sprechen kaum. Das brauchen sie auch nicht. Ein zärtlicher Blick ab und zu sagt alles.

Es war beim Sommerfest vor fünf Jahren draußen im Garten. Alle Tische sind besetzt. Nur bei der lustigen Ilse gibt es noch Platz. Da rollt Hermann schüchtern heran und fragt vorsichtig: «Ist hier noch frei?» Sie lacht und fordert ihn auf: «Ja, bitte.» Sie kommen ins Gespräch, essen gegrillte Würstchen und merken gar nicht, wie die Zeit vergeht und alle schon wieder auf den Zimmern sind.

Für den nächsten Nachmittag verabreden sie sich draußen auf einer Bank in einer geschützten Nische. Immer häufiger gehen sie spazieren, einkaufen, auch mal Kaffee trinken. Es ent-wickelt sich eine zarte Freundschaft.

Ilse ist 72 und war lange verheiratet. Es macht sie traurig, kinderlos zu bleiben. Doch ihr Mann lehnt eine Adoption ab. Nach 40 Ehejahren ist sie Witwe. Alleine kommt sie nicht mehr zurecht. Ihr Betreuer findet für sie diesen Platz im Senioren-heim. Auf der Pflegestation zieht sie in ein Zweibettzimmer zu einer anderen Frau.

Hermann, 63, ist Kraftfahrer auf einem 7,5-Tonner. Er lebt mit seiner alten Mutter zusammen. Als diese stirbt, gerät sein Leben durcheinander. In seinem anstrengenden Beruf muss er nicht nur Tag und Nacht fahren. Er muss auch schwere Ladung schleppen. Irgendwann machen Rücken und Kreislauf nicht mehr mit. Er wird frühpensioniert und ist körperlich so eingeschränkt, dass er sein Leben selbst nicht mehr organisieren kann. Auch er zieht in ein Zweibettzimmer zu einem fremden Mann. Nach und nach erholt sich Hermann. Und seit er Ilse kennt, hat er sich völlig verändert.

Dann kommt die erste gemeinsame Weihnachtsfeier. Ilse und Hermann sitzen wie immer zusammen. Er wirkt sehr betrübt. «Auf einmal fasst er meine Hand», erzählt sie. «Und ich frag: Hermann, was hast du? Und dann seh ich zwei Tränen über sein Gesicht kullern.»

Ilse ist erschrocken und fragt nach: «Aber, Hermann, warum weinst du denn? Da antwortet er: ‹Ja, seit meine Mutter tot ist, bin ich ganz alleine.› Aber, Hermann, sag ich, du hast doch jetzt mich.» Und von dem Moment an spüren beide, dass sie sich lieben. «Seitdem sind wir so richtig wie verbündet», strahlt Ilse. «Mit Hermann habe ich meine ganz große Liebe gefunden. Wir sind immer zusammen. Das ist so schön.»

Selbst zu den Heimbeiratssitzungen begleitet er sie, denn Ilse ist die Vorsitzende. Für Helmut Scheuer sind Ilse und Hermann ein ganz besonderes Paar. «Toll, wie die miteinander umgehen», erzählt er bewundernd. «Da gibt es eine so tiefe Seelenverwandtschaft. Das ist wie ein Wunder. Wenn ich sie sehe, denk ich immer: Ist das schön, dass die beiden sich gefunden haben und das Leben teilen können.»

Für Hermann ist Ilse die erste Frau, auf die er sich einlassen kann. Als ihre Mitbewohnerin stirbt, fragt er sie sofort: «Wollen wir nicht zusammenziehen?» Kein Problem für die Mitarbeiter der Station. Alles wird organisiert. Jetzt stehen ihre beiden Betten hintereinander an der Wand. In der Mitte ist noch eine Lücke für zwei gemütliche Sessel. Abends sitzen sie hier vor dem Fernseher und halten sich an der Hand. «So kuscheln und berühren», lächelt Ilse, «das ist schön.» Und wenn sie ungestört sein wollen, hängen sie ein Schild an die Tür: «Bitte nicht eintreten».

Wo sich auf so engem Raum Paare finden, gibt es immer Neider und böse Stimmen. Das hat auch Birgit erlebt, eine Frau, die seit kurzem ein Altenheimzimmer bewohnt und sich unsterblich verliebt hat.

Für Birgit ist der große Blonde der schönste Mann im Speisesaal. So schlank und lässig mit Jeans und Poloshirt. Und dieses freundliche Gesicht. Offenbar ist er neu hier. Sie beobachtet ihn scheu aus der Ferne. Er soll es nicht merken. Doch eines Tages schaut auch er sie an. Ihre Knie werden weich. Aber das kann doch nicht sein. Wie sollte dieser attraktive Mann sich ausgerechnet für sie interessieren?

Als Birgit vor gut einem Jahr hierherzieht, hat sie mit dem Leben abgeschlossen. Sie rechnet mit gar nichts mehr. Gerade mal knapp über 50 und schon im Altenwohnheim. In ihrer Situation hat sie keine andere Wahl. Denn aus der gesunden Büroangestellten von einst wird von einer Sekunde zur nächsten eine todkranke Frau. In ihrem Kopf platzt ein Aneurysma, von dem sie nichts wusste. Seither ist sie schwerbeschädigt und Rentnerin.

Es hätte noch schlimmer kommen können. Ihr Sprachzentrum blieb intakt, und sie hatte keine Lähmungserscheinungen. Geblieben sind ihr andere Einschränkungen: Konzentrations- und Gedächtnisstörungen und Gleichgewichtsprobleme. Deshalb braucht sie einen Rollator.

Und jetzt plötzlich dieses Flattern im Bauch, wenn sie ihn nur sieht.

Ulrich fällt die erstaunlich junge Frau mit dem Rollator direkt auf. Eigentlich hat sie ein lustiges Lausbubengesicht. Doch dahinter spürt er eine tiefe Traurigkeit.

Wenn er raucht und auf seinem Balkon steht, kann er sie auf ihrem Balkon im Gebäude genau gegenüber beobachten, ohne dass sie es merkt.

Oft sitzt sie vor ihrem Laptop völlig versunken. Sie wirkt so zurückgezogen, so allein. Das interessiert ihn, und er überlegt, wie er sie aus der Reserve locken kann. Bei jeder sich bietenden Gelegenheit lächelt er sie an, versucht sie anzusprechen. Sie sitzen auch mal in der Cafeteria. Doch sie bleibt zurückhaltend. Dennoch spürt er ihre verstohlenen Blicke, wenn er den Speisesaal durchquert.

Ulrich ist 64 und nach dem überraschenden Scheitern seiner Ehe aus der Bahn geraten. Auch für ihn ist das Altenwohnheim ein schützender Rückzugsort. Er kann sich zwar vorstellen, mit einer Frau wie Birgit eine unverbindliche Freundschaft zu haben. Aber noch einmal zu lieben, das traut er sich eigentlich nicht mehr zu.

Letztes Jahr im Sommer rollt sie nach dem Frühstück durch den Park in Richtung Supermarkt. Schon von weitem sieht sie ihn auf sich zukommen. Keine Chance mehr auszuweichen. Birgit ist froh, sich am Rollator festhalten zu können. Er bleibt vor ihr stehen und sagt diesen Satz, den sie nie mehr vergessen wird: «Ich habe nicht gedacht, dass ich das jemals wieder zu einer Frau sagen werde: Ich habe mich in dich verliebt.»

Wenn sie heute davon erzählt, ist sie immer noch ganz beglückt von dieser filmreifen Situation. Eigentlich kann sie sich sonst an nichts mehr erinnern. Dazu war sie viel zu verwirrt. Sie weiß nur eines: Er hat sie in den Arm genommen. Einfach nur in den Arm genommen. Wie oft hatte sie sich das gewünscht.

Und Ulrich ergänzt: «Und dann habe ich sie zum ersten Mal geküsst.» Beide stehen mitten auf dem Weg zwischen Wohnheim und Supermarkt. Wer auch immer sie beobachtet, es spielt keine Rolle. Dann gehen sie zusammen einkaufen und zusammen zurück. Es ist August und so schönes Wetter.

Von da an übernachtet Ulrich fast täglich bei ihr. Inzwischen sind sie sogar zusammengezogen. Das heißt, er hat das Zimmer direkt neben ihrem. Leider ohne Verbindungstür. Kein Problem. Das eine ist sowieso das gemeinsame Schlaf-, das andere das Wohnzimmer.

Wenn Birgit von den Anfängen ihrer Liebe erzählt, lächelt Ulrich und sagt hin und wieder: «Stimmt, Liebling.» Sie genießt seine Ruhe, diese Gelassenheit, auch wenn es um kritische Themen geht. Und die gab es am Anfang schon. Denn Birgit musste erst lernen, ihm zu vertrauen. «Ich kann es doch sagen, oder?» Er nickt. «Ich hab versucht zu klammern. Das ist nicht sein Fall, dass ständig jemand an ihm dran ist und hinterhertelefoniert. Da hat er gesagt, das machen wir nicht. Und ich hab mich danach gerichtet, bevor ich ihn deswegen verliere.»

Das Schönste für Birgit ist abends die Zeit vor dem Einschlafen, wenn sie sich so ganz dicht neben ihn legt. «Ja, sie kuschelt gerne», lacht Ulrich. «Ich würde sagen, jeder Mensch braucht Zärtlichkeit oder Streicheleinheiten.»

Das Besondere für Ulrich ist das gewachsene Vertrauen. Dass Birgit spürt, sie kann sich auf ihn verlassen. «Das ist auch so ein bisschen meine Ausstrahlung», erklärt er, «dass ich immer gerne Menschen beschützt habe. Ich möchte einfach, dass sie sich wohlfühlt.»

Und Roswitha und Harald, das Paar vom Anfang dieser Geschichte? Sie sind acht Jahre später offenbar immer noch glücklich. Auf dem Foto sitzt der 70-Jährige hinter ihr und hält sie zärtlich in seinen Armen. Roswitha, inzwischen 83, eine entzückende Dame in einer hübschen, blau gemusterten Bluse, und Harald, der sportlich-schlanke Mann im Poloshirt mit lichtem Haar und dezenter Brille: Gemeinsam strahlen sie in die Kamera.

Auch wenn böse Stimmen nur eine kurze Affäre vorausgesagt hatten und selbst Roswitha skeptisch war, sind sie zusammengeblieben. Trotz eines Altersunterschieds von 13 Jahren. War das jemals ein Problem? «Nein», erklärt sie prompt. «Ich muss ganz ehrlich sagen, ich hatte keine Hemmungen, weil er so auf mich eingegangen ist. Ich hab das Gefühl, dass er mich so mag, wie ich bin.» Sie lächelt ein wenig bei dem Gedanken und fügt dann noch hinzu: «Ja, ich fühl mich geliebt, mehr als früher. Es ist mit der Zeit noch schöner geworden.»

Wer verliebt ist, lebt in der Gegenwart und fühlt sich jung. Welche Rolle sollte da das Alter spielen? Harald jedenfalls interessiert das Thema Altersunterschied überhaupt nicht: «Der Charakter zählt und die Menschlichkeit. Für mich war das von Anfang an die große Liebe. Ich wusste gleich, das ist die Richtige.» Dabei glitzern ihre Augen verdächtig. «Hört sich gut an. Einfach gut», sagt sie mit brüchiger Stimme.

Roswitha hat zwei Kinder, eine Tochter und einen Sohn. In ihrer schnuckeligen kleinen Wohnung zeigt sie Familienfotos, die auf der Fensterbank stehen. Beide Kinder freuen sich, dass die Mama nicht mehr allein ist. Doch am Anfang redet die Tochter ihr ins Gewissen, aus Angst, sie könnte einem Heiratsschwindler auf den Leim gehen. «Pass auf, Mama», hat sie gesagt, «lass dich nicht ausnehmen. Aber nimm ihn auch nicht aus.» Da hat Roswitha nur gelacht.

Während des Gesprächs zeigt sie auf Haralds roten Pulli und

flüstert ihm zu: «Mach das mal weg. Ich kann das nicht sehen.» Da schaut er an sich runter und lacht: «Ach ja, die Krümelchen … ist doch nicht so schlimm.» Und schon wischt er sie weg, und sie nickt. «Ich kann mir ein Leben ohne sie nicht mehr vorstellen», bekennt er. «Es ist schon echt komisch. Irgendwie passen wir zusammen.»

Und dabei «fetzen» sie sich auch ganz schön, wie Roswitha es beschreibt. «Sie kann aber auch sehr garstig sein», findet Harald. Das gibt sie gerne zu. Aber sie fühlt sich halt manchmal nicht ernst genommen mit ihrer Meinung und ihren Bedürfnissen. «Ich möchte meinen Lebensstil behalten und will, dass hier in meiner Wohnung alles so ordentlich bleibt, wie es mir gefällt.»

Doch ihr Streit hält nie lange an, denn Harald beherzigt die goldene Regel, die er von einer alten Gräfin gelernt hat: «Man soll nie ins Bett gehen, ohne sich vorher zu vertragen. Denn man weiß ja nicht, ob man am nächsten Morgen wieder aufwacht.» Und daran hält er sich. Jeden Abend vor dem Schlafengehen gibt es für Roswitha ein Küsschen, und auch jeden Morgen.

Harald ist seit fünf Jahren pensioniert, arbeitet aber immer noch ehrenamtlich in der Cafeteria. Seither haben sie fest eingespielte Rituale. Im Winter sind sie in ihrer Wohnung, im Sommer in seiner. Denn er hat eine traumhafte Sonnenterrasse nach hinten zur Grünanlage. Und dort zu frühstücken ist einfach himmlisch. Mittags und abends kocht Roswitha, und er versucht, so viel wie möglich von ihr zu lernen. «Denn was sie oft noch aus Resten zaubert, ist einfach herrlich», findet er.

Gemeinsam kaufen sie ein mit seinem roten Cabrio. Roswitha ist inzwischen auch überzeugte Cabriofahrerin. Beim letzten Skiurlaub in Österreich war es so weit. Harald hat endlich sein Versprechen eingelöst. Bei heftigem Schneefall fährt er mit 100 Sachen über die Autobahn, öffnet das Dach und macht die Sitzheizung an. Sie findet es ziemlich verrückt und wickelt ein warmes Tuch um den Kopf. Eine halbe Stunde später sind sie am Ziel, und er fragt sie: «Na, hast du eine Schneeflocke abbekommen?» Da antwortet sie ganz cool: «Nee. Geht ja auch nicht. Die fliegen doch an uns vorbei.»

An der Wand über ihrem Schreibtisch hängen viele Fotos von ihren großen Auslandsreisen. Sie waren am Nordkap, zweimal in Kanada, und dann war New York geplant. Doch Roswitha hat darauf plötzlich nicht mehr so richtig Lust. Seit einiger Zeit fühlt sie sich so schwach. «Manchmal bin ich down und hab an nichts mehr so richtig Freude.» Aber dann sind sie doch geflogen. Und sie hat es nicht bereut. Im Gegenteil. Es war wunderschön. Am liebsten wäre sie noch länger geblieben.

Hin und wieder stockt Roswitha beim Erzählen und denkt angestrengt nach. Das richtige Wort fällt ihr nicht ein. «Heute habe ich keinen guten Tag», erklärt sie unsicher, «ich stehe irgendwie neben mir.» Er springt ein. «Ich rede jetzt mal ein bisschen für sie, denn im Moment geht es ihr nicht so gut.» Und dann mit zartem, liebevollem Ton zu ihr gewandt: «Du musst keine Angst haben. Das hat nichts zu bedeuten. Dir ist heute einfach nicht so gut. Wir werden halt alle älter.»

Sie war auch schon im Krankenhaus deswegen. Für beide sind das Momente, die ihnen zeigen, wie kostbar und wie begrenzt das gemeinsame Leben ist. «Eine Nacht ohne sie», sagt Harald, «tut mir richtig weh.» Nach dem Krankenhausaufenthalt ist sie sechs Wochen in einer Tagesklinik, kann aber zu Hause schlafen. Harald holt sie jeden Abend ab. Die Zeit, die ihnen beiden noch bleibt, wollen sie genießen. Bald fliegen sie für 14 Tage nach Gran Canaria.

«Wir müssen uns dringend mal wieder so richtig erholen»,

findet Harald und hofft, dass es seiner Roswitha danach wieder bessergeht. Sie fühlt sich schon gut, wenn er nur da ist. «Ich krieg von ihm am Tag etliche Male zu hören: Ich liebe dich», erzählt Roswitha. Und denkt immer noch wie am Anfang, das kann doch eigentlich gar nicht sein.

Sie haben gemeinsam vorgesorgt für später, für den schlimmsten Fall, und schon alles organisiert. Sie wollen verbrannt und anonym beigesetzt werden. Nebeneinander.

## Verrückt schön.
## Auf der Achterbahn der Gefühle

Vor zwei Jahren haben sie sich gefunden übers Internet und sofort verliebt: Anne und Max (s. «Alles ist möglich», Kapitel 1). Anne hat sich fast schon daran gewöhnt. An diesen Gefühlsstrudel, der sie immer wieder durcheinanderwirbelt. Die Liebe zu Max.

Welch ein Glück, eine solche Intensität zu erleben. Doch sehen können sie sich nur jedes zweite oder dritte Wochenende. Mehr ist für Max nicht drin. Dann muss er wieder zurück. Zurück in seine Welt. Manchmal braucht er auch eine längere Auszeit. Dann treffen sie sich noch weniger. Doch Anne will mehr. So geht's für sie nicht weiter.

In ihrem Alter ist keine Zeit mehr, abzuwarten, darauf zu hoffen, dass sich irgendwann einmal der Wunsch nach mehr Nähe erfüllt. «Diese Bedürfnisse müssen jetzt endlich befriedigt werden, sonst tut es weh», erklärt sie mit einem schmerzlichen Unterton in der Stimme. Schließlich bricht es mit Vehemenz aus ihr heraus: «Für mich war das ganz neu, ihm so offen sagen zu können: Ich muss bei dir sein! Ich will bei dir sein! Ich will nicht mehr allein sein!» Erschöpft von diesem heftigen Gefühlsausbruch, lässt Anne sich auf einen Stuhl fallen. Sie wirkt so verletzlich, so klein, so zart. Diese tiefe Liebe hat ihr Innerstes in einem Maße erschüttert wie noch nie eine Beziehung zuvor. «Man wird so fragil im Alter», sagt sie. Inzwischen ist sie 82 und Max 87.

Anne sitzt gespannt vor ihrem kleinen Laptop. Eine modische Frau mit dunklem Kurzhaarschnitt, Ringelpulli, Jeans und Turnschuhen. Neben ihr auf dem Boden ihre Hündin Bassia. Anne hat eine wunderbare Idee. Wenn er nicht häufiger zu ihr kommen kann, muss sie eben zu ihm fahren. Fast drei Zugstunden liegen zwischen ihnen. Oder zweieinhalb Autostunden. Der Land- und Forstwirt Max lebt und arbeitet auf seinem Hof. Zusammen mit dem Sohn. Ein eingespieltes Team seit vielen Jahren. Kein passender Rückzugsort für ein Liebespaar wie Anne und Max. Also sucht sie im Internet nach einer Wohnung. Ein Liebesnest soll es werden. In seiner Nähe. Bei dem Gedanken huscht ein Lächeln über ihr Gesicht. Sie beginnt zu träumen.

Als Anne und Max sich vor zwei Jahren begegnen, ist ihr Bedürfnis nach Nähe, nach Innigkeit so unbeschreiblich heftig, dass die Begegnung mit Max die Qualität einer Erlösung hat. «Es muss stimmen, damit man einsteigt», erklärt Anne. Und bei ihm hat es gestimmt. Auf Anhieb

Für Anne ein völlig neues Erleben, sich mit Haut und Haaren auszuliefern, auch auf die Gefahr hin, abgelehnt zu werden. «Dieses Wissen, dass man das ist, was man ist. Nicht mehr und nicht weniger. Mit dem kann man einem Mann gegenüberstehen und sagen: Nimm mich so, wie ich bin, oder lass es. Ich bin da für dich. Und ich möchte, dass auch du da bist für mich. Das zu wagen, das beinhaltet, dass man riskiert, dass der andere sagt: Nein, mit dir nicht. Ohne dieses Risiko geht es einfach nicht.»

Wenn Anne und Max zusammen sein können, sind sie glücklich. Allein seinen Namen auszusprechen lässt ihre dunklen Augen strahlen, ihr Gesicht, ihre ganze Person. «Die Geschichte mit Max», erklärt sie gerührt, «ist wie ein neues Ankommen im Leben. Ich bin so gern mit ihm zusammen im Bett, ob Sex oder nicht. Diese Nähe, das ist wie im Paradies. Die Sexualität mit Max ist sooo verrückt schön. Ich bin unendlich froh, dass es das Netz gibt. Sonst hätte ich ihn jetzt nicht an meiner Seite.»

Max ist mit Anne verabredet zum ersten Wohnungsbesichtigungs-Termin. Es ist ein altes Gemäuer, frisch restauriert, etwas oberhalb seines Hofes am Hang. Anne läuft ihm aufgeregt entgegen. Mit sanftem Lächeln nimmt er sie zärtlich in den Arm. Die ungestüme Anne, die es kaum abwarten kann. Wie er wohl reagieren wird? Ein verrückter Plan, denkt sie. In ihrem Alter noch mal eine Wohnung einzurichten, eine Zweitwohnung nur für gemeinsame Stunden.

Vorsichtig, fast schon andächtig, begutachten sie die beiden Räume. Anne ist sofort begeistert. In Gedanken verteilt sie schon die Möbel. Den alten Tisch mit passenden Stühlen hier am Fenster. Den neu gepolsterten Sessel am Kamin. Die Bilder gegenüber an die Wand. Ein Bett müssen sie noch kaufen. Gemeinsam. Anne und Max lachen vergnügt. Es soll ein französisches Bett sein. So richtig eins zum Kuscheln und Warmhalten. Denn Anne mit ihrem Fliegengewicht friert so schnell, und Max «ist ein richtiger Warmhalteofen», lacht sie.

Hier in dieser Wohnung möchte sie mit ihm zusammen sein. Lange spazieren gehen und abends von der Terrasse auf die Berge schauen. Max sagt nichts. Auf seine stille, gelassene Art prüft er alles mit dem sorgfältigen Blick eines professionellen Handwerkers. Und nickt.

Er ist kein Mann der vielen Worte. Und wird später nur sagen: «Ich bin überwältigt und hundertprozentig dafür.» «Hier, in seiner Umgebung, ist Max so ganz anders», freut sie sich. «Er kennt hier einfach alles. Die Menschen sprechen seine Sprache.»

Ab jetzt beginnt eine neue Zeitrechnung. Sie räumt, plant, packt ein. Ist tagelang mit dem Umzug beschäftigt. Aufgeregt wie ein junges Mädchen. Abends fühlt sie sich völlig erschöpft und denkt: «Puh, jetzt werde ich alt. Meine Kräfte lassen nach.» Doch am nächsten Morgen ist es schon wieder vergessen, und sie wirbelt weiter.

Max kommt und bringt von seinem Hof Kartoffeln, Äpfel und Werkzeug ins neue Zuhause. Gemeinsam hängen sie Bilder auf, und wenn es schiefgeht, lachen sie. Und nachts? Nachts testen sie das neue, himmlisch weiche französische Bett. Es ist einfach wunderbar. «Er lässt mich in seine Nähe kommen. Er lässt es zu, dass ich ihn öfter sehen möchte, dass ich diesen Aufwand mache, physisch, psychisch, finanziell. Damit wir uns mehr sehen können. Das lässt er alles zu, weil er irgendwo im tiefsten Herzen einverstanden ist.»

Was Anne so erstaunt, ist, dass sie mit einem Landwirt zusammen und dabei so glücklich ist. Er hat sie von Anfang an fasziniert mit seinem so anderen Background. «Für mich ist das eine ganz neue Welt.»

Sie hätte sich auch einen Akademiker suchen können. Aber das wollte sie nicht. Was sie wollte, war ein authentischer, starker Mann, einer, der mit beiden Beinen auf dem Boden steht, der neugierig aufs Leben und präsent ist. Das hat sie bei ihm gefunden. Auch wenn sie bei Max nicht selten an eine Mauer stößt. Das ist sein «Gartenzaun» zwischen ihr, der Frau aus einer anderen Schicht, und ihm. «Deswegen muss er sich immer wieder schützen und zurückgehen in seine Welt. Er kann nicht wirklich glauben, wie wichtig er mir ist. Dass ich ihn will, ihn brauche.»

Inzwischen ist es Winter geworden, mit sehr viel Schnee. Also packt Anne einen großen Rucksack, nimmt ihren Hund und fährt mit dem Zug zu Max. In ihr Nest. Zweimal muss sie umsteigen. Kein Problem. Nichts ist ihr zu viel, um in seiner Nähe zu sein.

Der neue Rhythmus funktioniert wunderbar. Ein Wochenende kommt er zu ihr, das nächste reist sie zu ihm. Doch dann geschieht ein Unfall. Anne stürzt und bricht sich den Ellenbogen. Sie beschließt dortzubleiben. Max hilft ihr, sorgt liebevoll für sie. Aber er kann nicht bleiben. «Jetzt war ich 14 Tage in unserem Nest. Er besucht mich, geht aber wieder. Am Wochenende schläft er eine Nacht bei mir. Nur eine Nacht. Er kann nicht anders. Jedes Mal wenn ich an diese Grenze stoße, verlässt mich meine ganze Kraft, falle ich wie ein Vogel mit gebrochenen Flügeln auf den Boden. In eine abgrundtiefe Traurigkeit, bin konfrontiert mit den Grenzen, die unsere Lebensgeschichte mit sich bringt. Nur Max' Präsenz und sein Mitgefühl bringen mich wieder aus dem Loch.»

Max will dies alles ja gar nicht. Er will ja nichts tun, was sie schmerzt. Er kann nur nicht anders, als in kleinen Schritten auf sie zuzugehen. Nach mehr als 80 Jahren. Wie sollte er da plötzlich mit Siebenmeilenstiefeln in ihre Welt schreiten? Das muss sie doch verstehen. Anne versteht, aber es tut trotzdem weh. «Es ist okay, weil er ehrlich ist. Und wenn er das dann decodieren kann und sagen, ich habe sie verletzt, dann kommen wir wieder zueinander.»

Aber dann bewegt er sich doch und lässt Anne immer mehr in sein Leben. «Er blieb drei Tage und drei Nächte. Diesmal hatten wir viele Berührungspunkte, auch in der Musik. Er glaubt an uns.» Anne lächelt glücklich. «Ja, er glaubt allmählich an uns.» Sie hat viel gelernt mit Max. Vor allem Geduld. Und sie hat gelernt, auf seinen Rhythmus zu achten und abzuwarten. Das Vertrauen ist gewachsen.

«Ob wir Zukunft haben? Was wollen wir in unserem Alter noch mit Zukunft? Dass wir uns einlassen können und dürfen. Dass es stimmt. Und zwar jetzt. Darum geht es doch.»

Für Anne ist es, als würde sie in ihrem Alter noch einmal einen Teil ungelebten Lebens nachholen. «Ich bin immer gegen den Strom geschwommen. Leben tue ich jetzt. Das ist so schön, dass ich die Zeit noch habe mit Max. Die Notwendigkeit, dass wir zusammen sind, ist riesengroß. Wir haben nichts mehr zu verlieren. Nur das Leben. Und das wird kommen.»

Bald feiert sie ihren 83. Geburtstag und Max seinen 88.

# Nachwort

Seit wir Anne und viele andere Verliebte zwischen 60 und 90 getroffen haben, blicken wir voll Zuversicht aufs Älterwerden. Und fragen uns, warum sich Jüngere so verrückt machen, wenn sie noch nicht den ultimativen Partner gefunden haben. Vielleicht guckt das Glück ja erst später um die Ecke, wo es doch inzwischen so viele Möglichkeiten gibt, es zu finden. Dann ist eher die Frage: Wie erkenne ich es?

Bestenfalls kann die jüngere Generation in puncto Partnerschaft noch einiges von alten Liebespaaren lernen. Was die nämlich positiv von den Jüngeren unterscheidet, ist auffallend häufig die größere innere Bereitschaft und die Ernsthaftigkeit, sich wirklich einzulassen. Das eröffnet die Chance, eine ungeahnte Tiefe an Gefühlen zu erleben. «Ich war immer auf der Durchreise», erklärt die 73-jährige Lucia. «Diese Innigkeit, diese Zärtlichkeit ... mit Joachim bin ich endlich angekommen.»

Für die große Offenheit und das Vertrauen unserer Gesprächspartnerinnen und -partner bedanken wir uns sehr herzlich. Wir haben viel von ihnen gelernt. Vor allem eins: mutig zu sein und nie aufzuhören, unserer Sehnsucht, unseren Bedürfnissen und Träumen zu folgen. Egal in welchem Alter.

# Anhang

*Perrig-Chiello, Pasqualina; Höpflinger, Francois; Deconda, Lucia*: Die Babyboomer – Eine Generation revolutioniert das Alter. Zürich 2009.

*Von Sydow, Kirsten*: Sexuelle Probleme und Störungen bei älteren Menschen. In: Hirsch, R. D.; Bronisch, T.; Sulz, S. K. D. (Hrsg.): Das Alter birgt viele Chancen. Psychotherapie als Türöffner (S. 106–120). Oberhaching 2011.

*Dies.*: Sexuelle Probleme im höheren Lebensalter – die weibliche Perspektive. In: Brähler, E.; Berberich, H. J. (Hrsg.): Sexualität und Partnerschaft im Alter (S. 65–86). Gießen 2009.

*Dies.*: Die Lust auf Liebe bei älteren Menschen. 2. Aufl. München 1994.

*Dies.*: Lebenslust. Weibliche Sexualität von der frühen Kindheit bis ins hohe Alter. Bern 1993.

Der Partnerbörsen-Test «Wo sich die Suche lohnt» von «Stiftung Warentest» in Heft 3/2011 ist kostenlos herunterzuladen unter: www.test.de, Suchwort «Partnerbörsen».

«Liebe, Lust und Leidenschaft – Flirtkurs 50plus» im Begegnungszentrum Bockenheimer Treff in Frankfurt, Am Weingarten 18–20, 60487 Frankfurt. Eine Veranstaltung des Frankfurter Verbandes und der «pro familia» Frankfurt. Infos dazu: http://frankfurter-verband.de/de/aktuelles/liebe-lust-leidenschaft-flirt-kurs

Speed-Dating-Veranstaltungen für Ältere werden sehr selten angeboten. Das im Buch beschriebene Speed-Dating ist auf Eigeninitiative entstanden. Und ist einfach zu organisieren. Wer Lust dazu hat, braucht einen geeigneten Veranstaltungsort, einen auffallenden Flyer, Plakate und viel Mundpropaganda. Dann kommen bestimmt genügend Frauen und Männer zusammen.